Key Strategy Tools
The 88 Tools for Every Manager to Build a Winning Strategy, 2e

88个必备战略工具

原书第二版

[英] 沃恩·埃文斯 著
(Vaughan Evans)

李玉刚 译

中国人民大学出版社
·北京·

对本书的赞誉

对于任何战略家来说，本书都是一个超级有用的工具箱。它不仅简洁清晰地介绍了每种战略工具，而且对如何、何时使用这些工具以及注意事项提供了指导。对于任何一位致力于为其组织开发一个制胜战略的高管来说，本书无疑是无价伴侣。

——科斯塔斯·马基德斯（Costas Markides）

伦敦商学院战略与创业教授

真希望是我先想到写这本书的点子！本书选材精良，评论简明，讲解清晰，引人入胜。

——理查德·科克（Richard Koch）

艾意凯咨询公司联合创始人、畅销书《80/20 法则》作者

这是一本真正实用的战略开发指南。所有相关的工具都有详细的解释，而且突出必要工具是一个节省无数时间的妙招。

——阿德里安·比克罗夫特（Adrian Beecroft）

Dawn Capital 董事长

本书呈现了战略工具和分析框架的全面扫描，其关键价值在于提供了如何应用这些工具的指导，这源于沃恩·埃文斯在使用这些工具方面的深厚经验。

——罗伯特·M. 格兰特（Robert M. Grant）

米兰路易吉·博科尼大学战略管理教授

本书对企业实际使用的一系列战略工具做出了广泛且清晰的解释。无论你是经验丰富的战略专家还是相关领域的新手，都会发现这是一份非常宝贵的指南。

——罗伯特·萨缪尔森（Robert Samuelson）

Zegona Communications 首席运营官、维珍传媒集团战略部前执行董事

战略是成功企业的核心。沃恩·埃文斯在本书中为实现这一成功提供了极其清晰的路线图。

——詹姆斯·考特尼（James Courtenay）

海格投资首席执行官、渣打银行全球咨询和基础设施融资业务前全球主管

这是一本令人非常满意的书，以一种直截了当的方式呈现了战略实践中的真实案例，覆盖了所有必要的基础知识。对于任何参与业务运营的人来说，本书都是非常宝贵的工具。

——文斯·奥布赖恩（Vince O'Brien）

蒙塔古私募股权公司董事、英国风险投资协会前主席

要跟上战略领域的所有最新发展是很困难的，沃恩·埃文斯为我们做了这件事。他为我们充分地补了一课，他将管理者工具箱中必不可少的战略工具——战略理论、模型或矩阵逐一呈现出来，并仔细地嵌入战略过程的每个步骤。这在其他商业手册中是很少见到的，让人耳目一新，而且极其有用。

——克莉丝汀·哈维（Christine Harvey）

葛兰素史克研发部前业务分析与规划总监

每个公司都需要知道自己的发展方向，这就需要一个战略。战略不一定很复杂，尤其是对中小企业而言。以沃恩·埃文斯这本既睿智又精彩的书为指导，你会得到你需要的战略。

——彼得·赖特（Peter Wright）

威尔士金融战略公司前投资总监

沃恩·埃文斯的书与众不同。他将两本书巧妙地合为一体：一本是DIY战略手册，另一本是工具箱。书中揭示了容易遵循的战略流程，任何管理者都可以使用。这是一本制定制胜战略的宝典。

——斯蒂芬·劳伦斯（Stephen Lawrence）

礼宾教育有限公司董事长

这是沃恩·埃文斯的又一本好书。这一次他完成了一项几乎不可能完成的任务，那就是写了一本关于战略制定的书。这本书完全不同于其他大量作品，它在一个清晰的流程中，列出了88个战略模型和技巧，对管理者和企业家真正有用。

——詹姆斯·皮特（James Pitt）

列克星敦投资公司合伙人

许多业务未能发挥其潜力，或者完全失败，是因为管理者忽视了开发一个清晰、简洁、适当和沟通良好的战略。然而，关于这一主题的商业书籍往往用处不大，它们往往基于理论方法，在管理者看来缺乏实践相关性。这本《88个必备战略工具》并非如此。该书整理了一套结构精良的技巧和工具概要，从波特到鲁梅尔特，从哈默尔到哈默，再加上作者扎实经验中的一些瑰宝，为这些工具的应用提供了明确的指导。推荐所有管理者阅读本书。你一定不会将其束之高阁，而是放在办公桌上用以指导行动。

——格雷厄姆·休斯（Grahame Hughes）

海文电力有限公司创始董事

你还能在哪里随时找到 80 多个重要的战略工具，并且附有用户友好的使用指南呢？每个经理的办公桌上都应该有一本《88 个必备战略工具》。

——保罗·高夫（Paul Gough）

星峰资本公司执行合伙人

一个成功的战略需要理性的框架、清晰的分析和构建它的工具。沃恩·埃文斯的这本书将所有这些结合在一起，用简单易懂的语言风格，解释了如何选择和使用与你的需求最契合的工具，从而创造一个令人信服的战略。本书内容全面且清晰简洁，显然是从实践经验中提炼出来的经验之作，堪称企业家和管理者必读的战略指南。

——理查德·坎普（Richard Kemp）

塞普顿资本公司执行合伙人

对于任何管理者、私募股权投资者或企业家来说，在试图评估他们拥有的业务、正在启动的业务或打算收购的业务的价值和增长潜力时，这本书是绝佳的读物。本书的绝妙之处在于将所有战略工具归类，以便比较和评估，使为正确的工作找到合适的工具这件事就像在公园里散步一样轻松。

——比尔·拉塞尔（Bill Russell）

期货期权管理合伙人、花旗银行欧洲期货业务前主管

译者序

战略管理理论方面的书有很多，但是能够作为手册指导管理者开发战略的却十分有限。中国人民大学出版社的编辑联系我，问我能否翻译本书。我看过之后，认为学习过战略管理的同学和战略开发者都会喜欢这本书，也有必要把这本书放在手边随时翻阅，因此没有多少犹豫，就欣然应诺下来。

关于这本书的特点，大家看过目录之后就很清楚和明白了。不过作为翻译者，在翻译过程中，又进一步深化了对有关理论和工具的认识，也试着去理解作者的思路和想法，在这里和大家做个交流，希望对大家学习和使用这本书有所帮助。

一是关于这本书的整体结构。我们对战略的解读有多种方式，既可以把战略管理划分为战略制定和战略实施两个阶段，也可以划分为战略分析、战略制定、战略实施、战略控制四个阶段。在战略研究中，也会把战略划分为战略内容和战略过程。其中，战略内容意味着战略方案，战略过程则是指战略的形成过程和实施过程。该书的作者把战略开发过程划分为9个建筑模块，作为对众多战略分析工具进行组织的一种方式，也是有趣和自洽的，大家可以慢慢体会。

二是关于具体工具的归类。对于不同工具应该归为何类，不同学者可能有不同的看法。战略管理教科书通常会把用来分析竞争优势内部来源的工具，即本书中的工具62、63、64、65、66、67放在企业内部资源和能力的章节中，对应本书的第 5 章，但本书作者却把它们放在了第 8 章。考虑到虽然有些资源和能力从属于某个特定业务，但是许多资源和能力对多个业务都有支持作用，因此放在第 8 章也未尝不可。考虑到每种工具都有多方面的含义，从不同的角度出发，可能就会有不同的处理。在阅读本书时，您大概会多次遇到这类问题。

　　三是关于读者对象。如果您毕业于商学院，这本书的内容对您来说可能并不陌生。如果您学过战略管理课程，您会看到熟悉的五力模型、价值链、竞争战略、波士顿矩阵等；也有一些工具，您听说过，也多次使用过，但可能并没有仔细研究过来龙去脉，如黑天鹅、金字塔底层等；还有一些工具，您可能根本没有听说过。我的看法是，这本书可能最适合读过战略管理教科书的读者。读过了战略管理教科书，您就可以更好地驾驭这 88 个工具。

　　四是关于本书的使用。您可以把这本书放在案头，随时查阅看看哪些工具能够应用在您的战略分析和设计中。如果您对其中的某个工具特别感兴趣，但不是特别熟悉，那就可以把详细介绍这个工具的书找来仔细研读。本书就成为让您读更多书的引子。对创业感兴趣的人，要认真阅读工具 47 对应的莱斯所著的《精益创业》；对技术创新感兴趣的人，要认真阅读工具 74 对应的克里斯坦森所著的《创新者的窘境：领先企业如何被新兴企业颠覆？》；正着手进行组织变革的人，要认真阅读工具 81 对应的科特所著的《领导变革》，理解其中的 8 个步骤。

　　本书的翻译是由我和我的博士、硕士研究生共同完成的，他们是方修园、吴朋、叶凯月、刘成明、王雪纯、吴承斌。首先，各位学生分工完成整本书的初译；随后，我认真阅读英文原文和中文翻译稿，重新翻译了一遍。对于不太熟悉的工具，我找来详细介绍该工具的图书，仔细阅读，学习和理解其中的思想。由于本职工作就是战略管理的教学和研究，因此并不感觉辛苦，反而因有收获倍感喜乐。对于书中一些词语的翻译，也花费了许多心思。例如，第 2 章标题中的 goal 和 objective 都是目标，该如何翻译？结合作者的原意，把 goal 翻译成长期目标，把 objective 翻译成具体目标。对一些关键词，在文中保留了英文单词或术语，以帮助大家更好地理解。

  最后，感谢出版社邀请我来主持翻译，对我来说这是一次学习的机会。感谢所有参加翻译的同学，没有大家的参与，我就不敢承诺完成这一任务。尽管对翻译稿进行了多遍校对和完善，错误和不足仍在所难免，欢迎大家批评指正。

李玉刚

序言

《88个必备战略工具》第一版受到了热烈欢迎。它填补了以前未得到满足的市场需求，即总结了一份精心策划的、融合在战略开发过程中的战略工具概要。当忙碌的管理者或企业家需要时，它能提供现成的灵感来源。

七年过去，是时候改版了。虽然大多数工具在今天仍然像当初构思时一样有用，但是一些工具是30多年前形成的，有几个已经过时。与此同时，其他一些工具，尤其是新的、有突破性的、相关性更强的工具，亟须纳入书中。

在第二版中增加的工具如下：

15：倾斜

38：价值主张设计

(39)：致命偏见

44：后发制人

45：打破商品陷阱

46：发现驱动型增长

47：精益创业

(51)：紫牛

55：反向创新

69：整合思维

75：区块链技术

79：快速/前进

同时，第一版中那些与过程和（或）统计数据相关的工具，在第二版中被单独归为一组放在附录部分。

本书保持了原有结构：所有工具被分为必要和有用两类，对每种工具如何使用和何时使用（以及何时应该谨慎）进行了简要描述与解释，并将它们放置于战略金字塔中。

因此，第二版比第一版有更多振奋人心的战略思维，并且重点仍然是如何运用这种思维。好好享受吧！

目录

导言 ... 001
    战略金字塔 ... 002

第1章 了解你的业务 ... 010
概述 ... 011
    工具1 确定关键细分 ... 012
    工具2 议题分析（明托） ... 019
    工具3 80/20法则（帕累托） ... 023
    工具4 超级细分过程（科克） ... 026
    工具5 5C形势分析 ... 028
    工具6 SWOT分析（安德鲁斯） ... 030

第2章 设立长期目标和具体目标 ... 033
概述 ... 034
    工具7 设立长期目标 ... 036
    工具8 设立SMART具体目标 ... 039
    工具9 最大化股东价值 ... 041
    工具10 平衡利益相关者利益 ... 043
    工具11 创造共享价值（波特和克雷默） ... 048
    工具12 经济增加值（思腾思特咨询公司） ... 051
    工具13 平衡计分卡和战略地图（卡普兰和诺顿） ... 054

工具 14　核心意识形态（柯林斯和波勒斯）　　057
工具 15　倾斜（凯）　　059
工具 16　业务作为社区（汉迪）　　062

第3章　预测市场需求　　065
概　述　　065
工具 17　估算市场规模和市场描绘（埃文斯）　　068
工具 18　需求预测的 HOOF 方法（埃文斯）　　073
工具 19　需求收入弹性　　079

第4章　测定行业竞争　　081
概　述　　082
工具 20　五力模型（波特）　　083
工具 21　评估客户采购标准　　089
工具 22　找出关键成功因素　　094
工具 23　为规模经济赋予权重　　099
工具 24　将公司环境作为第六种力量　　102
工具 25　将互补品作为第六种力量（布兰登伯格和内勒巴夫）　　104
工具 26　PESTEL 分析　　106

第5章　追踪竞争优势　　109
概　述　　110
工具 27　评价竞争地位　　111
工具 28　资源和能力强项/重要性矩阵（格兰特）　　117
工具 29　价值链（波特）　　120
工具 30　产品/市场矩阵（安索夫）　　123

第6章　瞄准战略差距　　125
概　述　　126
工具 31　吸引力/优势矩阵（通用电气/麦肯锡）　　128
工具 32　增长/份额矩阵（波士顿咨询集团）　　133

工具33	为理想玩家画像	137
工具34	确定能力差距	140
工具35	战略条件矩阵（亚瑟·D. 利特）	146
工具36	7S框架（麦肯锡）	149
工具37	机会/脆弱性矩阵（贝恩公司/艾意凯咨询公司）	152
工具38	价值主张设计（奥斯特瓦德和皮尼尼）	155

第7章　弥补差距：业务战略　159

概　述　160

工具39	三种基本战略（波特）和致命偏见（戈达德）	162
工具40	经验曲线（波士顿咨询集团）	166
工具41	战略重新定位和塑造利润增长选项	169
工具42	做出战略投资决策	175
工具43	蓝海战略（金和莫博涅）	182
工具44	后发制人（马克德斯）	189
工具45	打破商品陷阱（达韦尼）	193
工具46	发现驱动型增长（麦克格兰斯）	196
工具47	精益创业（布兰克和莱斯）	200
工具48	爆发点（格拉德威尔）	204
工具49	需求价格弹性（马歇尔）	207
工具50	战略三角（大前研一）	211
工具51	4P营销组合（麦卡锡）和紫牛（高汀）	214
工具52	产品质量和客户满意度（狩野纪昭）	219
工具53	需求层次（马斯洛）	222
工具54	金字塔底层（普拉哈拉德和李侃如）	224
工具55	反向创新（戈文达拉扬）	227
工具56	业务流程重组（哈默和钱皮）	230
工具57	外　包	234

第8章　弥补差距：公司战略　238

概　述　239

工具 58	优化公司组合	241
工具 59	通过合并、收购和联盟创造价值	245
工具 60	公司重组六边形（麦肯锡）	256
工具 61	创造母合价值（古尔德、坎贝尔和亚历山大）	259
工具 62	核心竞争力（哈默尔和普拉哈拉德）	263
工具 63	战略价值资源（科利斯和蒙哥马利）	267
工具 64	战略独特资源（巴尼）	271
工具 65	独特能力（凯）	274
工具 66	独特竞争力（斯诺和赫比尼亚克）	277
工具 67	动态能力（蒂斯、皮萨诺和苏安）	280
工具 68	刻意战略和自发战略（明茨伯格）	283
工具 69	整合思维（马丁）	286
工具 70	做内行的事（彼得斯和沃特曼）	289
工具 71	利用核心业务创造利润（祖克）	292
工具 72	市场驱动型组织（达伊）	295
工具 73	价值信条（特里西和威瑟姆）	298
工具 74	颠覆性技术（克里斯坦森）	302
工具 75	区块链技术（泰普斯科特）	306
工具 76	合作竞争（布兰登伯格和内勒巴夫）	310
工具 77	增长和危机（格林纳）	313
工具 78	好战略和坏战略（鲁梅尔特）	316
工具 79	快速/前进（伯金肖和瑞德斯卓）	319
工具 80	创新热点（格拉顿）	324
工具 81	变革的八个步骤（科特）	326

第9章 应对风险和机会 328
概　述 329

工具 82	战略尽职调查和市场环境计划评审（埃文斯）	330
工具 83	太阳云朵图（埃文斯）	336
工具 84	综合风险指数和 5×5 风险矩阵	341

工具 85	风险管理矩阵	344
工具 86	期望值和敏感性分析	346
工具 87	黑天鹅（塔勒布）	349
工具 88	战略赌注（伯格曼和格鲁夫）	352

结　论　　　　　　　　　　　　　　　　　　　　　354

附录　有用的统计和流程工具包　　　　　355

附录 A	使用移动平均平滑	355
附录 B	需求预测的问卷调查方法	358
附录 C	需求预测的统计方法	362
附录 D	十字图、蛛网图、梳状图和 Marimekko 图	365
附录 E	标杆管理	369
附录 F	结构化访谈	372
附录 G	头脑风暴	377
附录 H	情景规划	379

导 言

作为一名管理者,你是否觉得拟定战略会令人生畏?它是否让你联想到高深莫测的商学院教科书,以及深奥的准学术理论?或者,联想到全球性公司聘请镀金的咨询集团制作迷人气泡图的画面?

让我们先放下这些偏见。战略不一定很复杂,你也不必在一群顾问身上花很多钱。

战略应该是每一个管理者都容易完成的。

你只不过需要一个开发过程,以及一个工具包,知道要使用哪些工具、为什么使用,以及在过程的哪个部分使用。

你也许是一名企业家。你对自己的公司及市场了如指掌,但前几天和银行经理共进午餐后,你有些迷茫。当她询问公司今后的发展方向时,你的回答听起来说服力不够,虽然你说了许多令人兴奋的选项,并做了详细解释。"但你肯定无法把这些事都搞定。"她一针见血地说。

你需要一个强大的战略,将你的创意提升到一个新的水平。

无论你是管理者还是企业家,学术论文或战略理论百科全书都非你所需,你需要的是一本实用手册,它能说明如何为你的业务建立一个制胜战略。而且该手册最好能提供经过仔细挑选、配有解析并加以分类的战略工具。

本书正好满足这些要求,同时还有更多其他内容。它将指导你建立一个严谨强大的战略,该战略经得起董事会及外部投资者,如私募公司、负责战略尽职调查的法务顾问的审查。

简言之,本书将交付给你一个能够得到投资者支持的战略。

战略金字塔

《88个必备战略工具》将向你介绍一个简单、实用、经过验证的战略开发过程，即战略金字塔。这座金字塔有九个建筑模块，本书从第1章"了解你的业务"到第9章"应对风险和机会"分别涉及每一模块。88个战略工具将被分别放进九个建筑模块中。

阅读完本书，你将有一个框架、一本手册和一个工具箱用来建立一个制胜战略。

但是首先，什么是战略？

战略有无数的定义，从孙武（约公元前545年—前470年）的"知彼"到大前研一（Kenichi Ohmae）提出的"竞争优势"。

我是一名受过训练的经济学家，所以我觉得有必要把"资源"这个词纳入更广泛的定义中。正如经济学可以被定义为一个国家对稀缺资源的最优分配方式，一个公司的战略也可以这样定义：

> 战略是指一个公司通过分配所拥有的稀缺资源，获得可持续竞争优势，从而实现公司的长期目标和具体目标。

你的战略将阐明你如何通过分配企业的稀缺资源来实现长期目标和具体目标。这些资源本质上是你的资产：人员、实物资产（例如，建筑物、设备和存货）和现金（以及借贷能力）。你将如何分配或投资这些资源以达到最佳效果？

如何使用本书

《88个必备战略工具》实际上集合了两本书：一本工具书和一本操作手册。它提供了88个工具，它们被分组到一个连贯的战略开发框架，即战略金字塔中。

这座战略金字塔由九个建筑模块组成，每个模块中嵌入恰当的战略工具，每个工具都被归类为必要工具或有用工具。

你可以做出选择。可以只使用必要工具，把它们作为一个指导手册去建立一个潜在的制胜战略。

或者你可以更进一步。浏览一下有用工具，从中挑选出那些特别适合你所处的形势，并适合你的企业的工具，加以应用，从而提高你建立制胜战略的概率。

让本书成为你建立成功企业所需战略的指南吧！

那么，在拟定战略时，该从何处着手？最好在何处投资你的资源？

首先，你需要了解你的业务，明确企业利润的来源究竟在哪里。

换言之，你服务的产品/市场细分有哪些？对你的营业利润贡献最大的又是哪些？业务细分是战略分析的基础（见图0-1）。

图0-1 奠定基础：了解你的业务

一旦奠定了基础，战略开发中最重要的一点就是让战略牢牢扎根于企业所处的微观经济环境。对于产品开发、营销、定价、服务改进或降低成本等环节，无论你做了什么样的关键假设，都必须反映当前和未来微观经济中的市场需求和行业供给的实际情况。

多年来，我看到许多战略建立在对微观经济环境研究不足的基础上。这相当于在沙子上建造房子。有些虽然成功了，但靠的是罕见的直觉和运气。更多的则遭遇了波折和失败。

微观经济分析必须成为战略金字塔的基础（见图 0-2）。

```
         战略
     微观经济环境
      你的业务
```

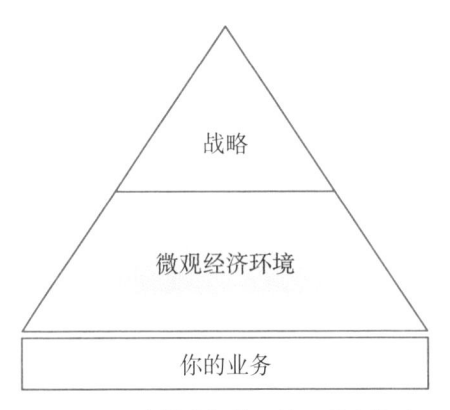

图 0-2　在微观经济环境下设定战略

微观经济有两个不同的组成部分，市场需求和行业供给，必须分别加以分析。如果不把它们分开，会导致思维混乱。用于分析每个组成部分的工具完全不同，但同样重要。因此，微观经济建筑模块可以分成两部分（见图 0-3）。

```
         战略
   市场需求 | 行业供给
      你的业务
```

图 0-3　需求和供给环境

在微观经济环境中，战略开发过程的关键在于对企业竞争力的分析，即企业如何衡量一系列对成功至关重要的因素。关于战略的许多深刻见解来自对内部竞争力的分析，同样也来自外部微观经济分析（见图 0-4）。

竞争力分析最好分两步进行。第一步是分析当前的现实，即你的企业在当前的市场上如何与同行竞争。第二步是你如何设想你的企业在未来相

图 0-4　将战略视为竞争分析的输出

对于竞争对手的水平，即你的目标竞争力。竞争形势的"现状"和"未来"构成了战略金字塔的两个建筑模块（见图 0-5）。

图 0-5　竞争力的现状和未来

不过我们仍漏掉了一些东西。你如何看待企业未来的竞争力，在很大程度上取决于你设立的企业目标是什么。你的长期目标和具体目标是什么？为了合乎情理地生存？为了最大化利润增长？为了让员工继续工作？还是为了让利益相关者满意？对于战略开发过程来说，这些首要的目标是不可或缺的，属于战略金字塔的基础（见图 0-6）。

现在是时候做出重要区分了。战略有两个组成部分：业务战略和公司战略。业务战略关注的是最大限度地提高单个业务的竞争力。公司战略关注的是如何优化你的业务组合，通过投资、收购还是处置，以及如何利用

```
         战略
       竞争力
    当前  │  目标
  市场需求 │ 行业供给
 ┌────────┬────────┐
 │你的业务│你的目标│
 └────────┴────────┘
```

图 0-6 目标竞争力也取决于公司的目标

企业的整体资源和能力为每一项业务增加价值。用于分析业务战略和公司战略的工具存在很大的不同,但是也存在部分重叠,一些重要的工具可以同时用于两者。除非你的企业是一家单一业务企业,否则你就需要同时考虑战略的两个部分(见图 0-7)。

```
      公司战略
      业务战略
       竞争力
    当前  │  目标
  市场需求 │ 行业供给
 ┌────────┬────────┐
 │你的业务│你的目标│
 └────────┴────────┘
```

图 0-7 战略的两个组成部分:业务战略和公司战略

此时完成金字塔只需最后一个建筑模块。在分析市场需求、行业供给和企业竞争力时,处处都会遇到风险,同样也会遇到机会。不确定性是不可避免的,而且将永远存在。在战略开发过程中,必须系统地处理这一问题。不确定性是通往成功的重要因素,它伴随着战略金字塔的微观经济分析和竞争力分析的每一个部分(见图 0-8)。

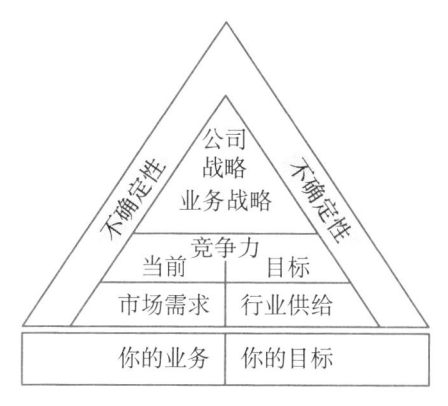

图 0-8 战略制定中充满了不确定性

战略金字塔搭建完毕,其模块如图 0-9 中的数字 1 到数字 9 所示。

图 0-9 战略金字塔的九个组成部分

剩下的就是将建筑模块的标题转化为任务导向的分句,从而我们有了本书各章的标题:

第 1 章　了解你的业务

第 2 章　设立长期目标和具体目标

第 3 章　预测市场需求

第 4 章　测定行业竞争

第 5 章　追踪竞争优势

第 6 章　瞄准战略差距

第 7 章　弥补差距:业务战略

第 8 章 弥补差距：公司战略

第 9 章 应对风险和机会

每一章都将列出建立模块所需要的工具和技巧。有些是必要的，如果你想走捷径建立你的战略，跟着它们就足够了。如果你想知道还有哪些工具特别适合你的企业，就看看有用工具，它们很可能会提高企业开发一个真正的制胜战略的概率。

最后，请允许我欢迎你加入战略开发过程。希望你能认为战略金字塔及其 88 个工具既有用又令人振奋。我的目的不是写一本学术著作，而是写一本实用生动的指导手册，帮助你建立成功企业所需的战略。

业务战略与公司战略

我们需要预先解决的一件事是，本书如何处理两个不同但相关的战略领域：业务战略和公司战略。业务，或者更严格地说，战略业务单位（strategic business unit，SBU）是指提供紧密相关的产品（或服务）的实体，这一实体具有独立于其他业务单位的成本结构。因此，在一个大公司里，一个 SBU 可能不仅有自己的首席执行官（CEO）、首席财务官（CFO）、首席运营官（COO）、首席营销官（CMO）和首席信息官（CIO），还有自己的首席技术官（CTO）负责该 SBU 中的所有研发工作。

战略业务单位是一个实体，这足以保证制定它自己的战略，并独立于其他 SBU 可能制定的战略。

战略业务单位的战略简称为业务战略。

公司战略的第一步是如何在 SBU 之间分配资源。投资哪个业务？保持哪个业务以让其产生现金？卖出哪个业务？被迫关停哪个业务？这是作为组合规划的公司战略，见工具"优化公司组合"（第 8 章）。

但公司战略远不止这些。它涉及如何努力实现 SBU 之间的协同效应，如何在中心创造价值，如何倡导一种贯穿整个组织的制胜文化或能力。这是公司战略的资源基础观。例如，哈默尔和普拉哈拉德的核心竞争力理论（见第 8 章）。

本书大部分是关于业务战略的。战略金字塔本质上是一个业务战略工具（从第1章到第7章，也包括第9章）。这个过程的每一步都可以由一个SBU完成。

公司战略在第8章中有具体论述，其中列出了基于组合和基于资源的主要模型。

公司战略和业务战略之间的差异可能是暂时的。大公司通常通过首次公开募股（IPO）、管理层收购（MBO）或交易出售等方式来分拆出一个SBU。这个SBU将成为自己的实体，并可能根据其业务战略中先前分析的关键产品/市场细分，决定设立自己的SBU。该实体以前的业务战略现在是其公司战略。该实体可能继而决定将其新创的SBU中的一个分离出去，然后这个SBU成为它自己的实体，依此类推。

最后，许多适用于公司战略的组合规划工具同样适用于业务战略。公司战略可以看作战略业务单位之间的资源最优分配，业务战略也可以被视为关键产品/市场细分之间的资源最优分配。同样的工具，特别是第6章中的吸引力/优势矩阵和增长/份额矩阵，可以而且应该为两个不同的战略使用。不同之处在于，对于公司战略而言，在矩阵上绘制的气泡是SBU；而对于业务战略，它们是关键产品/市场细分。

第1章

了解你的业务

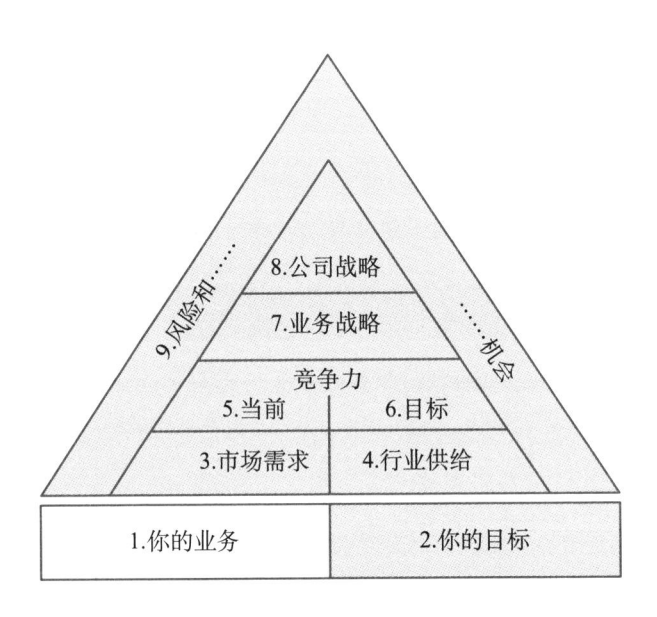

```
            8.公司战略
         7.业务战略
          竞争力
      5.当前    6.目标
   3.市场需求   4.行业供给
9.风险和……        ……机会
   1.你的业务    2.你的目标
```

必要工具

工具1　确定关键细分

工具2　议题分析（明托）

有用工具

工具3　80/20法则（帕累托）

工具4　超级细分过程（科克）

工具5　5C形势分析

工具6　SWOT分析（安德鲁斯）

概　述

你对你的业务了解多少？利润藏在哪些黑箱里？有哪些议题会影响这些利润？

制定战略有两个基本出发点：明确利润来源，同时要清楚利润会受到哪些议题的影响。

首先，你需要了解你的业务。明确主要业务细分，以及其中哪些对利润贡献最大。只有明确了哪些业务细分对企业战略至关重要，才能进行接下来的工作。

然后，你需要思考在制定一个制胜战略的过程中，需要回答的主要问题有哪些。为了回答这些主要问题，还有哪些问题需要回答？依此类推，扩展下去。提出一系列结构化的问题，有助于指导你完成战略制定所需的研究与分析，不遗漏任何重大问题。

这两个出发点涉及本章的两个必要工具，即确定关键细分和议题分析。随后，我们将介绍一些其他的工具，在了解你的业务时，它们可能是有用的。

先做最重要的事，在你的业务中，关键产品/市场细分是什么？确定关键细分是了解你的业务的第一个必要工具。

工具 1　确定关键细分

工具介绍

你的企业的利润在哪里？

你的企业是不是正在服务于一些销售额很高、利润却微乎其微的细分？而在一些活跃的细分上，销售额虽然一般，利润却很丰厚？

战略金字塔中的第一个建筑模块的第一步就是要了解你的业务，明确哪里有利润，哪里没有利润。

具体包括两个部分：

● 你的企业在哪些业务细分开展竞争？把哪些产品（或者服务，在本章中统称为"产品"）销售给哪些客户？

● 哪些细分的利润最高？

只有当这个细分过程完成后，你才可以着手开发战略。对于一个只占营业利润 1% 或者在未来五年内几乎没有利润的细分来说，无论是分析竞争对手的数据还是收集客户的反馈，花上几个小时进行研究都毫无意义。

如何加强在这一细分市场的能力可能很吸引人，但对业务战略并不重要，董事会或投资人也不感兴趣。

你需要将时间和精力投入到那些目前或未来会贡献 80% 及以上利润的细分，强化企业在这些细分中的地位。

如何使用

1. 对于在位企业

你的业务组合是什么？你的业务针对哪些客户群，提供哪些产品或服务？

业务中的哪一部分最重要？

很少有业务只向一个客户群提供一种产品。大多数业务向不同的客户群提供许多不同的产品。

如果不同产品的竞争对手不同,则产品往往是独特的。一些竞争对手可能会涉足你企业所有的业务,也有一些竞争者可能只涉足你企业业务中的一项或两项,还有一些企业的主营业务可能与你的企业无关,只有副产品与你的企业存在竞争。

如果客户具有不同的特征,而且只有通过不同的营销路径才能接触到不同的客户群,那么这个客户群就是独特的。

因此,可以按以下原则界定一个客户群:他们是谁(例如,休闲访客或商务访客;年轻或年老;受教育程度高或低)、所在的行业(当企业对企业进行投资时这一点尤其重要)、所在区位(例如,城市或乡村;地区;国家),或者依据触及客户所需要的不同营销方式。

针对一个特定客户群提供一种特定产品就是一个细分,用商业术语来说,就是一个"产品/市场细分",或者更简单地称之为"业务细分"。

如果你的业务向一个客户群提供了两种产品,你就有两个业务细分。如果你在生产这两种产品的同时开发了一个新的客户群,你将有四个业务细分。同理,如果你将第三种产品销售给两个客户群,你就有六个业务细分。

你的业务提供多少种产品?有多少客户群?把这两个数字相乘就是你的业务细分的数量。

现在,哪两个、哪三个或哪四个细分是最重要的?哪个对销售额的贡献最大?(假设每个细分都有相似的成本状况,那么它们对营业利润的贡献比例与对销售额的贡献比例是相同的。)

这些细分是否同样会成为未来几年销售额的主要贡献者?

把这些都简明扼要地罗列出来。在大多数战略规划中,这些基本信息都是缺乏的。人们通常会看到一两幅按主产品线划分或按地区(或国家)划分的销售额饼图,但经常遗漏的是:

- 按产品/市场细分划分的销售额,即向特定客户群销售特定产品的销售额。

- 同样的信息随时间变化的情况，比如过去三年的变化情况。

让我们举一个简单的例子。如果你的公司生产小、中、大三种类型的部件，并把它们销售给英国和法国两个国家的制造、工程和建筑三个部门，那么你就是在 3×2×3＝18 个产品/市场细分中经营。

到目前为止，你最大的细分是销往英国工程部门的大型部件，占销售额的 40%；紧随其后的是销往英国工程部门的中型部件，占销售额的 25%；然后是销往法国制造部门的大型部件，占销售额的 15%。这三个细分市场合计占销售额的 80%。其余 15 个细分市场仅占销售额的 20%（见图 1-1）。

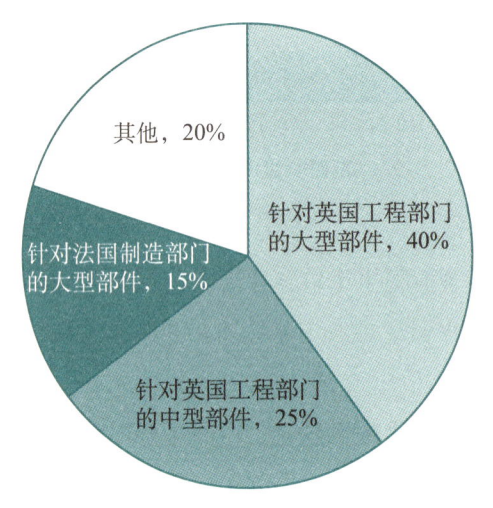

图 1-1 关键细分过程：按产品/市场细分划分的销售额

通常会使用饼图呈现这一情况，如显示按部件尺寸——大型、中型和小型——划分的销售额。旁边可能还有另一幅饼图，显示按国家——英国和法国——划分的销售额。更好的是，它可以结合国家和最终用户的数据，将销售额分成四个客户群：英国工程部门、英国制造部门、法国工程部门和法国制造部门。

以上都是有用的信息，但更有用的是如图 1-1 所示的饼状图，它显示了真实的产品/市场细分，如仅针对英国工程部门的大型部件这样一个细分，就占了销售额的 40%，中型部件占了 25%。

这将表明，影响你企业战略开发的关键议题——不管是相关的市场需求、竞争，还是企业的竞争力——都与英国工程部门的大型部件这一特定细分有关。不是总体上的大型部件，不是小型部件，不是整个英国，不是整个法国，不是法国工程部门，不是英国建筑部门，而是英国工程部门的大型部件这样一个特定的产品/市场细分。

工程客户对需求的影响不同于建筑客户。英国可能与法国处于不同的经济周期阶段。法国工程部门可能有不同的解决方案，更偏爱中型部件，而不是大型部件。小型部件的生产商可能比大型部件的生产商数量更多，而且它们也使用了更加灵活的短期生产设施。

基于上述分析，你需要知道，在你的业务中，针对英国工程部门的大型部件这一产品/市场细分是最重要的，其次是销往英国工程部门的中型部件，再次是销往法国制造部门的大型部件。

那未来呢？或许你可以推出一款专为英国航空业量身定制的超大型部件，如果一切按计划进行，三年后这一产品可能占到销售额的20%。

所以，让我们在第一幅饼图的旁边再画一幅饼图，来预测未来三年按主要细分市场划分的销售额。

盈利能力如何？到目前为止，我们假设每个细分市场都有相同的成本结构。但现实却不太可能这样。

我们需要反复计算每个细分对营业利润的贡献而不是对销售额的贡献。

这些数据可能不存在。但你肯定可以找到按产品/市场细分划分的销售额和总利润。

不过我们需要的是营业利润，或者至少是对固定管理费用的贡献。相对其他细分来说，有些细分的营销预算或差旅费用会更高。

企业管理信息系统中可能不会给出这样详细的信息。在这种情况下，你需要做出估计。合理的估计比没有数据要好得多。估计能够帮助你在制定战略时，快速对一系列外部因素做出合理的判断，比如市场需求和行业竞争。

关键细分对营业利润的贡献与对销售额的贡献不同。某些细分的利润率高于其他细分。利润率高的细分在营业利润中所占的份额将高于在销售额中所占的份额。

但这并不意味着按营业利润分类比按销售额分类更有用。后者在分析某些细分的盈利能力落后于其他细分以及如何缩小这种差距方面最有用。

再次回到上面的例子，销往英国工程部门的大型部件占销售额的40%，假设其对营业利润的贡献仅为30%，与作为第二大细分（就销售额而言）的销往英国工程部门的中型部件相同，尽管销往英国工程部门的中型部件仅占销售额的25%。

这两组数据都很重要。可能存在某些因素导致了盈利能力的差异，大型部件业务可能正面临来自其他国家进口产品的竞争，而中型部件受到的影响相对较小。这将限制企业对战略选项的选择。

但这也可能是因为该企业的制造效率已经落后于其他竞争者，因为竞争者已经投资购买了制造大型部件的理想设备。这在企业采取行动的范围之内。

2. 对于初创企业

如果你计划创业，那么也需要进行细分。如果你只计划向一个客户群推出一种产品（或服务），那的确没有细分的必要。但是你确定企业只生产一种产品吗？只面向一个客户群吗？

试着把你的产品和客户分类。进一步的细分有意义吗？如果有，就继续细分。如果没有，就不要为了显得正式而浪费时间。坚持只为一个客户群提供一种产品，即保持一个细分就可以了。

初创企业与在位企业有一个很大的区别。无论你如何细分，无论确定了多少客户群，目前来说，它们都是假设而已。

你现在并没有实际的客户群。

你需要按照产品能带给客户的利益来阐明企业的产品。这就是业务主张。

不是去阐明你企业产品的功能、价格，而是要阐明你的产品或服务如何能让目标客户受益。

目标客户是谁？他会从你的产品或服务中得到什么利益？

这只是一个细分，还有其他细分吗？

细分是业务主张的核心。正是在细分的过程中，你发现了一个只有你的产品才能为客户带来利益的利基市场。从那时起，你已经为利基市场、客户利益进行了产品定制。

关于这方面的更丰富见解请参阅约翰·马林斯（John Mullins）撰写的创业必备指南《如何测试商业模式：创业者与管理者在启动精益创业前应该做什么》（*The New Business Road Test：What Entrepreneurs and Executives Should Do Before Writing a Business Plan*）中的"鱼儿会咬钩吗"一章。

这里还可以从另一个不同的视角来看。你的产品是否满足了市场上一些"未被满足的需求"？它是否填补了目标客户的需求缺口？这是威廉·布里奇斯（William Bridges）在其《创建你和你的公司》（*Creating You & Co.*）一书中所强调的新创企业成功的秘诀之一。他认为，可以通过观察一些迹象来发现"未被满足的需求"。例如，模式中缺失的一环、未被识别的机会、未被充分利用的资源、信号事件、未经确认的变化、假定不可能发生的情况、不存在但需要的服务、新的或正在出现的问题、瓶颈、连接点或其他类似的迹象。

无论依据未被满足的需求，还是依据更有意义的提供产品的方式，当你定义客户利益时，你都需要进行一些基础研究，以挖掘出任何你能收集到的客户利益的证据。

对客户利益的了解将有助于你明确细分过程。

总之，我们需要使用这个必要工具，以便从你的业务中找到现在和不久的将来中最重要的部分，明确哪些产品/市场细分将决定你业务的成败。

何时使用

持续使用。细分是战略开发过程中至关重要的内容。

何时应该谨慎

分析时要小心,不要疏忽大意。不要最后找出几十个细分。要专注于六个左右真正能推动你企业利润的产品/市场细分。

工具 2　议题分析（明托）

工具介绍

斯蒂芬·霍金说："我认为，对于一个物理宇宙，没有任何问题是科学无法回答的。"

这在业务上可能不太正确，但这不应阻止我们提出重要问题并寻求答案。在战略开发过程中，你想回答的关键问题是什么？为了回答这个问题，还有哪些问题需要回答，特别是与风险或令人兴奋的机会有关的问题？

这些风险和机会可能是企业外部的，比如经济衰退（或者反过来，经济复苏）或者新的东欧市场进入者（或者退出者）。

它们也可能是企业内部的，比如失去一个关键客户（或收益），或者竞争对手挖走你的销售总监（反之亦然）。

这些议题都需要你在拟定战略时加以考虑。对于主要议题，将按照其发生的可能性以及其发生对价值的影响进行评估（见第 9 章）。

但是，你需要在战略开发过程的一开始就把关键议题摆在桌面上，以确保为回答最重要问题所需的研究和分析得以进行。

这些议题需要纳入一个结构化的框架：议题分析。

如何使用

每个战略咨询小组都有自己内部的议题分析方法。我以前的小组有一个很好的方法论，它改编自芭芭拉·明托（Barbara Minto）的议题分析工作和她的金字塔原则。

她的问题分析总是从 S-C-Q 框架开始。为了满足战略制定的需要，我对其进行了如下调整：

- 形势（situation）。企业面临的形势如何，即在哪个市场，最近和现在的经营状况如何？
- 复杂性（complication）。企业未来利润增长的主要限制因素是什么？
- 关键问题（key question）。该战略开发过程应解决的关键问题是什么？

一旦你构建了一个关键问题，在回答这个关键问题之前，至少需要草拟3～5个问题。这些是第一层问题。在回答每个第一层问题之前，先准备一组你需要回答的第二层问题。依此类推，在某些情况下可能需要分解至第三或第四层。

一个问题金字塔须具有以下特点：
- 每个问题都要遵循逻辑顺序，例如，按时间、结构或等级排列。
- 每个问题应是独立的，不能与其他问题重叠，且加起来应该是全面的（即它们应覆盖所有可能性）。
- 每个问题只能回答"是"或"否"。不允许出现以"为什么"或"如何"开头的问题，只能是这样的问题，如"市场需求增长每年是否会超过5%？"（而不是"市场需求增长率是多少？"）这迫使你做出结论，一直到金字塔的顶端。
- 任何问题下的子问题数量不得超过七个，且应超过一个。否则应重新构建金字塔。

图1-2是一个简化的例子。由于版面有限，每层只选择对一个方框进行阐述，对其他方框都做了悬空处理。在这个议题分析中，自下而上开始工作，结论可能是：
- 亚洲竞争对手将进入市场，但东欧竞争者不会。
- 这将大大加剧竞争。
- 尽管竞争加剧，但由于市场快速增长，我们的竞争优势可以维持，并且风险可控（未展示相关方框），我们仍能维持最近每年10%的利润增长。

关键问题迫使你思考你想要从战略开发过程中得到什么。这是唯一一个没有"是"或"否"答案的问题！

第1章　了解你的业务 | 021

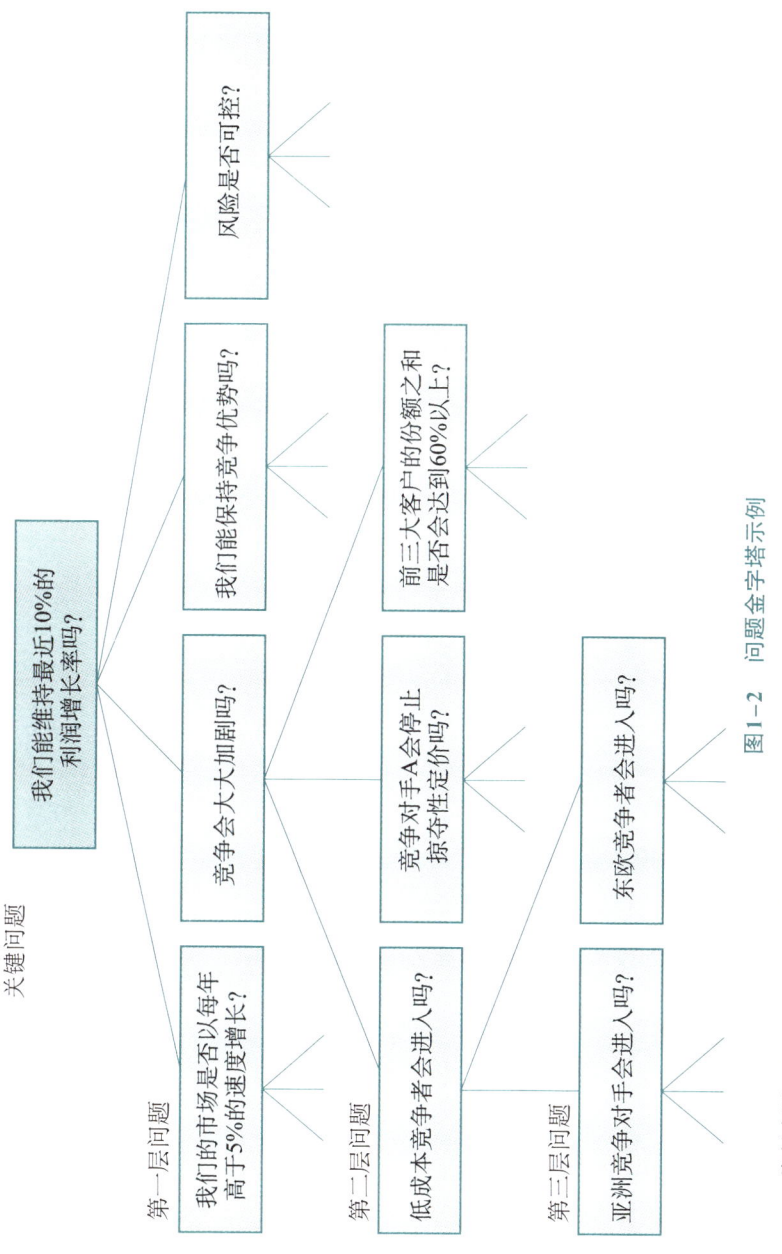

关键问题：我们能维持最近10%的利润增长率吗？

第一层问题：
- 我们的市场是否以每年高于5%的速度增长？
- 竞争会大大加剧吗？
- 我们能保持竞争优势吗？
- 风险是否可控？

第二层问题：
- 低成本竞争者会进入吗？
- 竞争对手A会停止掠夺性定价吗？
- 前三大客户的份额之和是否会达到60%以上？

第三层问题：
- 亚洲竞争对手会进入吗？
- 东欧竞争者会进入吗？

图1-2　问题金字塔示例

资料来源：Adapted from *The Pyramid Principle*, Barbara Minto, Pearson Education, 2002.

所有其他层次的问题都需要你给出一个坚定的结论——是或否。这是一个强有力的工具。

何时使用

在战略开发过程的前期，主要目的有三个：

- 头脑风暴。在过程的早期阶段，你的团队将被激发去思考市场、行业、客户、竞争对手、价格、趋势等问题。
- 突出数据差距。该工具有助于我们明确哪些地方需要进一步的研究和分析。
- 使你的思路结构化。通过建立问题金字塔，回答是或否，而不是太多或太少的问题，你的注意力将集中在一个战略解决方案上，不要分散精力到一系列非结构化的想法和观察上（与其他一些工具一样，请看这一章中随后的5C形势分析和SWOT分析）。

何时应该谨慎

进行议题分析时不要太死板。这是一个前期的头脑风暴练习。并不是所有的议题都会被发现，有些议题只会在以后变得更加明显。有些议题可能被证明是无关紧要的。在战略开发过程中，时不时地回到这个分析，并根据需要添加、删除或修改每个层次上的问题。但是，要保留金字塔的结构。

工具3 80/20法则（帕累托）

工具介绍

马尔库斯·图利乌斯·西塞罗（Marcus Tullius Cicero）曾说过："如果你有一个花园和一座图书馆，你就拥有了你所需要的一切。"

你喜欢在花园里悠闲漫步吗？或者你本身就是一个狂热的园丁，拥有一片被鲜花围绕着的没有蒲公英的草坪和一块丰收的菜园。

如果是后者，那你肯定知道大约80%的豌豆来自20%的豆荚（见图1-3）。

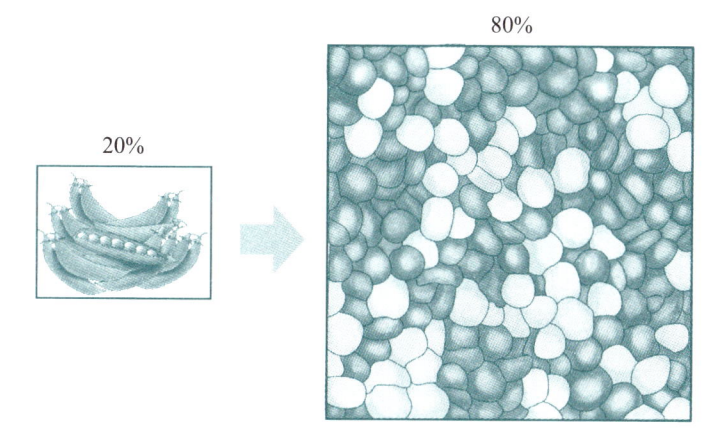

图1-3 帕累托定律

资料来源：Adapted from Vilfredo Pareto, *Manuale di Economia Politica*, 1906.

这一观点被广泛归因于意大利经济学家维尔弗雷多·帕累托（Vilfredo Pareto），其在19世纪与20世纪之交提出了这一观点。据说，他将自己的园艺研究成果与他的经济研究成果进行了对照，后者表明，意大利80%的土地归20%的人口所有，他进而初步推断出了一个定律。

然而这个故事似乎是虚构的。理查德·科克（Richard Koch）在1997年所写的《80/20法则》（*The 80/20 Principle：The Secret of Achieving More with Less*）一书中对80/20法则进行了重新阐释，并没有涉及帕累托提出80/20数字的记录，更不用说豌豆和豆荚了。

可以确定的是，帕累托研究了 19 世纪英格兰的土地、财富和收入的极度不平衡分布现象，得出了人口与财富比例的数学关系。他发现，可以预测财富分布是非均衡的，而且在其他时期和其他国家，这个数学关系也是稳定的。

20 世纪 40 年代，基于帕累托的研究，著名的质量管理大师约瑟夫·M. 朱兰（Joseph M. Juran）发现，80％的生产问题是由 20％的原因引起的。他称这种现象为"帕累托法则"或"关键少数规则"。

其他商业作家进一步发展了这一法则，常见的商业应用包括：

- 80％的销售额源自 20％的产品。
- 80％的利润源自 20％的客户。
- 80％的利润源自 20％的时间投入。
- 80％的投诉源自 20％的客户。
- 80％的销售额源自 20％的销售人员。
- 80％的业务增长源自 20％的广告。

我喜欢的一句话，同样适用于个人事务和商务关系，即 80％的挫折来自 20％的原因。

科克意识到商业和生活的三个广泛领域中存在着内在的不平衡，因此鼓励人们"用 80/20 法则的方式思考"：

- 20％的投入导致 80％的产出。
- 20％的原因导致 80％的后果。
- 20％的努力导致 80％的成果。

这位自称"懒惰的企业家"的人以 80/20 法则的方式在伦敦、开普敦和"南欧阳光更充足的地区"思考和生活。

如何使用

在战略开发过程中进行业务细分工作时，80/20 法则特别有用。

下面是该法则在商业领域的两个发人深省的潜在应用：

- 80％的利润源自 20％的产品/市场细分。因此，要集中精力对它们进行研究和分析；实际上，要关注那些在未来五年中合计占累计预测利润80％的细分，无论这些细分占20％、15％，还是25％。

- 新战略所创造的80％的价值可能来自20％的洞察力。因此，挑战在于识别那些能提升价值的洞察力！

这是一种令人兴奋的工具。一方面，它会激励你，因为我们知道，只要付出20％的努力，就可以获得80％的利益。另一方面，这20％，是哪些呢？！

何时使用

在拟定你的业务时要记住这一点。不要花太多精力研究和分析那些只为企业贡献20％价值的细分。

何时应该谨慎

这是一个令人惊奇的、广泛存在的法则，但不能死板地理解。最重要的是结果与原因、产出与投入的不平衡，不管它们是80/20、65/35，还是99/1。要认识到先天的不平衡，而不是单纯的数字比例。

工具 4 超级细分过程(科克)

工具介绍

与工具 3 中的帕累托园艺主题一致,绝望的园丁经常面临这样的困境——站在地里,手拿铲子,目光停留在一些没有特色的绿色嫩芽上苦苦思考:杂草在什么时候不是杂草呢?

幸运的是,当面临一个细分是不是真正的细分这样的困境时,有一个工具可以随时使用,它就是超级细分过程(segmentation mincer)。

这是 20 世纪 80 年代理查德·科克和他在艾意凯咨询公司(L. E. K.)的一些同事共同开发出来的。他们提出了一系列结构化的问题,旨在确定两个细分是否真正不同,或者从战略开发的角度分析是否应该将它们视为同一细分。这可以看作一种聚类分析,而无需复杂的统计学公式。

如何使用

通过表 1-1 所示的问题,将一个产品/市场细分与另一个进行比较,从而确定它们是否为真正独特的细分。

表 1-1 超级细分

	是	否
1. 竞争对手是否相同?	-30	30
2. 与市场领导者相比,市场份额是否大致相同?	-50	50
3. 客户是否相同?	-20	20
4. 客户的购买标准和它们的重要性是否大致相同?	-30	30
5. 是否是彼此的替代品?	-10	10
6. 价格是否大致相同?	-20	20
7. 盈利能力是否大致相同?	-40	40
8. 是否有类似的资金需求?	-10	10
9. 是否有类似的成本结构?	-10	10
10. 是否占了至少一半的成本?	-30	30

续表

	是	否
11. 在两个领域竞争是否存在壁垒？	−20	20
12. 仅在一个领域竞争是否能获得成本优势？	−30	30
合计		

资料来源：Adapted from *Financial Times Guide to Strategy*，Richard Koch，FT Publishing，2011.

在回答了所有这些尖锐的问题后，将得分相加，如果总分为正，则应该将这两个细分市场区分开来；如果总分为负，则最好将两者视为同一细分市场。

何时使用

当你对细分过程不确定时，使用这个工具，或许你可以从更结构化的方法中获益。

何时应该谨慎

有些问题的答案往往会在战略开发过程的后期出现。例如，客户购买标准的本质和权重（见第 4 章）。但是，现在考虑一下也没有什么坏处。如果有必要的话，之后你可以再回到细分过程，并根据需要进行合并或拆分。

工具 5 5C 形势分析

工具介绍

阿尔伯特·爱因斯坦暗自沉思:"我们在这个地球上的处境是奇怪的。"你的企业的情况又有多奇怪?

形势分析(situation analysis)是一种主要用于营销战略的分析工具,从总体上来说与战略有重合之处。营销人员将形势分析用于识别企业当前所处的环境,以及企业如何才能进入该环境,以改进企业的能力,从而更好地满足客户的需要。

一种流行的方式是 5C 分析(见图 1-4),即企业应从五个方面对环境进行扫描。

- 公司——长期目标、文化、产品线、强项、弱项、独特卖点、价格定位、市场形象;
- 合作者——供应商、盟友、分销商;
- 客户——客户群、市场规模、增长、细分、利益、渠道、客户购买决策、客户行为;
- 竞争者——直接竞争者/间接竞争者、新进入者、替代品、市场份额、进入壁垒、相对定位、强项、弱项;
- 背景——政治的(political)、经济的(economic)、社会的(social)、技术的(technological)、环境的(environmental)(指自然环境)和法律的(legal)(又称 PESTEL 分析,见第 4 章)。

如何使用

通过一系列的研讨会,营销人员对这五个领域进行逐一研究,并判断所识别出的问题对关键营销决定的影响程度。

图 1-4 5C 分析

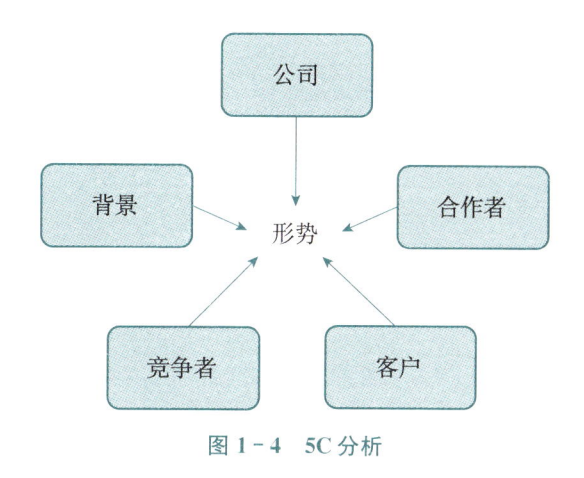

何时使用

如果熟悉这个工具，你可以考虑选择它来代替议题分析（见工具 2）。两种工具都鼓励事先对想法和议题进行头脑风暴，这在战略开发中是必不可少的。

何时应该谨慎

该工具没有重点，也缺乏结构。

许多需要扫描的领域都需要深入的研究和分析。例如，市场规模和增长本就是战略金字塔整个建筑模块的主题（见第 3 章）。同样，进入壁垒（见第 4 章中的一个关键力量）、企业的竞争地位也是如此（见第 5 章）。在战略开发过程这个阶段，该工具所能做的充其量就是识别关键问题，然而使用议题分析（见工具 2）的效果会更好。

议题分析的美妙之处在于它的金字塔结构，对一个问题的回答有助于对上一个层次问题的回答。而形势分析没有纵向结构，它只是按照领域对议题进行横向分组。

工具6　SWOT分析（安德鲁斯）

工具介绍

应该摒弃SWOT分析吗？

SWOT分析无处不在。我们经常可以在市场研究报告、股票经纪人分析报告，甚至在财务尽职调查报告中看到它。撰写这些报告的会计从业者热衷于通过使用SWOT分析来表现其对战略概念的了解。

SWOT分析很受欢迎，因为它易于理解和应用。同时，它也鼓励对议题进行头脑风暴。

但这是一种应用受限的工具。对于任何战略问题，它都没有提供答案，几乎没有帮助，也没有对从哪个方向寻找答案提供任何建议。

如何使用

SWOT分析是一个2×2矩阵，其中一行为企业的内部因素（优势和劣势），另一行为外部因素（机会和威胁），见图1-5。

	+	-
内部	优势： ✓----- ✓----- ✓----- ✓-----	劣势： ×----- ×----- ×----- ×-----
外部	机会： ✓----- ✓----- ✓----- ✓-----	威胁： ×----- ×----- ×----- ×-----

图1-5　SWOT分析

20世纪60年代，哈佛商学院的肯尼斯·R.安德鲁斯（Kenneth R. Andrews）最早提出该框架，目的是帮助战略决策者区分他们能够影响的因素（内部因素）和不能影响的因素（外部因素）。当企业内部的资源或竞争力与外部的市场机会处于战略匹配状态时，最优的战略就出现了。

尽管预期的最终结果是有价值的，但这个工具对如何实现最终结果却没有帮助。

何时使用

SWOT分析与5C形势分析（见工具5）常常结合使用，有助于对议题进行头脑风暴。如果熟悉SWOT分析的使用方法（并了解它的局限性），可以选择使用该工具。但是还有更好的、更结构化的工具，例如议题分析（见工具2）。

何时应该谨慎

SWOT工具本身存在严重缺陷，在使用方式上也存在很多问题。

- 外部机会和威胁分析见本书第3章和第4章，内部优势和劣势分析见本书第5章和第6章，将以上内容放在一页纸上分析，对战略制定几乎没有帮助。随着时间的推移，市场需求、行业竞争、客户的购买标准、关键成功因素、公司业绩和竞争地位等因素都会发生变化，这些变化会对关键的产品/市场细分产生影响，而这一工具对此类分析都过于笼统，不够具体。

- SWOT分析没有对议题的重要性或相关性进行评估，没有区分优势/劣势议题的权重（见第5章），也没有对机会/威胁议题的概率和影响程度进行排序（见第9章）。

- 使用者倾向于把他们的想法（通常是场外头脑风暴的结果）堆放在矩阵里；我曾看到过在PPT演示中把15~20个观察或议题放在SWOT矩阵的格子中，以至于内容被压缩成小六号字。这有时令人困惑，有时甚至让人读不下去。

SWOT 分析的主要问题是：它看起来很好用，但那又怎样呢？我们从这个矩阵中可以得出什么结论呢？

最好的情况是，通过 SWOT 分析提炼出战略开发过程中的关键议题，并对其进行分组，即这些议题是源于企业内部的，还是外部的；它们对企业有利，还是有害。最差的情况，也是最常见的情况是，它就像是装满了一堆随机的观察和议题的储物柜，意义不大。

第 2 章

设立长期目标和具体目标

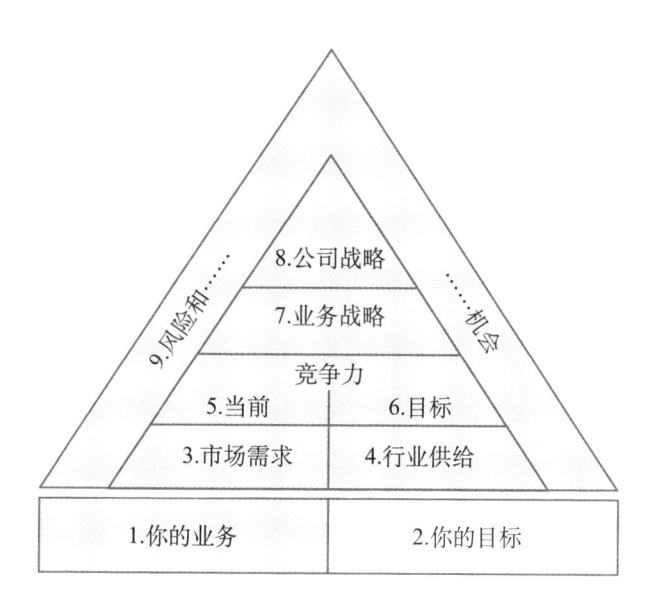

```
            8.公司战略
    9         7.业务战略         机
    .                           会
    风         竞争力
    险      5.当前    6.目标
    和
          3.市场需求   4.行业供给

        1.你的业务      2.你的目标
```

必要工具

工具 7　设立长期目标

工具 8　设立 SMART 具体目标

工具 9　最大化股东价值

工具 10　平衡利益相关者利益

有用工具

工具 11　创造共享价值（波特和克雷默）

工具 12　经济增加值（思腾思特咨询公司）

工具 13　平衡计分卡和战略地图（卡普兰和诺顿）
工具 14　核心意识形态（柯林斯和波勒斯）
工具 15　倾斜（凯）
工具 16　业务作为社区（汉迪）

概　述

现在，你了解了你的企业的现状、细分、议题。但是，你希望它明天如何？你希望它是一家什么样的企业？你将根据哪些参数来衡量绩效成功？

简而言之，你的企业的目标是什么？

人们撰写了大量论文来论述企业有必要阐明它的愿景、使命、目标、目的、长期目标、具体目标、价值观、理想、信念、原则等。

简单的和充分的做法是，只要坚持做好其中两点，即长期目标和具体目标。

长期目标是你的业务力求达到的，通常用文字来描述。具体目标是有助于衡量目标是否实现的靶子，通常以数字方式列出。

你的长期目标之一可能是成为北欧最以客户为中心的服务供应商。支持这一长期目标的具体目标可能是，到 2014 年，在年度客户调查中获得 30% 的"非常满意"评价，到 2016 年达到 35%，同时在当年获得 80% 的"满意"或更好的评价。

长期目标是方向性的，具体目标是具体的。前者应该超越短期，指出你对企业的长期看法。具体目标应该遵循"SMART"原则，即具体的、可衡量的、可实现的、有相关性的和有时限的（见工具 8）。

其他目标可以很容易地归入一个简单的长期目标和具体目标框架中。

● 使命——在理论上，这可以使你的业务与众不同；在实践中，你可以把它当作长期目标。

- 愿景——在理论上，指的是你的业务要走向何方或变成什么样子；同样，你可以把它当作另一个长期目标。
- 目标——大致可以看作长期目标的同义词。
- 目的——同上。
- 价值观——在理论上，是指一套信念和原则。它的作用在于，当企业面临的道德、伦理、安全、健康、环境或其他与价值观相关的需求，可能与股东价值最大化的目标冲突时，能够指导你的业务如何应对。在实践中，这可以被确定为一个单独的长期目标。
- 信念——关于价值观。
- 理想——同上。
- 原则——同上。

设立长期目标和设立 SMART 具体目标是战略开发的必要工具。这类必要工具还有最大化股东价值，以及平衡利益相关者利益，各利益相关者的利益有时相互冲突，有时又相互促进。

我们将首先分析这四个必要工具，然后考虑在设立长期目标和具体目标时的其他有用工具，从思腾思特（Stern Stewart）咨询公司的经济增加值，到查尔斯·汉迪（Charles Handy）的业务作为社区。

工具 7　设立长期目标

工具介绍

我们从哪里来？我们是谁？我们要到哪里去？

保罗·高更（Paul Gauguin）在其令人难忘的画作中提出了这样的思考。我们已经讨论了前两个问题（见第 1 章），现在讨论第三个问题，即：我们要到哪里去？

设立长期目标是业务战略的基石。长期目标应该支撑公司未来五年或更长时间的每一个主要战略倡议。

如何使用

在设立长期目标时，有五个注意事项：

- 长期目标不同于具体目标。
- 短期目标在战略开发中无足轻重。
- 出于激励目的的最佳长期目标可能与市场相关。
- 财务长期目标需要处理股东和利益相关者之间的利益平衡。
- 与价值观相关的长期目标同样有效。

长期目标是你的业务力求达到的，通常用文字来描述。第一，具体目标是有助于衡量长期目标是否实现的靶子，通常以数字方式列出。例如，你的长期目标可能是成为关键细分的低成本供应商。伴随而来的一个具体目标则可能是在三年内将该细分的单位运营成本降低 20%。

第二，把短期目标看作今年预算内的和背后的目标。这些在短期内很重要，无论是为了让金融市场或公司股东，还是为了让你获得与绩效相关的奖金。

但预算内的东西可能对战略开发影响不大。战略要考虑的市场需求趋势和行业竞争力量远远超出短期。若在短期内激烈竞争，却在中长期面临需求下降或竞争加剧的风险，这对你的业务没有好处。

第三，设立的长期目标也应该是激励性的。莱瑟姆（Latham）和洛克（Locke）认为，长期目标可以通过四种方式提高员工的绩效：

- 将注意力集中到与长期目标相关的活动上。
- 产生激励效果。
- 鼓励坚持不懈。
- 帮助员工处理手头的任务。

有各种各样的长期目标。以市场或客户为导向的长期目标，往往是最具激励性的，而且很容易监控。达到一定规模的公司很容易收集市场份额数据。它的一个长期目标可能是，三年内成为细分 A 的市场领导者。这样的一个长期目标对销售人员来说是激励性的，而且评估其进展通常很简单。

客户满意度或保留目标（或具体目标，见下一个工具）也可以产生同样的效果。

运营长期目标也能够激励运营团队，甚至比与市场相关的长期目标更容易监控。五年内在细分 B 上实现成本领先的长期目标可以提升绩效并激发团队的活力。对于公司内部在单位成本降低方面的进展，可以随时进行跟踪，并每年与竞争对手进行比较。

第四个注意事项涉及财务目标。如果长期目标（或具体目标）与细分的利润或利润率相关，无论是毛利率还是贡献率，它们都可以同样被看作与市场相关的目标，对销售人员具有激励作用，且易于监控。

但是，当这些长期目标与公司的整体财务绩效相关时，无论是销售回报还是资本回报，这些长期目标都需要处理股东和利益相关者的利益平衡问题，具体见下文中关于最大化股东价值和平衡利益相关者利益的工具。

第五，与价值观相关的长期目标可能同样重要。一个这样的长期目标可能是道德采购政策。例如，供应商不使用童工，或不购买转基因谷物。这是你的要求，尽管你意识到这可能与股东价值最大化的长期目标冲突。

何时使用

持续使用。

何时应该谨慎

不需要拟定太多长期目标。人们往往很难记住清单上的三件以上的事情，因此你至多确定四五个目标。

工具 8　设立 SMART 具体目标

工具介绍

管理研究的先驱彼得·德鲁克（Peter Drucker）警告说："机构误认为具体的目标就是好目标。"实际上好的目标必须具备 SMART 特征。

具体目标与长期目标紧密相连。通俗地说，企业的长期目标即目的地；具体目标就是靶子，既可以针对过程，也可以针对结果，通常以数字形式列出。

你可以设定这样一个长期目标，到 2025 年在关键细分上取得市场领导地位。这是一个有价值的长期目标，但对于一个强大的战略来说，它太模糊了。更精确的将是这样的具体目标，2023 年市场份额达到 33%，2024 年达到 35%。这样的具体目标有助于你在该细分上实现市场领导地位的长期目标。

如何使用

如果长期目标具有指示性和方向性，具体目标就是精确的。你应该设立具备 SMART 特征的具体目标：

- 具体的（specific，S）——针对一个特定参数的精确数字。
- 可衡量的（measurable，M）——该目标必须是可量化的。例如，在一个细分上的市场份额占比，而不是"最佳供应商"之类的模糊说法。
- 可实现的（attainable，A）——瞄准一件不可能实现的事情，没有意义。失望将是不可避免的结果。
- 有相关性的（relevant，R）——具体目标应该与长期目标相关；如果长期目标是市场领导地位，则在行业期刊上赢得"年度最佳营销活动"的具体目标是不合适的。
- 有时限的（limited，L）——你应该指定实现具体目标的最后期限；

没有时间限制的具体目标无法起到激励作用，并导致艰难决策的延误。

好的具体目标应该是 SMART 的。上面例子中的目标即符合这一要求：具体的（该细分的市场份额目标）、可衡量的（市场研究将揭示 35% 的目标能否实现）、可实现的（现在的市场份额是 29%，新产品系列得到高度认可）、有相关性的（市场份额是衡量市场领导地位的最终标准）和有时限的（2025 年）。

对于这一主题还有另一种看法。理查德·鲁梅尔特（Richard Rumelt）在其 2011 年的畅销书《好战略，坏战略》(*Good Strategy，Bad Strategy*)中指出，战略实施在很大程度上得益于确立"最接近的目标"（proximate objectives）（见工具 78）。每一个具体目标都是足够接近的靶子，企业"可以合理地预期达到它甚至超越它"。他这是在强调 SMART 目标中的"可实现的"特质。

何时使用

在战略开发过程中持续使用。在战略实施中，具体目标也很重要。可以把关键绩效指标的具体里程碑与特定的具体目标相联系，这有助于获得关键管理者和工作人员的认同。

要记住，战略开发需以明智的长期目标和 SMART 具体目标为基础。

何时应该谨慎

与设立长期目标一样，要保持简单。对于四到五个长期目标，每一个长期目标有一到两个具体目标就可以了。

工具 9　最大化股东价值

工具介绍

企业的存在是为了给股东创造价值。米尔顿·弗里德曼（Milton Friedman）等人认为，企业的目的是最大化股东价值，只有人有社会责任，企业只对股东而不是整个社会负责。如果董事或经理以慈善或对社会负责的方式支配个人收入，这是他们的特权。但是，企业无权以同样的方式支配股东的资金。

相反的观点会在下一个工具中讨论。

如何使用

请注意上面提到的股东价值最大化。你可能会问，为什么不是利润呢？

对业务战略来说，术语的选择是十分重要的。"价值"和"利润"不是一回事。企业价值的严格定义是权益价值加上长期债务价值。后者在任何公司都很容易衡量，在上市公司中也是如此。企业价值只是公司在任何特定时刻的市值。

市值不是利润，也不是利润的总和，更不应该通过市盈率等比率将其视为当前利润的倍数。它是公司在整个生命周期内可能产生的自由现金流的总和，按照资本的机会成本贴现为当前的现金价值。

价值衡量的不是利润，而是现金，而且是未来现金流，绝不是当前现金流的倍数。

一个公司可以通过多种方式增加短期利润，但可能损害股东价值，例如：

● 短期内提高价格，这样可以提高来自那些由于合同或商业限制而无法转向其他供应商的客户的利润，但最终会疏远并可能失去大部分客户群。

- 短期内大幅降价，降价能提高市场份额，但最终会削弱品牌的长期价值。
- 最常见的做法是削减资本支出，使其低于折旧准备金，这会提高盈利能力，但会损害长期竞争力。
- 大幅削减运营成本，在一定程度上这将降低产品的质量或服务水平，虽然短期内对销售几乎没有不利影响。

相对于利润最大化，股东价值最大化的长期目标迫使战略家优先考虑以下内容：

- 中长期，而不是短期。
- 建立可持续的竞争地位，而不是短期利润。
- 现金流，而不是利润。

何时使用

持续使用。

何时应该谨慎

同样地，永远都应该谨慎。这个长期目标和下个长期目标之间存在着一种无处不在的权衡，即平衡利益相关者的利益。最终，这是你的抉择。

工具 10　平衡利益相关者利益

工具介绍

"公司的首要责任是为客户服务……利润不是公司的首要目标，而是公司持续生存的必要条件。"彼得·德鲁克在1954年写道，"其他责任，如对员工和社会的责任，其存在是为了支持公司继续有能力实现其首要目标。"这是最大化股东价值的盎格鲁-撒克逊商业模式的一个最早变体。

还有许多其他的变体，每一种都有自己的蛋糕分配方式，即股东和其他利益相关者的最佳利益平衡。一些人认为，公司的存在不仅应该为所有者的利益服务，还应该为员工和管理者的利益服务。它们还应该为与其相关的其他利益相关者的利益而行动，包括客户、供应商、房东、当地社区、政府和环境。

然而，平衡利益相关者利益的目标需要谨慎对待。如果你过于重视股东以外的人的利益，你的业务可能不会长久。正如亚当·斯密1776年在《国富论》中所写：

> 我们期待的晚餐，不是因为屠夫、酿酒师或面包师的仁慈，而是出于他们对自身利益的考虑。我们不是祈求他们的人道，而是诉诸他们的自利心；我们从不和他们谈论我们自己的需要，而是谈论对他们的好处。

欧洲大陆和亚洲的商业模式给予股东以外的其他利益相关者更大的信任，尤其是给予员工。例如，在德国的双层公司治理结构中，由员工选出的监事会成员和股东选出的监事会成员一样多（不包括由股东任命的主席）。

如何使用

关于欧洲模式的有效性的争论持续存在。一方面，支持者声称，它鼓励公司进行长期规划，并至少以保持就业水平的速度发展业务。另一方面，反对者认为，这使得公司在应对技术变革时缺乏柔性和速度。他们归纳说，这种模式适合成熟的工程和制造企业，不适合高科技企业；适合商业银行，不适合投资银行。

在平衡利益相关者利益的目标下，有机会去阐明你企业的价值观和原则。你不需要像许多大公司那样对价值观和原则进行全面的阐述。它们这样做，部分是出于公关的原因，也可以说是出于激励员工的目的。这些价值观中的许多看起来很陈腐和浅显，几乎不值一提。例如，"我们相信在商业中要诚实和正直"或"我们遵守所有适用的法律和规定"。很难想象一家公司会炫耀相反的目标，比如"我们相信不诚实和欺骗，并努力逃避所有限制我们盈利的法律和规定！"你可能提出一两个价值观，它们不是显而易见的，但是对你开展业务的方式至关重要。

在过去的20年里，通过促进公司承担社会责任，平衡利益相关者利益的目标已经变得更加正式。公司的社会责任，也称"公司良知"和"社会会计"。大公司都为履行社会责任组建了团队，并投入了预算，许多公司在年度报告中详细阐述了企业社会责任指标的进展情况。各种各样的企业社会责任指数已经建立起来，这些指数通常由咨询顾问针对特定客户的业务性质加以设计。

非营利组织社区企业（Business in the Community），旨在支持负责任的企业，该组织编制了企业社会责任绩效年度指数，并颁发年度最负责任企业奖。社区企业特别注重企业高层及每个层面上的责任感。对于高层，要展望未来，阐明目的和价值观，建立良好的、透明的治理体系并采用负责任的政策；对于每一个层面，要通过与利益相关者合作，监控供应链，使其对业务做出类似承诺，并在产品和服务的管理层面以及数字化转型层面处于领先地位，见图2-1。

这样的领导应该努力确保健康的社区，包括健康和福利、教育、良好的工作、包容性增长，以及多样化和包容性；确保健康的自然环境，即通过提高资源效率和发展循环经济，实现零碳排放和健康的生态系统。

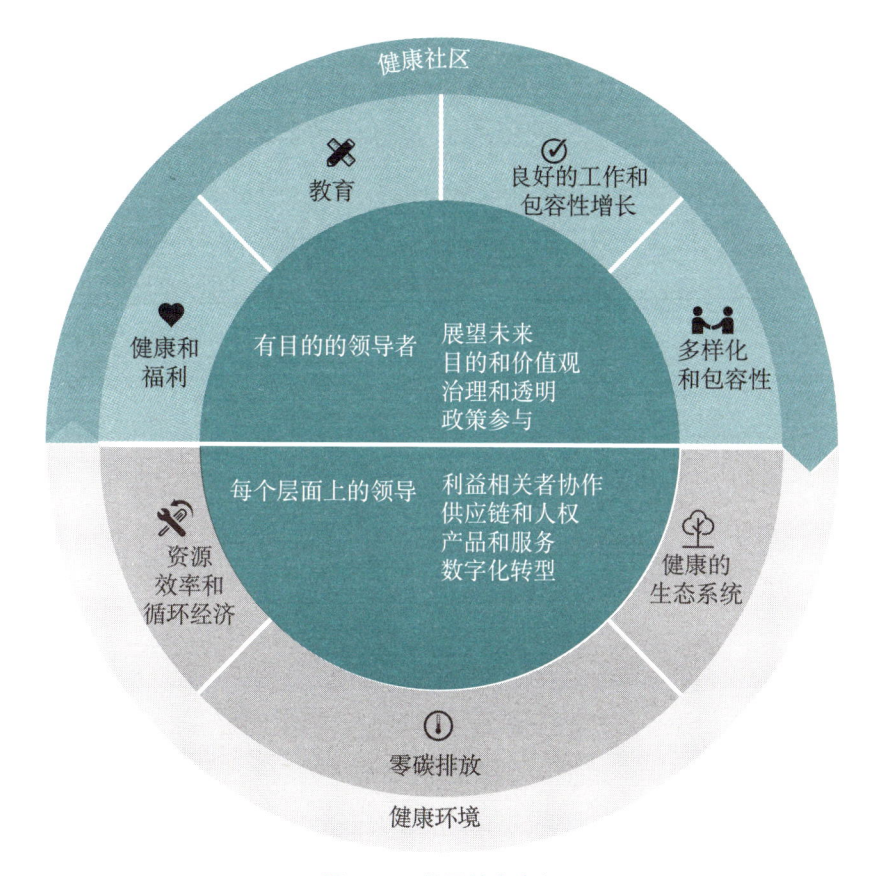

图 2-1 公司社会责任

资料来源：Business in the Community (www.bitc.org.uk).

对最大化股东价值这一简单目标有三个最常见的限定词，它们来自就业、外包和环境领域：

● 德国等国家的法律规定，公司的一个目标是维持就业，或者是保证在不可避免裁员的情况下，尽一切努力为每个被裁的员工找到一个同样有吸引力的替代就业机会。

● 由美体小铺（The Body Shop）等公司率先提出的道德采购政策，在 21 世纪已经成为主流。诸如"公平贸易"（FAIRTRADE）标志等运动极大地提高了道德采购意识；即使是低成本零售商，现在也必须非常小心地选择低成本国家的供应商。例如，看一下普力马克（Primark）对英国广播公司（BBC）电视台《全景》（*Panorama*）节目中有关该公司在印度涉嫌使用童工报道的有力回应。普力马克发现录像不真实后，英国广播公司正式发布道歉。随着当今全球媒体和社交媒体的发展，最大化股东价值和执行道德采购政策已成为许多企业相互补充的目标。

● 最大化利润和最小化环境破坏之间的平衡在以往很简单。例如，采矿、化工、能源和制造业企业尤其受到严格监管，被迫承担对提炼或转化过程中产生的垃圾进行清理的全部费用。现在平衡的范围变得越来越广。英国石油公司（BP）是旨在应对全球变暖和气候变化、追求可再生能源的领先公司，也是全球领先的不可再生碳氢化合物开采商。该公司一直是太阳能、风能和地热能等技术的先驱投资者。但具有讽刺意味的是，2010年墨西哥湾发生了令人震惊的钻井平台爆炸和灾难性的石油泄漏事件，由于未能妥善做好基本的健康、安全和环境保护工作，该公司不得不承受强烈的指责。

一些人认为，公司社会责任的理念不仅是为了吸引客户而设计的噱头，也是对公司责任的放弃。戴维·亨德森（David Henderson）在2001年发表的关于"误导的美德"（misguided virtue）的论文中，痛斥了公司社会责任，并预测那些过度致力于实现社会和环境目标的经理人可能会背叛股东利益，哪怕只是因为他们可能会把注意力从自己应该做的事情上转移开。

他特别提到的一家这样的公司就是英国石油公司，这远远早于2010年的灾难。或许，更多地关注炼油厂和石油钻井平台的安全流程，而不是绿色能源开发，可能会更好地服务于股东利益和环境利益。

戴维·亨德森还认为，CEO的薪酬不应超过普通员工薪酬的20倍，这一点在21世纪初尤为重要。他对那些高管拿着巨额薪水却要解雇数千名员工的公司感到愤怒："这在道德上和社会上都是不可原谅的，我们将为此付出沉重代价。"

何时使用

持续使用。

何时应该谨慎

使用的时候需要谨慎。企业的首要目标是最大化股东价值，尽管需要根据企业的文化和情况对特定利益相关者的利益进行平衡，但如果后者的利益高于股东的利益，企业可能会陷入困境。除了竞争对手，这不符合任何人的利益，包括公司的所有者、员工、供应商、客户、社区或税务当局。

或许苏格兰皇家银行（Royal Bank of Scotland）提供了一个值得思考的例子。在其网站上，它自豪地列出了其在银行公平性、企业支持、员工参与、安全保障、公民权和环境等领域的可持续认证。

事实上，2008年7月，苏格兰皇家银行因发布第五份企业责任报告，受到道德绩效（Ethical Performance）网站的表彰。这份报告显示，苏格兰皇家银行100%的电力需求来自可再生能源。这非常值得称赞，但是，其贷款规模让人遗憾。

几个月后，这家银行公布了创纪录的亏损，不得不接受政府的救助。

公司社会责任是很重要的，但绝不能允许经营者把目光从业务上移开。一个破产的银行对客户或环境没有任何好处，更别提对员工的"安全和保障"了。

工具 11　创造共享价值（波特和克雷默）

工具介绍

许多公司对公司社会责任都只是口头说说而已。它们将其视为独立于创造股东价值这一真正目标之外的一种自愿的、附加的目标。

因此，迈克尔·波特（Michael Porter）和马克·克雷默（Mark Kramer）在 2006 年和 2011 年的两篇颇有影响力的文章中，提出了创造共享价值（creating shared value）的概念，它介于最大化股东价值和平衡利益相关者利益之间。

他们认为，现在是时候超越之前的明显取舍，将公司社会责任与价值创造的核心结合起来了：

> 共享价值的概念，认识到了定义市场的不仅仅是传统的经济需求，还有社会需求。它还认识到，社会危害或弱点常常会给公司带来内部成本，例如能源或原材料的浪费、代价高昂的事故，以及为了弥补教育不足而进行的补救性培训。而且，解决社会危害和限制并不一定会增加企业的成本，因为企业可以通过使用新的技术、运营方法和管理方法进行创新，从而提高生产率，扩大市场。

如何使用

在某种程度上，创造共享价值只是重新包装了我们上面提到的最大化股东价值和平衡利益相关者利益这两个工具，但作者声称这超出了相互冲突的目标的混合。他们认为，创造共享价值应该是公司价值观和公司文化的主要内容。

该模型遭到的批评，与前文对工具 10 平衡利益相关者利益的批评基本相同。批评者可能认为，当追求环保或道德目标与最大化股东价值相协调时，创造共享价值这个模型将运作良好。但由于公司无论如何都在追求最大化股东价值这一目标，因此创建共享价值这个模型实际上变得无关紧要。

当伦理或环境目标与最大化股东价值发生冲突时，困难就出现了，创造共享价值这个模型对解决这一冲突几乎没有帮助。批评者认为，为了企业的长期生存，对这些冲突的解决应该有利于最大化股东价值。

然而，即使是批评人士也会欢迎这个模型和类似模型，它们为重新认识有益于有价值的事业的产品/市场机会提供了动力，这些有价值的事业包括扶贫、可持续发展或改善环境等。

例如：

- 雀巢在印度开发低成本的牛奶供应链，使农村贫困人口受益。
- 绿色创想项目（Ecomagination）。通用电气承诺设想和构建创新的解决方案，以应对今天在推动经济增长中遇到的环境挑战，并且推动经济增长。在自 2005 年创立以来的第一个 10 年，绿色创想项目就取得了 2 000 亿美元的收入。该项目创新出的新型 4 级机车比 3 级机车，在理论上能减少 70% 以上的污染物排放。
- 玛莎百货（Marks & Spencer）和壳牌基金会（Shell Foundation）在南非成立了一家贸易援助合资企业，每年投资 100 万美元，帮助 3 000 名农民种植和出口珍稀花木。

在上述每个例子中，批评者无疑都会反驳说，相关公司一直致力于最大化股东利益，只不过它们巧妙地瞄准了创新的利基机会，而这些机会恰好也改善了公共利益。

何时使用

考虑把它作为最大化股东价值（见工具 9）和平衡利益相关者利益（见工具 10）的替代工具，见图 2-2。

何时应该谨慎

冲突在所难免，因此需要就如何分享已经创造出的价值做出决定。这

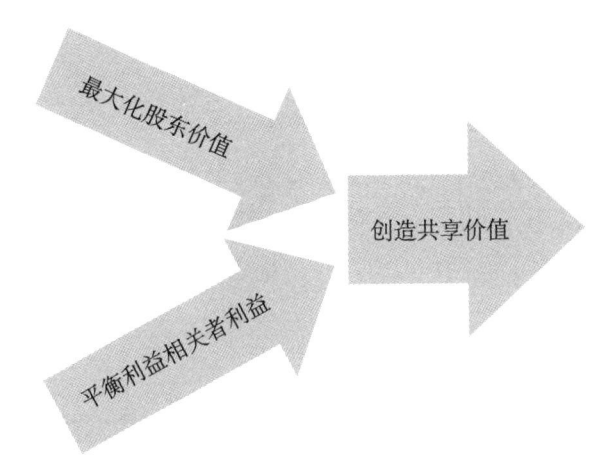

图 2-2 创造共享价值

资料来源：Adapted from Michael E. Porter and Mark R. Kramer, 'Creating Shared Value', *Harvard Business Review*, Jan-Feb 2011.

些价值是应该属于公众的社会利益和环境利益，还是应该属于股东？无论是创造共享价值，还是把最大化股东价值和平衡利益相关者利益结合起来，平衡都同样困难。

工具 12　经济增加值（思腾思特咨询公司）

工具介绍

如果一家公司的资本回报率达到了 12%，这是好消息还是坏消息？都有可能，这主要取决于以下两个因素：

- 公司投资中的风险因素。
- 公司长期债务的情况。

每家公司都有自己的资本成本——反映了以上两个因素——称为加权平均资本成本（weighted average cost of capital，WACC）。加权平均资本成本由两部分组成：长期债务成本乘以负债在已用资本（固定资产加净流动资产）中的比率，加上权益成本乘以权益在已用资本中的比率。

长期债务成本很容易估算，它是你需要向银行支付的利率。权益成本的计算则没这么容易，但是根据资本资产定价模型，它等于无风险收益率（长期政府债券的收益率），加上市场风险溢价（通常是 6%~7%，即投资者投资于股市而非政府债券所需的溢价）乘以一个代表业务所处行业的风险指数（称为 β 系数，在稳定的低风险行业，比如公共事业、食品和保险行业，它通常是 0.5；而在波动比较大的高风险行业，比如建筑、资本品或零售行业，它通常在 1.5 左右）。

当投资者投资你的公司时，他期望的回报率相当于你的加权平均资本成本。如果回报率更高，那是因为有经济利润或剩余收入，或者最常见的指标是思腾思特咨询公司提出的经济增加值（economic value added，EVA）。

如何使用

EVA 是对一系列公司的绩效进行比较的有用工具，例如富时 100 指数（FTSE 100）中的公司。仅仅基于已动用资本回报率（return on capital employed，ROCE）的排名，并不一定能判断出哪家公司表现最好。一家排名靠前的公司可能处于一个高风险行业，而且杠杆率很高，很可能在一两年内快速降至排名的底部。

基于 EVA 回报率（EVA/已用资本）的排名是一个更好的指标。它告诉你，相对于行业风险和每个公司暴露的财务风险，每个公司的绩效如何。排名靠前的公司将超出投资者的预期，并"创造股东价值"。排名最后的公司，其 EVA 回报率为负，低于加权平均资本成本，绩效低于投资者的预期并会"损害股东价值"（见图 2-3）。

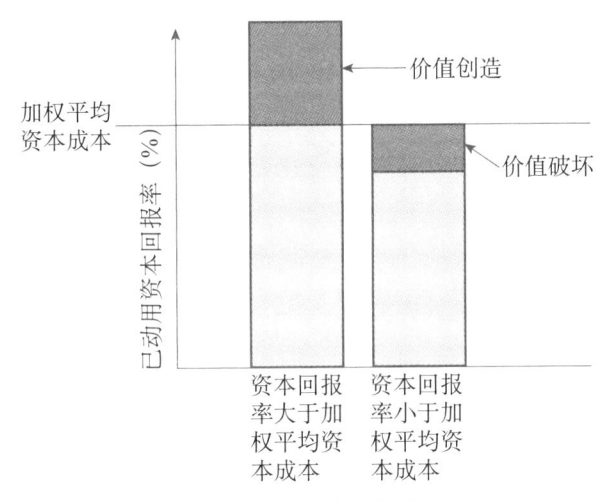

图 2-3　经济增加值

资料来源：Adapted from www.sternstewart.com.

EVA 之所以会被纳入这一章，是因为你可以为公司设定一个 EVA 回报率目标，比如说 5%。这意味着，你力求实现 5% 的已动用资本回报率超过了公司的加权平均资本成本。这是一个雄心勃勃的目标，只有当你的企业具有一个独特的、可持续的竞争优势时才能达成。

EVA 也可用于对企业的部门或业务单位的绩效进行排名。如果每个业务都有相同的风险因素，那么使用 EVA 相比使用已动用资本回报率没有任何优势。当业务面临不同的风险时，EVA 是一个更好的绩效指标，并且排名结果会影响战略开发。

何时使用

当你掌握该理论，能自如地进行计算，并且当你想为投资者的回报率设定一个比平常更具挑战性的目标时，可以使用该工具。

何时应该谨慎

如果你觉得这个概念（或计算方法）很难，就要多加小心。也许，没必要使用。

工具 13　平衡计分卡和战略地图（卡普兰和诺顿）

工具介绍

彼得·德鲁克认为，"如果你首先考虑你的目标，那么目标管理（management by objective）就会奏效。但是，90％的时间你没有这样做。"

平衡计分卡（balanced scorecard）是把公司长期目标和战略转化为一系列跨越关键部门职能的明确的、可以衡量的具体目标的一种手段，现在已成为最常用的目标管理框架。

平衡计分卡来自阿特·施奈德曼（Art Schneiderman）提出的一个概念，具体由罗伯特·卡普兰（Robert Kaplan）和戴维·诺顿（David Norton）在1992年的一篇文章（随后在1996年出版的一本书）中开发。他们的目标是通过确定一套可衡量的目标来协助战略的实施和监控。

如何使用

平衡计分卡通常是为战略实施的目的而制定的，但其随后的版本也力求使它应用于战略开发。

最初的平衡计分卡方法提出了在标准的财务指标之上，增加三种非财务的绩效衡量指标，四种指标如下：

● 财务维度。例如，收入、毛利率和营业利润率、已动用资本回报率、现金流。

● 客户维度。例如，市场份额、客户满意度、质量绩效、交付绩效、客户保留率。

● 内部业务流程维度。例如，生产率、瓶颈等流程衡量指标。

● 学习与成长维度。例如，工作满意度、培训成本占运营成本的份额、员工流动率等。

平衡计分卡的后续版本由最初的开发人员和其他许多人完成，他们对该工具进行了简化。在他们 2000 年的后续著作中，卡普兰和诺顿强调了沟通在战略实施中的重要性。在 2003 年的第三本书中，他们引入了战略地图，作为明确战略创建和沟通的关键辅助，由此他们将平衡计分卡从一栏列表转换为二维图表，见图 2-4。

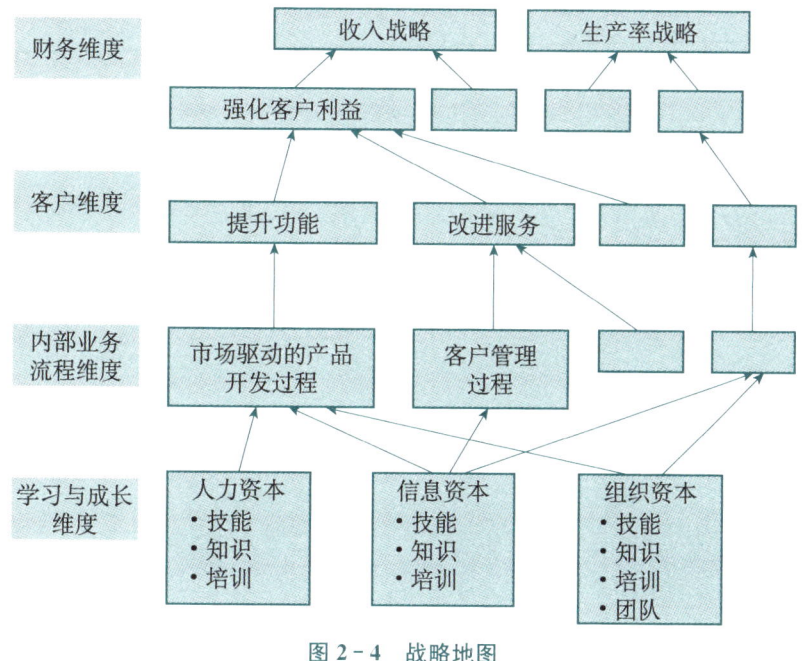

图 2-4 战略地图

资料来源：Adapted from Robert S. Kaplan and David P. Norton, *Strategy Maps：Converting Intangible Assets into Tangible Outcomes*，Harvard Business Press, 2004.

战略地图可以作为平衡计分卡的第二代，旨在展示企业如何通过把处于因果关系中的战略目标连接起来创造价值，地图上的箭头显示了这些因果关系。它强调了确保组织与战略一致所需的路线。

许多组织和咨询师为了适应他们自己观点的优先顺序，制作了专门的平衡计分卡。卡普兰和诺顿的四个维度有时会被扩展为五到六个，信息管理、环境影响和创新通常被视为最有效的维度。

第三代平衡计分卡可以视为结果驱动型管理的衍生品。出现在最前面的"目的地陈述"（destination statement），表示战略成功时的产出以及每个维度的最终结果，旨在激励管理者追求实现平衡计分卡和（或）战略地图所确定的目标。

何时使用

在战略实施中使用平衡计分卡比在战略开发中使用平衡计分卡的理由更充分。

当把平衡计分卡有效地应用于战略实施时，它有助于简化流程、告知和激励员工、提高客户满意度，并显著改善战略促成的财务结果。

何时应该谨慎

存在风险是不言而喻的。在平衡计分卡中，有太多的目标，却没有优先次序；在战略地图的页面上，有太多的信息、方框和箭头。这可能会使前景变得模糊，阻碍了连贯的战略开发。

平衡计分卡在战略实施中具有无可争议的地位，被世界各地的许多公司以各种形式使用。但在战略开发中，它就不那么重要了。

批评者认为，战略地图既混乱又过于简单，上面只有行动项目和不太明确的因果联系，对不确定性、风险和敏感性重视不够。

工具 14　核心意识形态（柯林斯和波勒斯）

工具介绍

你的目标有多刺激？成功的公司设定"宏大的、可怕的、大胆的目标"（BHAG 目标）。

吉姆·柯林斯（Jim Collins）和杰里·I. 波勒斯（Jerry I. Porras）在他们 1997 年出版的一本颇具影响力的著作《基业长青：企业永续经营准则》（*Built to Last：Successful Habits of Visionary Companies*）中声称，成功的公司还拥有核心意识形态，并创造了自己的文化。

产品线可以改变，在某些情况下甚至彻底推翻，比如在诺基亚。领导者可以改变，利润可以上升或下降，但为了长期成功，核心意识形态应该保持不变。

如何使用

核心意识形态可以分解为核心目的和核心价值观，见图 2-5。核心目的是企业"存在的根本原因"，核心价值观是企业的"基本和持久的信条，不需要外部理由的永恒指导原则"。

明确表达愿景
核心意识形态
——核心价值观、核心目的
展望未来
——10~30 年的目标（宏大的、可怕的、大胆的目标）
——生动的描述

图 2-5　基业长青的核心意识形态

资料来源：Adapted from James C. Collins and Jerry I. Porras 'Building Your Company's Vision', *Harvard Business Review*, Sep-Oct 1996. *Built to Last*, copyright © 1994 by Jim Collins and Jerry I. Porras. Reprinted with permission from Jim Collins.

你应该设立极具挑战性的目标，以协调雄心壮志，增强团队精神。例如，波音公司决定进入商用飞机市场，美国总统肯尼迪设立了把人送上月球的目标。

愿景型公司的文化对所有员工都要求很高，以至于有些人，甚至很多人，可能会因为对这种文化感到不舒服而辞职。这种文化应该表现出一种狂热的意识形态、灌输机制、确保文化匹配的程序，以及一种近乎精英主义的自豪感。

《基业长青》的作者超越了长期目标和具体目标，来识别成功的其他来源，但这不在我们的讨论范围之内。虽然这是一个突出的优点，但是在一定程度上与本书的目的相矛盾。成功的公司从不停止创新，并在市场上快速测试它们的产品。作者赞美了这样的做法——不断的机会主义实验、试错、快速尝试想法、让无效的想法快速失败——的优点。并且，他们认为这比战略计划工作更可取。

作者揭穿的东西和宣传的东西一样刺激。尤其是，他们声称要想创办一家公司，需要一个伟大的想法或一个有魅力的领导者，这一观点是错误的。相反，他们认为核心意识形态和保持专注的领导者是长期成功的关键。

何时使用

BHAG 的概念是值得牢记且振奋人心的，不仅对波音公司合适，对普通公司亦合适。

何时应该谨慎

把核心理念作为成功的基石，对许多企业来说，这个观点有点夸张。这些企业可能认为，对于一个成功的战略开发来说，目的和价值观的重要性远不如长期目标和具体目标。

工具 15　倾斜（凯）

工具介绍

目标最好是间接实现的。

如果你想让公司朝一个方向发展，你最好的选择可能是朝另一个方向发展。这些是约翰·凯（John Kay）长期以来提出的论点，他在《倾斜的智慧：为什么我们的目标最好间接达成》（*Obliquity：Why Our Goals Are Best Achieved Indirectly*）一书中进行了总结。

他指出，利润最丰厚的公司很少是那些最以利润为导向的公司，就像最富有的人很少是极端物质主义的，最幸福的人也很少是刻意追逐幸福的。

凯以巴拿马运河作类比。16 世纪以来，西班牙开始寻找一条到秘鲁的更加直接的航路，贸易商和货主寻找绕过好望角从大西洋到太平洋的替代路线。显而易见的解决办法，就是在中美洲地峡较窄的地方开凿一条运河。

最有可能的路线是向正西穿过尼加拉瓜。但是，最终的决定却是前往几乎相反的方向——东南！巴拿马太平洋海岸的巴尔博亚，位于巴拿马大西洋海岸的科隆东南 30 英里处（见图 2-6）。因此，通过运河把一个大洋和另一个大洋连接起来的目标是间接实现的。

凯的倾斜包含的思想是，复杂的目标最好间接地实现。倾斜方法认识到，复杂的目标可能包含彼此不相容的元素，往往不能被精确定义。此外，在试验和发现的过程中，目标的性质和实现这些目标的手段可能会发生变化。

就像巴拿马运河一样，倾斜方法认为可能需要后退一步才能向前推进。

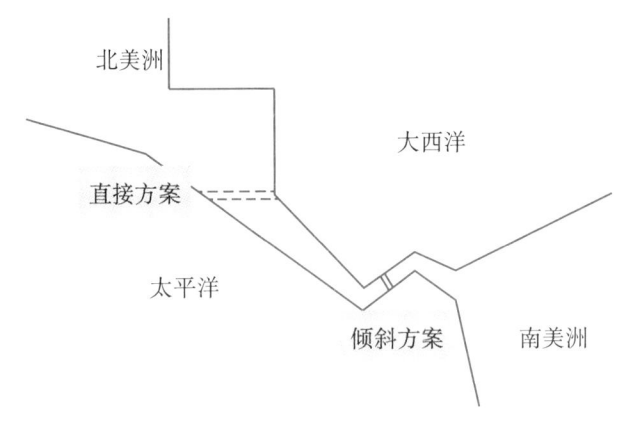

图 2-6　大西洋-太平洋水道的倾斜方案

资料来源：Adapted from John Kay，'*Obliquity*：*Why Our Goals Are Best Achieved Indirectly*'，Profile Books，2010.

凯举了很多例子来说明历史上一些利润最丰厚的公司没有打算最大化利润。它们打算成为其业务领域中做得最好的，这种倾斜方法使它们获利颇丰。几个例子如下：

● 亨利·福特因扩大汽车业务而不是分配利润，被股东起诉。当他赢得官司后，支付的大部分股息都归福特本人所有，他迅速回购了股票，并重新获得了扩张的自由。

● 世界上最大的零售商沃尔玛的创始人山姆·沃尔顿，自己开着一辆皮卡到处逛。他常说："我一直致力于打造我们能打造的最好的零售公司，就这样。创造巨大的个人财富，从来不是我的目标。"

● 就连沃伦·巴菲特也仍然住在他几十年前买的位于奥马哈的房子里。他常说："我想要的不是金钱，而是赚钱和看着它成长的乐趣。"

● 英国帝国化学工业集团（ICI）、玛莎百货和波音公司最赚钱的时期，是各自在其领域追求卓越的时候，而不是在新管理层上任并彻底调整目标以实现利润最大化的时候。

倾斜方法认为，意图和结果之间的联系不可能被预测。问题解决者无法评估所有可用的备选方案，他们只能从一个狭窄的选项范围内连续做出选择。

问题解决是迭代的和自适应的，而不是直接的。好的决策者能够平衡不相容的目标。

如何使用

要抵制简化长期目标和具体目标的诱惑。要认识到它们可能很复杂，可能随着时间的推移而改变。

想一想，你的长期目标是否有可能直接实现。如果不太可能，请采用倾斜方法（见表 2-1）。

表 2-1 直接行动与倾斜方法

	直接行动	倾斜方法
具体目标	清晰的	努力学习
系统	可理解的	复杂且依赖不可预知的反应
选项	已知的	只有一些人知道
结果	如预期	意图和结果之间没有明确的联系
规则	规则定义系统	需要专业知识，需要隐性知识
秩序	方向提供秩序	存在秩序，却是自发实现的
决策	好的产品是好的过程的产物	相同的

资料来源：Developed from John Kay, 'Obliquity: Why Our Goals Are Best Achieved Indirectly', Profile Books, 2010.

何时使用

有必要考虑一下，你是否过度简化了你的具体目标和实现它们的方法。

何时应该谨慎

谨防过度复杂化你的长期目标、具体目标和战略行动。

工具 16　业务作为社区（汉迪）

工具介绍

查尔斯·汉迪（Charles Handy）是20世纪80年代初我在商学院学习公司环境课程时的授课老师，他谈到的概念比那个时代超前了数十年。

他喜欢开玩笑，眼睛炯炯有神。他提出问题，描绘了权衡，通常涉及效率与公平。他很少给出答案。答案往往是个性化的，需要我们自己去发现。

长期以来，他一直质疑盎格鲁-撒克逊商业模式。他认为，当所有者、董事和投资者是同一个人时，这种模式才能运作良好。那时他们的利益和公司的利益趋于一致，他们共享公司的荣誉，共同承担公司的责任。

现今，股东主要是投资者、股民，有时甚至是投机者。法律和规则也发生了巨大改变。

汉迪喜欢引用戴维·帕卡德（Dave Packard）的话。帕卡德与比尔·休利特（Bill Hewlett）在一个车库中创建了以他们的名字命名的计算机巨头惠普公司（HP）。

> 我想很多人都错误地认为，公司的存在就是为了赚钱。虽然这是一家公司存在的重要结果，但我们必须更深入地寻找我们存在的真正原因。当我们调查这一点时，不可避免地得出结论：一群人聚集在一起，作为一个机构存在，我们称之为公司。这样他们就能够共同完成一些他们无法单独完成的事情。他们为社会做出了贡献，这句话听起来很老套，却是最基本的。

公司法需要更新，用汉迪的话来说：

> 根据法律和账目，公司员工被视为所有者的财产，并被记录为成本，而不是资产。这至少是一种贬低的说法。成本是要最小化的东西，资产是要珍惜和成长的东西。商业的语言和衡量标准需要改变。

一个好的企业是一个有目的的社区，而社区不是可以"拥有"的东西。社区有成员，这些成员有一定的权利，包括在重大问题上投票或发表意见的权利。

他赞同德国的公司治理模式，即员工对公司战略承担同等责任。但他也认识到，盎格鲁-撒克逊模式只有一些方面可以发生改变。虽然如此，企业应该努力培养更强的社区意识。

如何使用

汉迪说，你应该把你的企业看作一个社区（见图2-7）。你应该努力在社会和环境可持续发展等领域发挥带头作用，而不是做一个不情愿的跟随者。

英镑　　　　　　　　　　　　　　　　　　　　美元

图2-7　业务作为社区

资料来源：Adapted from Charles Handy,'What's a Business For?', *Harvard Business Review*, December 2002.

如果业务继续等待政府出台更多的法律和实施更多的监管，"这种最低限度和死抠条文的做法就会让业务看起来像是潜在的掠夺者，一定要严加管束"。

鉴于目前无形资产占全球领先公司市值的75%以上，是时候要更加珍惜这些价值创造者了：

　　许多人发现自己平衡工作与生活的能力在不断恶化，因为他们正成为加班文化的牺牲品。有人担心，从社会角度看，高管的生活正变得不可持续。我们面临着一种危险，那就是公司中充斥着"苦行僧"，他们为了自己的工作放弃了一切。

汉迪说，忽视环境可能会赶走客户，忽视员工可能同样会赶走员工。你应该把公司视作一群人组成的社区，这群人正为改善这个社区而奋斗，包括它的财富、福利和环境。

汉迪的观点得到了壳牌前高管阿里·德赫斯（Arie de Geus）的赞同。德赫斯在《长寿公司》（*The Living Company*）一书中写道，如果管理者过度专注于生产商品和服务，而忘记了他们是一个社区、一群伙伴，那么公司就会陷入危险之中。他指出，长寿公司除了具有独特的身份、学习型文化，并感恩所处的社会和环境，还拥有社区意识。

21世纪初，安然和世通等公司的犯罪行为，以及后来次贷危机引发的信贷紧缩，都导致了人们对资本模式极其失望。在这种情况下，汉迪警告称，企业应该认真对待自己的社区责任，尽快采取行动，以免政府介入并控制它们。

何时使用

汉迪的著作读起来十分有趣。坐下来喝杯葡萄酒，让他的想法与你的想法轻轻地跳起华尔兹吧！

何时应该谨慎

他很少给出问题的答案，这就是挑战。

第 3 章

预测市场需求

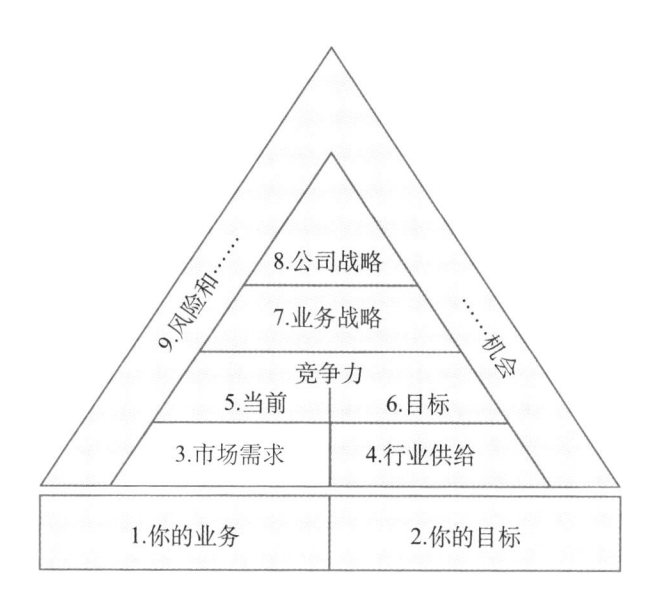

```
            8.公司战略
       9              …
        风            …
         险            机
          和           会
            7.业务战略
              竞争力
           5.当前    6.目标
         3.市场需求   4.行业供给
         1.你的业务    2.你的目标
```

必要工具

工具 17　估算市场规模和市场描绘（埃文斯）

工具 18　需求预测的 HOOF 方法（埃文斯）

有用工具

工具 19　需求收入弹性

概　述

金融家亨利·克拉维斯（Henry Kravis）坚信要建立一个牢固的地基。

他说："如果你打下了这个地基——道德和伦理地基，以及业务地基和经验地基——那么建筑就不会崩塌。"

但是，他遗漏了一种地基，或许是因为它是企业的隐形部分，即微观经济地基。它是战略的基石，是金字塔的基础。只有充分理解你企业运营中的以及与之互动的微观经济环境，你才能对建立一个强大的战略有深入的了解。

微观经济学关注单个经济单位的行为，无论是个人、家庭、企业还是行业。这与宏观经济学不同，宏观经济学处理的是整个经济。

微观经济行为有两个截然不同但又相互联系的方面需要把握：市场需求和行业供给。行业供给讨论的是促进行业竞争的推动力及其对行业中的市场份额、定价和盈利能力的影响。这些内容将在下一章进行讨论。

本章集中讨论前者，市场需求和它的发展方向。本章介绍了预测市场需求的两个必要工具，市场描绘可用于确定市场需求的大小，HOOF方法可用于预测市场需求。

这些工具是必要的，因为它们有助于你将数字与市场增长前景联系起来。有人认为，这种量化在战略制定中是多余的。我们只需要明白，一个业务细分的需求增长快于另一个；或者，一个业务细分的需求正快速增长，另一个已经进入成熟期，第三个在下降。编制业务计划和财务预测时需要量化，但是战略开发不需要量化。有人说，管理者可以有效地依据战略图表而不是数字做出决策。

我不同意这种观点。当然，许多战略开发都依赖于对竞争力的分析（见第5章和第6章），有意义的量化过程在其中并没有发挥作用。战略图表的确不可或缺（它们将在第5～8章中得到恰当的赞扬）。

然而，战略最终会涉及对稀缺资源的分配，这才是战略的目标。在战略开发过程结束后，将做出战略投资决策。最终决策（见第7章）将与部署该战略的情景比较。现金流预测需要收入预测，而收入预测又需要市场需求预测作为参考。

有观点认为，等到正确的战略被选择后，在进行战略投资决策分析时，再进行量化也不迟。但是，粗略的量化对战略选择过程具有极大的帮助。如果一个细分被认定为"快速增长"，那么量化就可以帮助我们对"快速"意味着什么有一些概念。需求增长的速度是每年10%，还是25%？每年增长2%慢吗？5%呢？每年5%是按照实际价值算，还是名义价值算（以当日货币计算）？粗略的量化有助于就战略备选方案的风险和回报做出权衡。

只有在很难或需要花费高昂的代价才能获得有意义的市场需求预测时，对量化的必要性的质疑才有实质意义。但是，这种情况很少发生。本章提出的两个必要工具——估算市场规模和市场描绘以及需求预测的HOOF方法，都是简单的、易懂的和花费不多的。

这些必要工具都被试用、测试和验证过，我已经无数次使用过这些工具了。

工具 17　估算市场规模和市场描绘（埃文斯）

工具介绍

　　规模很重要。

　　没有市场规模，你就不知道市场份额。没有市场份额，你就很难判断竞争地位。你甚至无法使用最常用的工具——增长/份额矩阵（见第6章）。没有按细分确定的竞争地位，你就很难拟定一个制胜战略。

　　公司越大，就越容易找到有关市场规模的数据。行业协会激增，它们要么自己计算市场份额，要么将工作外包给专业的市场研究企业。后者竞争激烈，以覆盖它们认为的有足够数量的客户来实现盈利的每一个市场。

　　中小企业则很少得到市场研究企业如此多的关注。但也有例外，当一个销售额为1 000万～2 000万英镑的委托人透露，某些有进取心的市场研究人员向企业及其六个竞争对手提供月度市场数据时，我常常感到惊喜。

　　然而大多数中小企业没有这样的好运。一个销售额达1亿英镑的中型企业，其业务的大部分都被市场研究报告所覆盖。但是销售额达1 000万英镑的一个明星业务细分，虽然每年以15％的速度增长，由于只有两个主要竞争对手，则很少被市场研究报告眷顾。这一细分可能还太小，潜在客户太少，无法吸引市场研究人员。

　　如果没有现成的市场规模数据，你必须自己确定。

如何使用

　　首先，你必须确定你的寻找对象：是已进入的市场还是尚未进入的市场。它们之间的差别是巨大的：

- 已进入的市场：你目前向其提供产品或服务的市场，不管该市场上的顾客买或不买你的产品或服务。
- 尚未进入的市场（或者叫潜在市场）：如果你延伸你的供给就可以服

务的市场。

有六种确定市场规模的方法:

- 自上而下的市场调研——从已知的、经过研究的市场规模开始,剔除不适用的部分,或者对相关比例做出适当的假设,从而深入到目标市场。
- 自下而上的市场调研——从市场研究报告中提取分类数据,收集构成你的目标市场的相关信息片段。
- 自下而上确定客户的规模——估计每个主要客户在这个目标市场的支出,同时考虑其他小客户。
- 自下而上确定竞争对手的规模(或"市场描绘",见下文)——估计你的竞争对手在目标市场上的规模。
- 相关市场三角测量——使用两个、三个或更多已知的相关市场规模来测定目标市场的粗略估计值。
- 最终三角测量——兼顾以上来源的估计值,并对其进行谨慎检查(为什么不同?你对哪种方法最有信心?权衡以后什么是合适的?);考虑给每个估计一个可靠性评级,计算出相对应的概率,并计算出目标市场规模的加权平均估计值。

市场描绘(market crafting)是一个特别有用的方法,因为它不仅能用于分析市场需求(见第 3 章),也能用于分析行业供给(见第 4 章),它提供了所需的基本数据。几年前,我为委托人开发了市场描绘这一工具,这些委托人对自己的客户和竞争对手都非常了解,但对市场规模没有把握。过去我主要在利基市场或者更大市场的细分中使用这个工具,现在开始在更大的市场中使用。最近我用它估计了一个工程细分的市场规模,约为 1.75 亿英镑,这个细分市场竟然没有受到市场研究企业的关注。

在市场描绘中,有七个主要步骤:

(1)选择你的主要竞争者——可以是你经常与之对抗的竞争者,也可以是在贸易展览会上与你同场展览的竞争者。此外,不要忘记国外的竞争者,特别是那些来自低成本国家的。

（2）以竞争对手 A 为例。你认为它在这个市场上的销量比你多还是比你少？如果少，大概少多少？是你的一半，还是四分之三？如果多，大概多多少？多 10%，还是多三分之一？是否有一些公开可用的信息在这方面提供指导？如果竞争对手 A 是一家私人公司，那么不太可能获得其在该市场上的销售数据，但是就业数据可以作为一个指示性数据。客户会告诉你些什么？供应商呢？

（3）将你目前的销售水平作为指数 100，给竞争对手 A 分配一个相应的指数。如果你认为 A 在这个市场上卖出的比你少，但差距不大（比如只少 10%），就将 A 的指数设为 90。

（4）对于步骤（1）中提到的每个竞争对手，重复步骤（2）和步骤（3）。

（5）考虑一下你没提到的其他竞争对手，一些小公司或者只是偶尔出现的竞争对手，赋予它们一些指数。如果你认为其他的所有这些竞争者加在一起销量大概是你的一半，那么给"其他"这个类别一个 50 的指数。

（6）把所有的指数相加，除以 100，再乘以你的销售水平。这就是你对市场规模的初始估计值。

（7）让你的销售总监做同样的练习，让他与销售团队中曾经在竞争对手 A 处工作过的员工、与研发部门中朋友正在竞争对手 B 处工作的员工交流，听取他们的意见，以及运营总监和研发部门负责人的意见，如果他们的意见与你的不同，讨论并完善这些数字。现在，你就得出了一个合理的市场规模估计值。

市场描绘不是一个精确的过程，也不能保证最终的数字准确无误。但这总比什么都没有要好，而且要好得多，因为你现在可以用这些结果得出三个对战略开发非常关键的参数值。

（1）市场份额。现在你知道了市场规模，也知道了你的市场份额（你的销售水平除以估计的市场规模）；同时，也对每个竞争对手的市场份额有了估计值。

（2）市场增长。重复上面的市场描绘分析，估算三年前的市场规模。

例如，三年前，在新工厂投产之前，竞争对手A在这个市场上的销量比你多还是少？差距是多少？等等。现在，你获得了两个时间点上的数据，也就是今天及三年前的市场规模。依据这些数据就能得到三年的平均复合增长率，可将其作为最近的市场增长率的估计值。

（3）最重要的是，市场份额的变化。现在，你有三年前的市场份额，也有今天的市场份额，你可以估计你的市场份额的增加量（或减少量）以及每个竞争对手的增加量（或减少量）；这些估计值对评估竞争强度（见第4章）和相对竞争地位（见第5章）都非常有用。

表3-1是一个例子，展示了通过该过程推断出的一些结果，改编自我在上面提到过的工程公司。

表3-1 市场描绘

竞争者	销售额指数估计值	市场份额（%）
公司	100	17%
竞争者A	120	21%
竞争者B	85	15%
竞争者C	125	21%
竞争者D	65	11%
竞争者E	30	5%
竞争者F	20	3%
其他	40	7%
总和	585	100%

该公司在该细分的营业额约为3 000万英镑，因此市场规模可以估计为（585/100）×30（百万英镑），约为1.75亿英镑。该公司的市场份额为17%（100/585×100%），低于管理层在市场描绘之前所认为的25%。同样，亚洲竞争对手C的市场份额虽然高达21%，但并没有行业期刊上耸人听闻的三分之一那么高。

当我们重复这一过程，估算三年前的市场规模时，发现在信贷紧缩后的衰退期间，市场严重萎缩，市场规模缩小了1/3，每年大约缩小10%。同时，亚洲竞争对手的市场份额大幅增长，从9%增至21%，而该公司的市场份额则从20%下降至17%。

这些都是重要的发现。当然，这些趋势我们是事先知道的，通过市场描绘的方法进行量化，虽然非常粗糙，却让我们证实了一些大胆的论断，并有助于将注意力集中在未来的战略挑战上。

何时使用

当你没有第三方数据源，需要从头开始估算市场规模时，可以使用市场描绘或其他确定市场规模的方法。

何时应该谨慎

要谨慎对待结果。如果你的市场描绘表明竞争者的市场份额为 25%，但你听到其销售总监在最近的一个贸易展会中吹嘘说是 $30\%\sim35\%$，不要把它作为销售人员的伎俩置之不理。再看看你的数字。它们可能出错吗？是否有你不知道的信息？这个结果对你的份额或其他竞争者的份额意味着什么？

数字很粗糙，但总比没有好，而且数字很少引起误导。（在第 4 章和第 5 章，它们会派上用场。）

工具 18　需求预测的 HOOF 方法（埃文斯）

工具介绍

在商界，经常听到这样一句话："顺风总比逆风好。"

这是一个概率问题。不断增长的市场中能带给你更多实现繁荣发展的机会，这一点远胜于不断萎缩的市场。

市场规模固然重要，但在战略开发过程中，更重要的是市场趋势将走向何方，即动态而非静态。你要弄清楚你的主要业务细分的市场需求是在增长、萎缩还是停滞不前。

这是个大问题。当然，这不是唯一的问题。同样重要的是，我们将在接下来的几章中看到，你所面临的竞争的性质以及你的竞争地位。在本章，先讨论第一个大问题。

多年前，我开发了一个四步流程，将市场需求趋势和动因转化为预测，即 HOOF 方法。

如何使用

需求预测的 HOOF 方法有四个不同的阶段。要按照正确的逻辑顺序进行才可以，否则，很可能得出一个误导性的结果。你需要把这些步骤应用于每一个主要业务细分。

这四个步骤是：

（1）估算历史增长——估计过去市场需求是如何增长的。

（2）确定过去的动因——找出过去增长的动因。

（3）确定未来的动因——估计未来这些动因的影响是否发生改变，是否有其他动因。

（4）预测增长——基于未来动因的影响，预测市场需求的增长情况。

让我们简要地看看每一个步骤，然后再看一些例子。

（1）估算历史增长。在这一步，你需要获得一些事实和数据。如果你能获得市场研究数据，无论是定期的还是一次性购买的，你的所有需求都应该可以得到满足。否则，你可能需要做一些市场描绘，见工具17。

但要注意的是，不要过于依赖最新的数据。比如说，去年某项服务的需求猛增了8%，但这并不意味着该市场的趋势增长率为每年8%。去年可能是反常的。市场可能在两年前已经下滑，去年回升了8%。这三年的年均增长率可能只有2%。

你应该试着得到最近几年的年均（复合）增长率，最好是最近三年或者四年。只要没有出现剧烈的年度起伏，你通常可以通过计算过去四年的总体百分比变化，然后将其折算到年度，得到年均增长率的可用近似值。如果市场有起伏，在计算百分比变化前，你应该用三年的移动平均来平滑它们，见附录A。

需要注意的一点是：市场需求增长率通常是以实际价值来衡量、分析和预测的。你应该注意理解以下增长率之间的差异：

- 按名义价值。以当时商品（或服务）的价格计算增长率。
- 按实际价值。名义价格增长率减去该市场上商品的平均价格增长率；只要使用了正确的缩减指数，这个增长率就应该是一个销量增长指标。

在本章以及整个战略开发过程中，你应该保持计算原则的一致，并将所有有关市场增长率的比较分析都限制在以实际价值计算的范围内。

但是，如果你需要继续进行业务规划和财务预测，你必须把平均价格预测重新纳入其中。如此一来，你的收入预测，以及整个损益表，将能够直接与名义价值下的市场增长率预测进行比较。

（2）确定过去的动因。一旦你发现了一些关于当前市场需求增长的信息，就要找出这种增长的动因。影响市场需求的典型因素有：

- 人均收入的增长。
- 总体人口的增长。
- 特定市场的人口增长（例如，养老金领取者或"婴儿潮"一代，再或者特定地区的一般人口增长）。
- 政府政策或政府采购的某些方面。
- 意识的变化，可能来自竞争对手的高水平推广。
- 业务结构转变（例如外包）。
- 价格变化。
- 时尚，甚至是狂热。
- 天气——季节性变化，甚至可能是气候变化的长期影响。

或者你的行业可能会受到其他行业，通常是客户所在行业的需求的严重影响。例如，对钢铁的需求严重依赖于对汽车、船舶、资本品设备和建筑的需求。对汽车的需求也会是一级供应商汽车座椅行业的需求动因，这随之又推动了对二级供应商钢制座椅框架的需求，而它们又从钢铁生产商处购买钢铁。

纵向行业之间的关系可能非常密切，因此你可能获得对派生需求的可靠估计。你可以从专业市场研究公司那里获得可靠的汽车市场预测，从而指导二级供应商如座椅生产商的市场预测。

但是，要谨慎地进行派生需求预测，因为总是存在其他驱动因素。例如，每辆车的座椅数可能会发生变化。一个主流的汽车公司可能决定选择一种替代的汽车座椅技术。

这同样适用于来自互补行业或相关行业的派生需求预测。比如，某地区酒店住宿需求的增长将会受到旅行需求增长的影响，但后者不是前者的唯一驱动因素，另一个驱动因素是该地区的物价水平。它会影响有成本意识的旅行者是否选择该地区还是其他地方作为目的地。

（3）确定未来的动因。

现在，你需要评估这些驱动因素在未来几年的发展趋势。对于某个驱动因素来说，它会像以前一样发挥作用吗？还是会发生重大变化？

例如，人口流动会继续推动当地人口增长吗？政府有可能提高地方税吗？这个市场会不会变得不那么热门？

纵向或互补行业的增长前景如何？

当然，最重要的驱动因素是经济周期。如果经济似乎处于大幅下降走势，若你的业务对经济周期相对敏感（或"富有弹性"，用经济学术语来说）（见工具19），那经济周期可能会对你的业务未来一两年的需求产生严重影响。或者，也可能你的业务相对缺乏弹性，比如说，食品行业。你需要仔细考虑经济周期的时机和你业务的弹性。

（4）预测增长。

你已经收集了有关过去的趋势和驱动因素的信息，现在只需要把它组织起来，加上大量的判断，就能得出对市场需求的预测。这种方式不是没有风险，不是没有不确定性，但确实是一种系统推导出来的预测。

让我们举一个简单例子来说明HOOF方法的应用。在你的某个业务细分上，你的企业为英国的老年人提供了一项相对较新的服务。第一步（H）：你会发现，在过去几年里，市场一直在以每年5%~10%的速度增长。第二步（O）：你确定的主要驱动因素包括人均收入增长、老年人口增长以及老年人对服务的认可不断提高。第三步（O）：你认为收入增长会像以前一样继续，老年人口在未来的增长会更快，老年人的认可会变得更普遍。第四步（F）：你的结论是，你所在市场的增长将会加速，在未来几年年均增长率会达到10%以上。

最好用图表的方式使用HOOF方法。上面的例子很简单，用图表展示时更加简洁，见图3-1。每个需求驱动因素对需求增长的影响用不同数量的正负号或者零表示。在这种情况下，你可以看到不久的将来会有比过去更多的正号，这意味着需求增长将加速，从历史上的每年5%~10%到未来的每年10%以上。

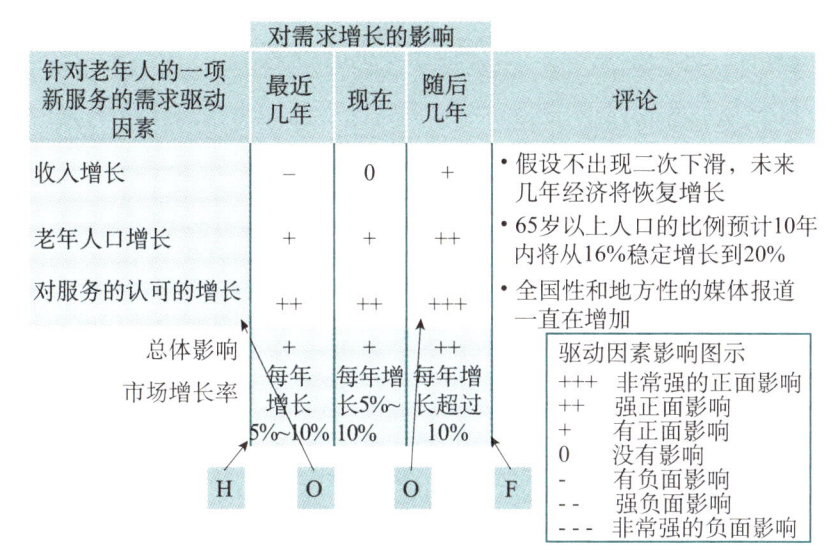

针对老年人的一项新服务的需求驱动因素	对需求增长的影响			评论
	最近几年	现在	随后几年	
收入增长	−	0	+	• 假设不出现二次下滑,未来几年经济将恢复增长
老年人口增长	+	+	++	• 65岁以上人口的比例预计10年内将从16%稳定增长到20%
对服务的认可的增长	++	++	+++	• 全国性和地方性的媒体报道一直在增加
总体影响 市场增长率	+ 每年增长5%~10%	+ 每年增长5%~10%	++ 每年增长超过10%	驱动因素影响图示 +++ 非常强的正面影响 ++ 强正面影响 + 有正面影响 0 没有影响 − 有负面影响 −− 强负面影响 −−− 非常强的负面影响

H　　O　　O　　F

图3-1　需求预测的 HOOF 方法

在实际的战略开发过程中,会有更多这样的图表,每个关键产品/市场细分都对应一张图表,每张图表都有更多的驱动因素。但是,HOOF 方法的基本原则保持不变。图表将显示历史增长率(H),确定过去和未来驱动因素(O 和 O)的相对影响,并结束于该细分的增长预测(F)。

现在给大家举个反面例子。许多年前,我在为英格兰北部的一家起重机制造商工作时,偶然发现了一份业务计划草案。在市场需求部分,它的年轻作者写道:"没找到英国的起重机需求数据。"因此,出于财务预测的目的,他估算起重机市场的实际增长率将与英国工程产出的增长率相同:经合组织(OECD)当时预测,随后三年每年会增长2.4%。

所幸这个错误当时就被排除了。是的,宏观经济需求是起重机市场需求的重要驱动因素,对所有工程产品都是如此。但是,还有几个同样重要的驱动因素,虽然没有确凿的数据,但不可否认的是,确实有大量的坊间证据。其中,包括起重机去库存、二手市场繁荣,以及最重要的是,高层建筑活动锐减。

这些驱动因素中没有一个与作为整体的工程产出有任何关系,但它们的综合影响将每年2.4%的起重机增长预测转变为急剧下降的预测,可能在两到三年内每年下降10%。

这个故事警示我们，要确保所有的驱动因素都被考虑在内，不管能否找到关于它们的硬数据。HOOF流程鼓励你寻找所有相关的驱动因素，并在结构化、定量和定性相结合的背景下评估其影响。

何时使用

只要你需要预测市场需求，就使用该工具。

何时应该谨慎

要注意找出所有相关的驱动因素。在评估过去、现在和未来这些因素对需求增长的影响时，要使用你所能收集到的任何证据，再加上理性的判断。在计算历史增长率时，数据可能首先需要进行平滑处理（见附录A）。

工具19 需求收入弹性

工具介绍

微观经济学中有一个久负盛名的概念，即需求收入弹性（income elasticity of demand，IED）。它是衡量一种商品（或服务）的需求是如何随顾客收入的变化而变化的指标。它被定义为需求变化的百分比除以收入变化的百分比。

如果你的业务，或者一个产品/市场细分，针对的是一个大而基本的市场，你就可以在市场需求预测中使用需求收入弹性。

假设以国内生产总值（GDP）衡量的收入增长了3%，而对应的某一商品的需求增长了4.5%，那么该商品的需求收入弹性为1.5；如果另一种商品的需求仅增长1%，那么它的需求收入弹性为0.33。

不同类型的商品往往有不同的需求收入弹性（见图3-2）。

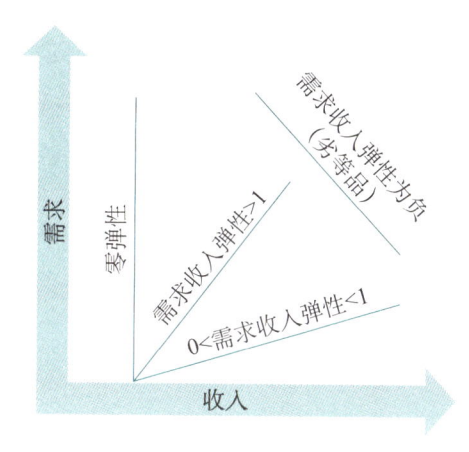

图3-2 需求收入弹性

- 一般商品的需求收入弹性是正的。
- 如果需求收入弹性小于1，该商品属于必需品。它的需求在经济景气时不会上升太多，在经济不景气时也不会回落太多，比如新鲜水果和蔬菜，甚至烟草。

- 如果需求收入弹性大于1且小于2，该商品属于高级品。人们在经济景气时大量购买，在经济不景气时减少购买，比如图书和外出就餐。
- 如果需求收入弹性大于2，该商品属于奢侈品。它的需求在经济景气和不景气之间波动很大，比如跑车、高级时装、米其林星级餐厅、去塞舌尔群岛度假等。
- 如果需求收入弹性在0附近，该商品属于非弹性商品或称为黏性商品。它的需求与收入变化的关系不大，比如面包等。
- 如果需求收入弹性小于0，该商品属于劣等品。它的需求在收入景气时下降，在收入不景气时反而回升，典型的例子是人造黄油等。

如何使用

如果你的市场是整个行业或子行业，你可以在网上找到这个行业的需求收入弹性的估计值。为了预测市场需求，你需要进行如下操作：

- 经济预测值应该取自值得信赖的信息来源（例如，英国财政部、伦敦商学院、ITEM）。
- 乘以需求收入弹性。

这样你就有了一个初步的市场需求预测！

何时使用

当你的市场（或细分）规模足够大且同质，值得一些公共机构或学术机构计算其需求收入弹性时，就可以使用这种方法。

何时应该谨慎

你确定你的公司能满足整个行业市场吗？在使用工具1对产品/市场进行细分后，得出的细分往往是相当具体的，既针对产品或产品类型，也针对客户/最终用户群体，而不是针对整个行业市场。你可能需要重新审视你的细分过程。

第 4 章

测定行业竞争

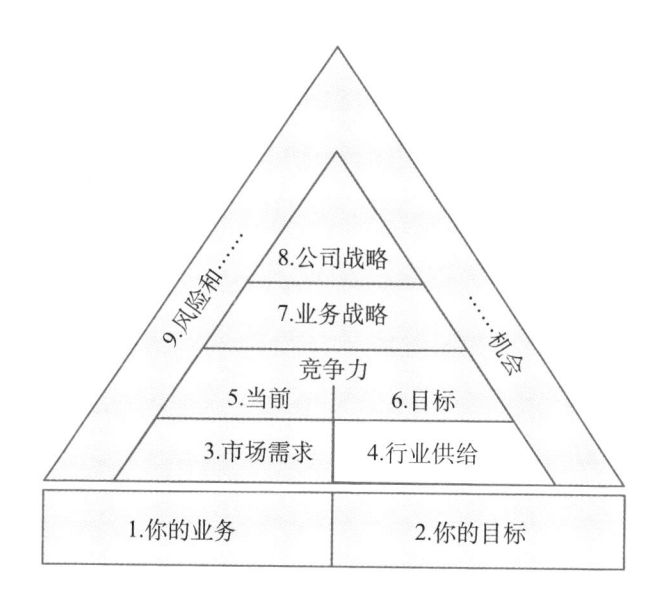

```
                8.公司战略
            7.业务战略
              竞争力
        5.当前      6.目标
      3.市场需求    4.行业供给
     1.你的业务       2.你的目标
```
9.风险和……   ……机会

必要工具

工具 20　五力模型（波特）

工具 21　评估客户采购标准

工具 22　找出关键成功因素

有用工具

工具 23　为规模经济赋予权重

工具 24　将公司环境作为第六种力量

工具 25　将互补品作为第六种力量（布兰登伯格和内勒巴夫）

工具 26　PESTEL 分析

概　述

战略开发中的任何一个方面都不会像行业分析那样，长时间被一个人主导。自 20 世纪 80 年代早期以来，迈克尔·波特的五力模型一直是这一建筑模块的最杰出工具。

它仍然是业务战略中微观经济分析的必要工具。波特本人是一位产业经济学家，他的大部分著作是对已确立的微观经济理论的重新解释。

波特的天才之处在于，他把一些相当难以理解的经济学概念，用大多数人可以理解的方式呈现出来，并结合使用了图表和一系列清单，不仅让同行经济学家容易理解，而且让每一位管理者都能明白。

对行业供给的分析是微观经济行为中两个不同但相互关联的方面中的第二个。上一章讨论了市场需求。在这里，你将了解行业供给。

这里还展示了一些其他有用的工具：为规模经济赋予权重、通过重点关心公司环境和互补品拓展波特的工作，以及 PESTEL 分析。

本章还包括另外两个工具，也是必要工具：评估客户采购标准和找出关键成功因素。它们构成了竞争力研究（见第 5 章和第 6 章）的分析基础。

这两个工具最终引出了通用电气/麦肯锡的吸引力/优势矩阵（第 6 章中的一个必要工具）。该矩阵需要按不同的细分对竞争地位进行评估，这些评估又建立在客户购买标准和关键成功因素的基础上。

这个过程对战略开发有很大帮助。它指出了强项和弱项所在的地方，并强调了企业当前能力与所期望能力之间的战略差距。

因此，评估客户采购标准和找出关键成功因素是这个建筑模块的必要工具。

工具20 五力模型（波特）

工具介绍

竞争强度决定了行业的盈利能力。

这是迈克尔·波特研究的基本前提。他详细描述了驱动竞争强度的基本力量是什么。

五力模型在他的哈佛商学院讲堂之外首次出现，是在他1980年出版的《竞争战略》（*Competitive Strategy*）一书中。

他指出，任何行业的企业要想实现利润最大化都会受到一些限制，这不仅是因为与竞争对手的竞争，而且还受到另外四种力量的制约，这五种力量共同形成了竞争强度。

（1）行业内部竞争。

（2）潜在进入者的威胁。

（3）替代品的威胁。

（4）客户的议价能力。

（5）供应商的议价能力。

波特用一个简单的图展示了这五种力量的综合影响，中心是行业内部竞争，其他力量从四个方向施加外部压力，如图4-1所示。

如何使用

下面将简要介绍这五种力量。

1. 行业内部竞争

行业内部竞争是由三种主要子力量塑造的：参与者的数量、与供给相对应的市场需求增长，以及外部压力。

（1）参与者的数量。参与者越多，通常竞争就越激烈。

（2）市场需求增长。市场需求增长越慢，通常竞争就越激烈。

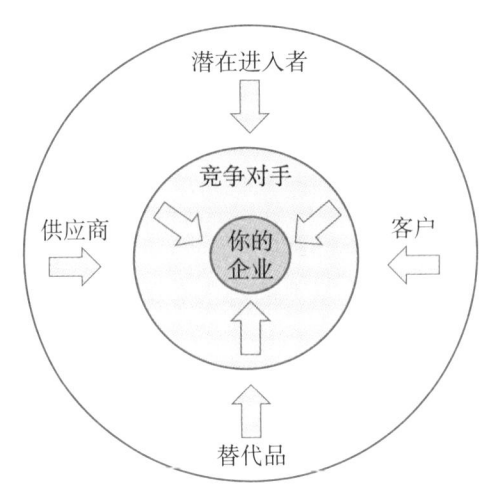

图 4-1 塑造行业竞争的五种力量

资料来源：Adapted from Michael E. Porter, *Competitive Strategy：Techniques for Analyzing Industries and Competitors*, The Free Press, （Porter, Michael 1980）page 4, adapted with the permission of Free Press, a Division of Simon & Schuster, Inc., from COMPETITIVE STRATE-GY: Techniques for Analyzing Industries and Competitors by Michael E. Porter. Copyright © 1980, 1988 by The Free Press. All rights reserved.

供应量呢？供需平衡吗？在平衡的地方，行业内部竞争很可能是温和的。在供给过多，即供过于求的地方，行业内部竞争将加剧，从而对价格产生抑制作用。相反，在供应不足（或需求过剩）的情况下，客户争夺相对稀缺的供给，行业内部竞争将是温和的，你和你的竞争对手可能会将价格推到高于通货膨胀的水平。

（3）外部压力。外部机构，特别是政府和工会，对许多行业的竞争性质有很大的影响。政府监管、税收和补贴会扭曲市场需求和竞争格局。工会可以通过多种方式影响竞争。例如，通过限制性做法来提高进入壁垒。

还有其他一些影响行业内部竞争的次要因素。退出壁垒就是其中之一。供应商应该退出，但别无选择，只能继续竞争（例如，一家员工众多的餐厅，裁员成本高昂；又比如一家服务企业由于办公场所的租赁期很长，很难脱手），竞争就会加剧。低退出壁垒，如小型出租车业务，会减弱行业内部竞争。季节性或不规则的产能过剩是另一个导致竞争加剧的因素。因此，需求水平的波动（例如，水果采摘或冰淇淋行业）会加剧竞争。

2. 潜在进入者的威胁

进入市场的壁垒越低，竞争就越激烈。进入壁垒可能与技术、运营、人员或成本相关，一般而言，潜在进入者必须能够：

- 开发或获得某种技术。
- 开发或获得某种运营流程。
- 进入有限的分销渠道。
- 培训或雇用稀缺人员。
- 在固定资产或市场营销方面投入大量资金，以成为一个可靠的供应商。

转换成本也会影响进入壁垒。客户从一个供应商转换到另一个供应商的成本越高，进入壁垒就越高。饮料制造商可以相对容易地从一个糖料供应商转换到另一个糖料供应商，但是把标签解决方案从一家转移到另一家时，可能需要对工厂进行彻底的重新设计。

3. 替代品的威胁

客户越容易使用替代产品或服务，通常竞争就越激烈。

想想 iTunes 在音乐行业的影响吧。它是在商业街上销售 CD 的替代方案，也是与电子商务和超市一起，促使沃尔沃斯（Woolworths）和 Zavvi 等零售商消亡的一个因素。

4. 客户的议价能力

客户的议价能力越强，通常竞争就越激烈。问一下连锁超市的任何供应商，或者汽车制造商的供应商就明白了。

通常情况下，这只不过是市场上供应商数量相对于顾客数量的反映。客户可选择的供应商越多，竞争就越激烈。

客户的议价能力也受到转换成本的影响。如果更换供应商容易，相对来说没有痛苦，那么竞争就更加激烈了。如果转换成本高，竞争就不会那么激烈。

5. 供应商的议价能力

供应商的议价能力越强，通常竞争就越激烈。

同样，这也是数量的作用。例如，有许多钢铁或铝的加工者，但金属生产商却很少，而且越来越少。当金属加工者向汽车制造商出售部件时，它们会发现自己陷入了困境，一边是钢铁或铝供应商巨头，另一边是汽车巨头客户。但它们中的精英学会了如何躲避、潜伏，并最终生存下来。

6. 整体竞争强度

以上是影响市场竞争程度的五种主要力量。把它们放在一起，你就可以衡量你所在行业的竞争压力。

在一些行业，如软饮料、软件、洗漱用品，这五种力量都倾向于良性运作，以提高盈利能力，而且在过去的几十年里一直如此。在其他一些行业，如航空业或纺织业，情况正相反，这五种力量通常都对航空公司不利，它们多年来的平均盈利能力都很差。

你所在行业的内部竞争有多激烈？潜在进入者或替代品的威胁有多大？客户和供应商对你和你的竞争对手有多大的议价能力？简而言之，你所在行业的竞争有多激烈？

未来会怎样？行业竞争是否会加剧？不管目前多么艰难，它都会让你和你的竞争对手获得一定水平的平均运营利润率。

但是未来几年，这些竞争力量是否会共同作用从而影响到这一利润率呢？或者，过去几年的行业竞争是不可持续的，未来可能会缓和下来？

简言之，在未来几年内，竞争动态对行业的定价有何影响？

竞争是否会加剧，并对价格造成压力？还是说它会保持现状？价格会不会像最近一段时间那样变动？或者，竞争是否会缓和下来，从而参与者在未来几年内有可能提高定价？

何时使用

持续使用。

何时应该谨慎

多年来，波特的模型一直受到批评。一些人认为，对行业的界定——指出这个活动是行业的一部分，那个活动不是行业的一部分，这本身就使得战略开发受到限制。开拓型公司通过重新定义行业边界而获得成功。尤其是金（Kim）和莫博涅（Mauborgne）的蓝海战略，这是一项在波特理论诞生 20 年后出现的突破性分析（见工具 43）。

但这种批评在一定程度上可以通过进一步的细分来消除，你可以回到工具 1，重新定义你的关键产品市场细分，以允许边界的变动。

其他批评者将公司环境（政府、监管框架、压力集团等）作为第六种力量。还有一些学者指出，与替代品不同的互补品，也应该作为一种独立的力量。工具 24 和工具 25 介绍了波特模型的这些扩展。

凯文·科因（Kevin Coyne）和索姆·苏布拉马尼亚姆（Somu Subramaniam）从三个方面对波特的模型提出了挑战。他们质疑这些假设：

- 一个行业是由一系列不相关的买方、卖方、替代品和竞争对手组成的，它们彼此之间保持一定的距离，很少考虑到基于经济利益、友谊、信任等形成的相互依赖的系统，如战略联盟、网络，或特权关系。
- 对竞争对手和潜在进入者设置壁垒的公司将获得财富。换言之，价值的来源是结构优势，而很少考虑到管理的贡献，无论是来自一线执行还是洞察力和远见。
- 若不确定性较低，则可对竞争对手的反应做出预测，并制订应变计划。但是，该模型没有考虑到不确定性存在不同的程度。当行业结构稳定时，模型是有效的；当结构变化是连续的，可以给出几种备选情景；当行业结构的变化完全模糊未知时，模型是无效的。

两位学者的质疑是有合理性的，尤其是第一点，在做行业分析的时候需要牢记。他们对行业模型进行了修改，通过高度复杂的、风险调整的形势分析对其进行了强化，但不免也忽略了波特模型的天才所在。五力模型是行业分析和战略开发的起点，而不是终点。模型最优秀的品质，恰恰是简洁。

最后，波特的模型受到了一些抨击，这些抨击指出，正如上面第二点所说，仅仅凭产业结构往往不足以解释公司盈利能力的差异。例如，理查德·鲁梅尔特在1991年的一项研究中发现，企业盈利能力的差异更多地应归因于特定的"企业效应"（44%），而非"行业效应"（4%）。（顺便说一句，无法解释的方差为45%。）其他研究也显示了同样的情况。

但是，这并不会使模型失效。行业分析是战略开发的一部分，波特的五力模型在行业分析中占有很大的比重。它的分析结果可能不是最终的结论，但它仍然可以说是战略开发工具包中最关键的工具。

工具 21 评估客户采购标准

工具介绍

汤姆·彼得斯（Tom Peters）写道："所有商业的成功都依赖于一种被称为'销售'的东西，这种东西至少能瞬间将公司和客户结合在一起。"

但是，为什么那个客户要从那家公司买东西呢？这就是问题所在。

评估企业在每个关键产品市场细分中的竞争地位，有三个工具，第一个就是发现客户的购买原因：

● 识别并赋权客户采购标准（customer purchasing criteria，CPC）。即在每个细分中，客户需要供应商提供什么，也就是说，需要你和你的竞争对手提供什么（见工具21）。

● 找出并赋权关键成功因素（key success factors，KSF）。为了满足这些客户的需求、经营一个成功的业务，你及竞争对手需要做些什么（见工具22）。

● 评估你企业的竞争地位。相对于竞争对手，你的企业在这些成功因素上的评分如何（见工具27）。

如何使用

从问自己下列问题开始。在你业务的主要细分中，客户需要你及竞争对手做什么？他们正在为某一特定水平的产品或服务寻找尽可能低的价格吗？还是不在乎价格，寻找最优质的产品或服务？或者介于两者之间？

在你的其他业务细分中，客户有同样的需求吗？一些客户群体是否更重视某些需求？

客户到底想要什么样的产品或服务？最高的规格？最快交货？最可靠的质量保证？最好的技术支持？还是最优质的客户服务？

需要供应商来满足的客户需求称为客户采购标准。对于面向企业销售的（或称为B2B）公司，客户采购标准通常包括产品质量（包括特性、性能、可靠性)、产品种类、及时交货、技术支持、客户服务、关系、声誉、财务稳定性等。当然，还有价格。

对于面向消费者销售的（或称为B2C）企业，客户采购标准往往是类似的，但通常不太重视产品范围和财务稳定性。针对不同的产品或服务，消费者对质量、服务和价格的重视程度也不同。

客户采购标准可以有效地分为六类。它们是与以下六个方面相关联的客户需求（见图4-2）：

(1) 产品（或服务）的效果。

(2) 产品的效率。

(3) 所提供产品的范围。

(4) 与生产商的关系。

(5) 场所（仅适用于客户需要访问供应商场所的时候）。

(6) 价格。

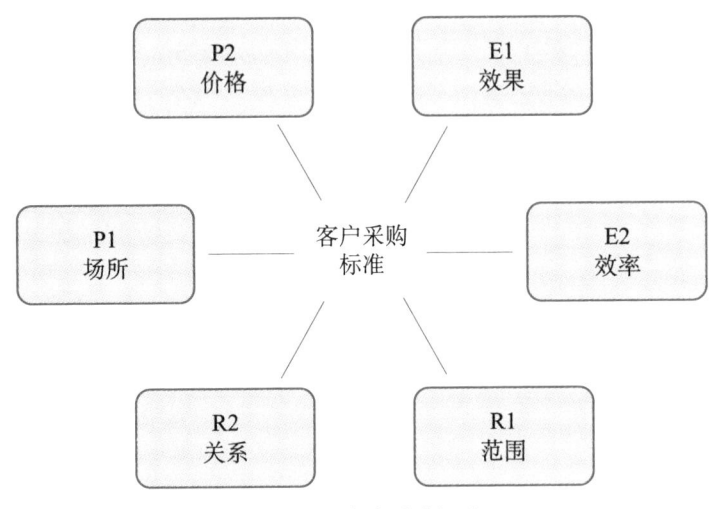

图4-2 客户采购标准

1. E1：效果（effectiveness）

任何客户对任何产品或服务的第一个要求就是它能正常完成工作。客户对产品的特性、性能和可靠性有特定的要求。客户需要顺利完成工作，不能半途而废，亦不需过度，只是完成。

无论 B2B 供应商或 B2C 供应商的客户，都需要一个有效的解决方案。根据产品或服务的性质，标准可能包括：

- 质量。
- 设计。
- 特性。
- 规格。
- 功能性。
- 可靠性。

其中一些标准可能会重叠。你应该选择与行业的客户需求最相关的两到四个效果标准重点考虑。

2. E2：效率（efficiency）

第二个主要的客户采购标准是效率。客户希望准时收到产品或按时完成工作。

所有客户都对各种服务的效率给予一定程度的重视。不同客户群可能对同一服务的效率有不同的重视程度。

在大多数 B2B 行业，这里的效率为交付，或在仓库提货时的客户服务。在大多数 B2C 行业，效率等同于将产品交付给客户或按计划服务。

3. R1：范围（range）

所提供的产品或服务的范围是指产品覆盖的领域。客户可能认为，对某些产品或服务来说，这是重要的，甚至是最重要的；对另外一些产品或服务来说，这可能完全不重要。

4. R2：关系（relationship）

某供应商能高效地完成工作，但是客户喜欢它吗？绝不应低估提供服务过程中关系的作用。

5. P1：场所（premises）

这只适用于那些客户的购买决策受销售环境影响的企业，通常是服务业。你的生意需要店面吗？客户对你的经营场所有什么期望？

6. P2：价格（price）

价格永远是一个重要的客户采购标准。定价太高，你就没有多少客户；定价太低，你的业务就不能继续。

想想你经常做的购买决定，以及价格的影响。对于非必需品或服务，我们往往对价格敏感。对于基本服务，我们往往不太关注价格。当你的集中供暖系统在寒冬发生故障时，你会选择最便宜的维修工程师？还是到处打电话，找一个能马上赶到，迅速修好的工程师，至于收费只要不算敲诈贵一些也无妨？

对于每个关键产品/市场细分，你都需要找出在上述客户采购标准中哪个对你的客户是重要的。与其他标准相比，每个标准的重要性如何？随着细分的不同，客户对重要性的认知如何变化？为什么？

你还必须了解客户的需求在未来可能发生的变化。如果他们认为现在有一个采购标准非常重要，几年后它会不会同样重要？你需要知道。

7. 找出客户采购标准

你可能会问，所有这些在理论上都很好，但是你怎么知道客户想要什么呢？很简单。问问他们！

不用多久，你就会惊讶地发现，在与任何一个客户群体进行了几次讨论之后，一种可预测的模式开始出现。有些人可能认为某个需求"非常重要"，其他人则认为"重要"，但不太可能有人说它"不重要"。客户往往有类似的需求。

了解客户需求的综合方法是进行结构化访谈，即向选定的客户样本询问一系列精心准备的问题。

在为你的业务开发战略时，基于结构化访谈的客户调查是必要的投入。如果你最近没有做过，建议你最好做一次。附录F展示了如何做好这一工作。

何时使用

持续使用。

何时应该谨慎

一些客户可能有一些隐藏的想法。他们认为访谈是一个让你降低价格的机会，或者在不提价的前提下，让你增加额外的成本来改善服务。他们可能会说，尽管他们主要关心产品质量，但他们还是认为价格是最重要的客户采购标准。

记住这一点：这是商业，也是人性。这种隐藏的想法并不能否定客户调查的有效性。但要使用你的判断力。

工具 22 找出关键成功因素

工具介绍

你所在行业的企业需要什么智慧才能成功？什么因素是成功的关键？这就是关键成功因素。企业需要依靠这些因素来满足上一个工具中所提及的客户采购标准，并使公司业务运营良好。

典型的关键成功因素是产品（或服务）质量、一致性、可获得性、范围和产品开发（研发）。在服务端，关键成功因素包括分销能力、销售和营销效率、客户服务和售后技术支持。其他关键成功因素与成本有关，如场所位置、运营规模、技术先进且价格合理的设备和作业流程效率。

如何使用

为每个业务细分确定最重要的关键成功因素，你需要执行以下步骤：
- 将客户采购标准转化为关键成功因素：
  ——与差异化相关的；
  ——与成本相关的。
- 评估两个关键成功因素：
  ——管理；
  ——市场份额。
- 为关键成功因素分配权重。
- 确定必备的关键成功因素。

让我们简要看一下这些步骤中的每一步。

1. 将客户采购标准转化为关键成功因素

这里我们把前面工具中探讨的客户采购标准转换为关键成功因素。换言之，我们需要弄清楚你的企业必须做些什么才能满足这些客户采购标准。

关键成功因素通常是客户采购标准的相关面。产品功能可能是一个客户采购标准，所以研发就成了一个关键成功因素。可靠性可能是一个客户采购标准，所以质量控制就成了一个关键成功因素。按时交货可能是一个客户采购标准，所以备用产能和（或）制造效率就成了关键成功因素。这些都是与差异化相关的关键成功因素。

在你的业务中，与差异化相关的主要关键成功因素是什么？它们各自的重要程度如何？

有一项客户采购标准需要特别关注，那就是价格。大多数客户都希望价格实惠。生产商则需要降低成本。那么，价格是一个客户采购标准，成本竞争力则是关键成功因素。

在你的业务中，成本竞争力的决定因素可能包括设施位置、材料成本、运营效率、分包商的使用、业务流程的外包、管理费用控制、薪酬水平和 IT 系统。

企业规模也很重要。在其他条件相同的情况下，业务规模越大，所销售产品的单位成本就越低，这就是"规模经济"（见工具 23）。这可能不仅适用于材料的单位成本或其他可变成本，如一个规模较大的企业将受益于议定的数量折扣；也适用于管理费用，如在市场营销领域，同样的支出，例如花费在杂志广告或贸易会展览的费用，可以分摊到更大的收入量上。

2. 评估两个关键成功因素

我们从前面工具列出的客户采购标准中找到了两组关键成功因素：与差异化相关的和与成本相关的。此外，还有两组需要考虑：管理和市场份额（见图 4-3）。

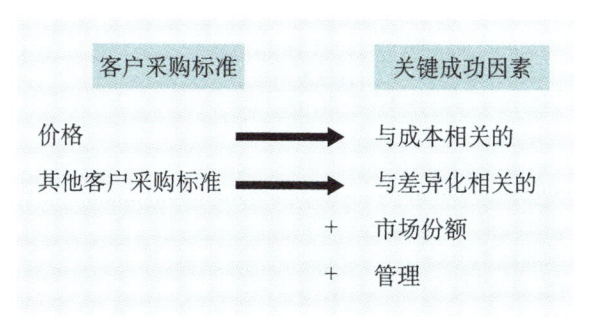

图 4-3 找出关键成功因素

总体来说，管理在你的行业中的重要性如何？想一想，在你的行业中，一家产品普通，但拥有一支优秀的销售和营销团队以及一个高效的运营团队且管理良好的公司，是否会超越一家产品一流但管理不善的公司？

我们需要考虑的最后一个重要的关键成功因素并非直接来自客户采购标准，这就是市场份额。相对市场份额越大，供应商就越强大。

大的市场份额可以带来许多不同的竞争优势，其中一个就是较低的单位成本。但在与成本相关的关键成功因素"规模经济"中，我们已经分析过它，所以我们必须小心不要重复计算。

市场份额是衡量客户关系的广度和深度以及企业声誉的指标。由于获得新客户比与现有客户重复交易更加困难，所以市场份额较大的供应商通常具有一种竞争优势，即在位者的影响力。

在位者的影响力与转换成本成正比，转换成本不仅指财务成本，还有时间成本，甚至还会有情感成本。更换会计比更换打印机麻烦多了。

3. 为关键成功因素分配权重

你已经列出了业务中最重要的关键成功因素。现在，你需要给它们赋予权重。

简单的定量方法效果最好。别担心，你无须计算出像14.526%这样的权重数字。这是不必要的精确。但是，得出一个权重百分比还是很有帮助的，不管是接近5%还是10%，这样在下一个建筑模块中，你就可以轻松地计算出企业的整体竞争力。

因此，14.526%将直接近似成15%。不需要比这更精确。具体要怎么做呢？有两种方法：系统方法和目测法。

如果你想要使用系统方法，请参照下面的例子。如果你更倾向使用目测法得到一个粗略的答案，那么可以参照这个指南：市场份额占20%，成本因素占30%，管理和差异化因素占50%。可根据你发现的对业务成功至关重要的因素进行调整，确保不管你怎么调整，它们的总和是100%。

用系统方法计算关键成功因素的权重

下面是用系统方法测算关键成功因素的权重的步骤：

- 判断在位者的影响力，假设其市场份额的权重为 $i\%$，一般为 $15\%\sim25\%$。
- 重新审视价格对客户的重要性。如果你判断它对客户的需求具有中等重要性，那么给成本竞争力一个 $20\%\sim25\%$ 的权重；如果你判断它对客户需求的重要性较低，可设置 $15\%\sim20\%$ 的权重；如果你判断它对客户需求的重要性很高，可设置 35% 以上的权重。如果你的公司是一家大宗商品销售企业，那么这个比例可能为 $40\%\sim45\%$，同时市场份额的权重相对较低。设成本竞争力的权重为 $c\%$。
- 考虑管理因素对业务成功的重要性（尤其是对营销成功的重要性），将其权重设为 $m\%$（一般在 $0\sim10\%$）。
- 你现在已经用完的权重是 $(i+c+m)\%$。
- 剩余的权重，即 $100\%-(i+c+m)\%=D\%$，这就是与差异化相关的因素的权重。
- 重新审视与差异化相关的关键成功因素列表，确保其中不包括价格（价格因素已经包含在成本分析中）。如果你认为某个因素的重要性较低，则将其评分定为 1，如果某个因素的重要性比较高，则将其评分定为 5。介于中间的则按比例赋值，例如，将重要性介于中等和高之间的因素的评分定为 4。
- 将这些与差异化相关的关键成功因素（不包括价格）的评分加总，总分 $=T$。
- 将权重分配给每个差异化的关键成功因素，即权重（%）= 关键成功因素的得分除以 T，再乘以 $D\%$。
- 将每个值进行四舍五入为整数。
- 如有必要，进一步调整，使所有关键成功因素的权重之和为 100%。
- 凭经验和直觉做最后的调整。
- 检查总和是否仍为 100%。

得出了大致的权重之后，还需要评估每个业务细分的权重差异程度。特别是，不同的客户群往往会对价格有不同的重视程度，因此成本竞争力在某个细分中可能比在另一个细分中更重要。其他业务细分中的客户可能更关心产品质量或客户服务。

4. 确定必备的关键成功因素

最后一步至关重要。

在你的业务中，是否有一个异常重要的关键成功因素？如果你在这个因素上得分不高，你就不适合从事这项业务。或者你根本无法参与竞争，更别说成功了。或者你难以获取业务上的任何机会，即使得到了也无法把业务做好。换言之，它是一个必备的关键成功因素。

例如，在竞争日益激烈的环境中，在你所在的市场上，一个业务必须获得 ISO 认证，才能赢得订单吗？企业必须部署新的革命性的降成本的设备吗？你的产品必须包含一个特定的新特性吗？如果你的业务是提供专业服务，在客户接受你为合格的认证供应商之前，你是否必须获得特定的资格？

在你的业务中，是否有一些关键成功因素是必备的？在评估你的竞争地位时，要牢记这一点（见第 5 章）。

何时使用

持续使用。

何时应该谨慎

不要给出太多的关键成功因素，否则就是只见树木不见森林。市场份额、管理因素、2~3 个与成本相关的因素和 5~6 个与差异化相关因素，就足够了，总共 10 个左右。

工具 23　为规模经济赋予权重

工具介绍

规模在一些部门很重要，在其他部门则没那么重要。即使在规模重要的部门，小企业也能生存下来，如果它们很敏捷的话。

一般来说，一家每天生产 1 000 个部件的公司，其单位成本通常高于一家每天生产 2 000 个部件的公司，且远高于每天生产 2 万个部件的市场领导者，见图 4-4。

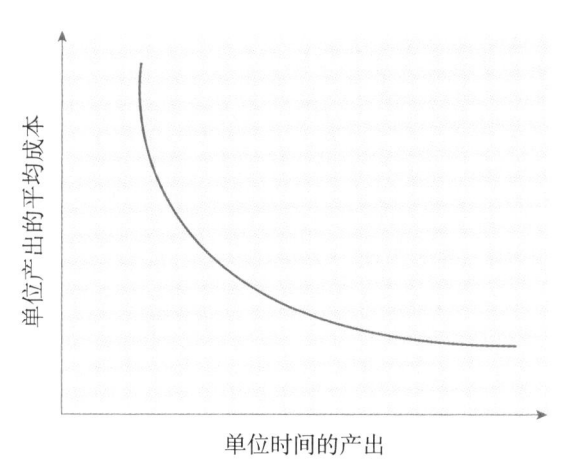

图 4-4　规模经济

在整个价值链上，主要有四种规模经济：

（1）采购经济。生产商的规模越大，越有能力推动与供应商的艰难议价，从而享受数量折扣，如钢铁生产商。

（2）技术经济。每天生产 2 万个部件所需的设备，不太可能是每天生产 1 000 个部件所需设备的 20 倍。

（3）效率经济。与较小的工厂相比，每天生产 2 万个部件的流程，从处理投入、制造到处理产出，自动化程度更高，并且具有更先进或更精简的业务流程，例如，研发流程。

（4）不可分割性经济。有些产品是小生产商买不到的，无论是最先进的设备还是全国性的电视广告。

规模经济不仅适用于制造业，也适用于服务业；既适用于全球业务，也适用于小企业。

想象一下，某商业街上有两家相互竞争的发廊。其中一家的店面是另一家的两倍，平均每天为 80 名客户提供服务；店面较小的另一家每天只有 40 名客户。因此，它们的生产效率是相同的。它们收取相似的价格，但规模更大的发廊每个客户负担的租金较低，这归因于在业务扩大到两倍时与房东的谈判。规模更大的发廊为每位客户支付的营销成本也较低，因为当地杂志的广告位每栏的价格，对于两个发廊是一样的，而与发廊服务了多少客户没有关系。

把这些店铺的业务放大 100 万倍，对于广告支出，比如说，每销售一品脱吉尼斯啤酒（Guinness）的广告支出将远远低于像蛇王（Cobra）这样的利基啤酒商。

然而，通过提供差异化的、存在价格溢价的产品，蛇王生存了下来，见工具 39 波特的基本战略。

如何使用

在你所在的部门，规模经济的重要性如何？是否存在采购经济、技术经济、效率经济或不可分割性经济？

在工具 22 中，你在衡量与成本相关的关键成功因素时，是否充分相信规模经济的作用？你应该对其重新赋予权重吗？

在你的业务中，随着增长，你能否利用未来的规模经济？见图 4-5。

何时使用

当规模经济对你所在的部门和你的业务很重要时，就使用它。

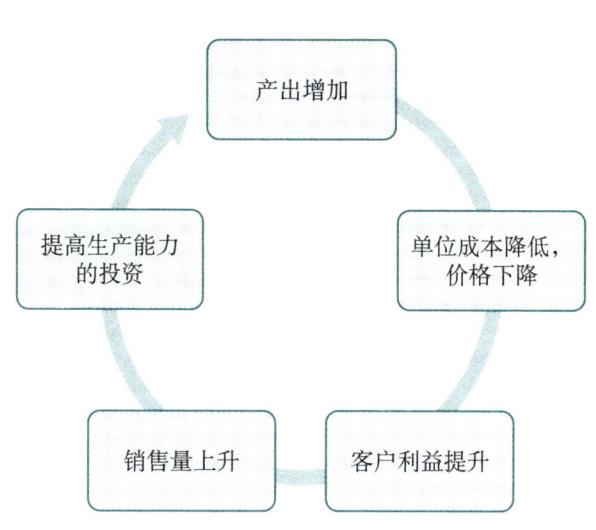

图 4-5 利用规模经济

何时应该谨慎

请记住,规模经济只是众多关键成功因素中的一个。差异化可能是你的战场。

工具 24　将公司环境作为第六种力量

工具介绍

政府是帮助了还是阻碍了你的业务？中央政府、地方政府是否通过税收或监管对你所在行业的盈利能力产生了重大影响？

迈克尔·波特的五力模型（工具 20）已经顽强地生存了 40 年，但也不得不躲避狙击手的火力。一些批评人士认为，该模型严重低估了某些力量的重要性，尤其是公司环境（该工具）和互补品（下一个工具）。

如何使用

在 20 世纪 90 年代，包括我自己在内的许多咨询人员都意识到，公司环境本身应该被视为第六种力量（见图 4-6）。公司环境是指除波特指出的行业内部竞争、潜在进入者、替代品、客户和供应商以外的所有外部组织对公司的综合影响。

按照这一定义，公司环境包括国家和行业范围内的所有机构，比如：

- 中央政府。通过税收（关税、企业所得税、增值税等）、补贴、贸易限制、监管、就业法、健康/安全/环境法、产业结构调整，甚至维护政治稳定，影响企业。
- 地方政府。包括省、市以及县级政府。
- 国家监管机构。如英国的通信管理局（Ofcom）或者天然气和电力市场办公室（Ofgem）。
- 国际监管指令。如关于金融机构资本充足率的《巴塞尔协议》。
- 压力集团。如行业协会、工会、绿色和平组织。

这些机构对市场需求和行业竞争都有很大影响。如欧盟的共同农业政策扭曲了市场力量，大多有利于小农场主，但消费者却付出了巨大代价。压力集团同样会扭曲需求和供给。

公司环境

潜在进入者

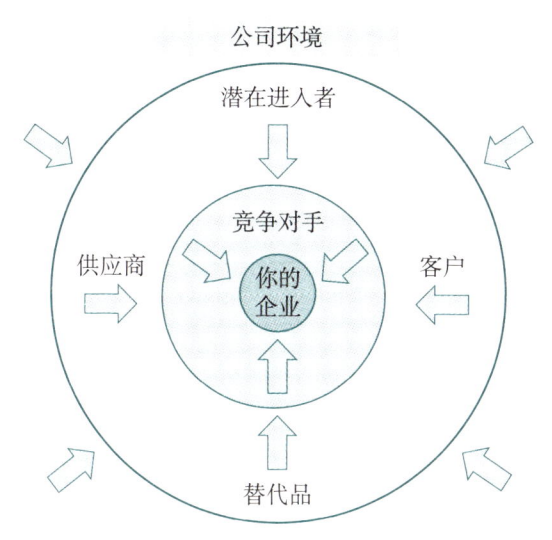

供应商　竞争对手　客户
　　　　你的企业

替代品

图 4-6　公司环境是第六种力量

资料来源：Adapted from Michael E. Porter, *Competitive Strategy: Techniques for Analyzing Industries and Competitors*, The Free Press, (Porter, Michael 1980) page 4, adapted with the permission of Free Press, a Division of Simon & Schuster, Inc., from COMPETITIVE STRATEGY: Techniques for Analyzing Industries and Competitors by Michael E. Porter. Copyright © 1980, 1988 by The Free Press. All rights reserved.

迈克尔·波特的回答是，公司环境确实是推动行业竞争的一个主要"因素"，但不一定比主要行业内部竞争力量中的其他因素更重要，他认为公司环境的重要性仅此而已。

何时使用

当公司环境对你所在行业的盈利能力有决定性影响时，就可以使用该工具，例如畜牧业。

何时应该谨慎

当公司环境只是影响行业内部竞争的诸多因素之一时，例如参与者数量或市场需求增长，不足以承认它为独立的第六种力量。

工具 25　将互补品作为第六种力量（布兰登伯格和内勒巴夫）

工具介绍

互补品是否影响你所在行业的盈利能力？

另一个被视作行业竞争"第六种力量"的是互补品（见图 4-7）。这是由于人们认识到企业盈利能力会受行业参与者交互决策的极大影响，以及 20 世纪 90 年代中期博弈论在行业分析中的应用。在亚当·布兰登伯格（Adam Brandenburger）和巴里·内勒巴夫（Barry Nalebuff）的一篇很有影响的文章中，互补品被特别论述。

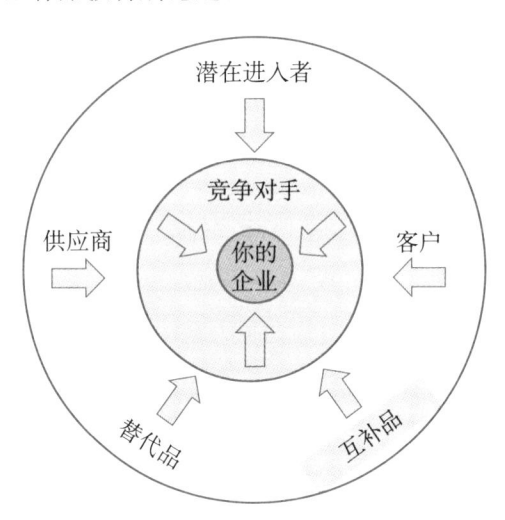

图 4-7　互补品作为第六种力量

资料来源：Adapted from Michael E. Porter, *Competitive Strategy*: *Techniques for Analyzing Industries and Competitors*, The Free Press, (Porter, Michael 1980) page 4, adapted with the permission of Free Press, a Division of Simon &. Schuster, Inc., from COMPETITIVE STRATEGY: Techniques for Analyzing Industries and Competitors by Michael E. Porter. Copyright © 1980, 1988 by The Free Press. All rights reserved, and Adam M. Brandenburger and Barry J. Nalebuff, *Co-opetition*, HarperCollins, 1995.

如何使用

对一家企业来说，互补品不仅仅来自供应商。我的东芝个人电脑的价值与它的英特尔处理器的价值有着错综复杂的联系。英特尔是一家独立的公司，它从我购买东芝电脑中获得的价值可能比东芝获得的价值更多。如果我用的是苹果的 Mac 电脑，情况就不会是这样了。

在这个产品线上，英特尔的产品是东芝产品的互补品。英特尔并不是东芝的普通供应商，它是东芝的盟友，而利润将归属于谈判地位强的一方。

一家航空公司的盈利能力不仅取决于"五力"，还取决于其互补品运营的连续性。这些互补品包括机场、空中交通管制、航空燃料供应商、机场地勤人员、综合旅游运营商、全球分销系统等。

鉴于 20 世纪 90 年代以来战略联盟的激增，无论是正式的合资企业，还是松散的、事实上的联合营销协议，都给出了把互补品作为一种特别的"第六种力量"的理由。

迈克尔·波特也承认了互补品的重要性，但反驳说，它们通常只不过是"五力"中的一个力——无论是供应商的议价能力还是行业内部竞争——中的一个主要因素。

何时使用

当互补品在推动某一特定行业的盈利能力方面起到重要作用时使用，如在航空业或采矿业，采矿公司的盈利能力十分依赖从矿山到港口的运输，以至采矿公司自己往往拥有铁路或公路线，以及在铁路或公路上运营的运输公司。

何时应该谨慎

当互补品发挥的作用相对较小时，不必把它作为一种单独的第六种力量，例如，许多服务部门。

工具 26 PESTEL 分析

工具介绍

PESTEL 分析提供了一个框架，用于识别影响行业竞争的外部因素，这些因素通常是受政府影响的。它是六类因素的英文首字母缩写，即政治的（political）、经济的（economic）、社会的（social）、技术的（technological）、环境的（environmental）和法律的（legal）。

如何使用

PESTEL 分析出现在 20 世纪 90 年代，当时只有四个字母 PEST，之后又增加了两个（见图 4-8），从而演变成 PESTEL。最近，一些实践者又增加了第七个因素"伦理"（ethics），使之成为 STEEPLE 分析。

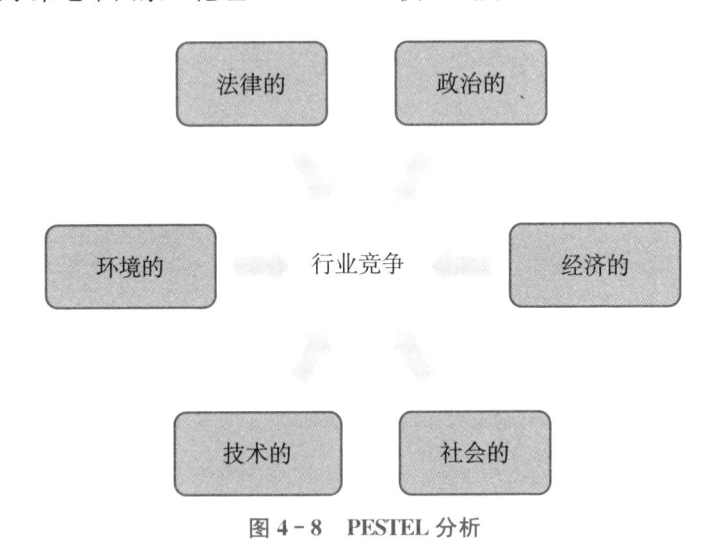

图 4-8 PESTEL 分析

PESTEL 分析中涉及的问题示例如下：

● 政治的——政府税收、市场上的法律和监管干预（参见工具 24 中的公司环境）。

● 经济的——宏观经济背景，包括经济增长、通货膨胀、利率和汇率。

- 社会的——社会背景，包括人口趋势、消费模式、年龄分布。
- 技术的——影响产品和生产的研发与创新趋势，以及替代品的威胁。
- 环境的——天气和气候趋势，以及气候变化对公司运营和客户偏好的影响。
- 法律的——影响企业运营和决策的法律趋势，包括就业、健康/安全/环境、反垄断、消费者保护、资本充足率和治理等方面的法律。

PESTEL 分析有时被用于提供 SWOT 分析所需的机会和威胁（见工具 6）。与 SWOT 分析一样，PESTEL 分析也是一个非结构化的、缺乏严谨性的工具。它往往会列出许多问题，有些问题与你的企业有很大关系，另一些则关系不大。尽管有时这些问题本身很有趣并且很重要。不同于工具 2 的议题分析，这些问题是非结构化的；不同于工具 20 的五力模型，PESTEL 分析不提供评估；不同于工具 83 的太阳云朵图，PESTEL 分析没有根据发生的可能性和对价值的影响对各问题进行排序。

PESTEL 分析也重复了在构建战略金字塔过程中其他环节进行过的更有效的分析。因此：

- 政治的——作为工具 20 的五力模型中的一部分，但是如果在你的行业中特别重要，则应被拿出来作为第六种力量（见工具 24）。
- 经济的——通常不需要经合组织式的国家经济前景审查，仅仅需要确定那些影响市场需求的经济驱动因素，以及它们在需求预测的 HOOF 方法（见工具 18）中的影响以及可能发生的变化。一些宏观经济因素，如汇率，可能对你所在市场的需求前景的影响微乎其微，但是其他因素，如人口或人均国内生产总值的增长，可能会有更大的影响。
- 社会的——同样，通常不需要进行社会调查，只需在 HOOF 方法（见工具 18）或行业竞争分析（见工具 20）中确定关键驱动因素。
- 技术的——包括在五力模型（见工具 20）中的两种力量中，即产品或生产的技术进步（行业内部竞争）和技术进步带来的替代品的威胁。
- 环境的——同样，通常不需要像气象预报或环境污染测试那样做，只需在 HOOF 方法或行业竞争分析中确定关键驱动因素。

- 法律的——见政治的。

何时使用

PESTEL 分析有助于针对行业议题的头脑风暴。如果你习惯了就用它，但应注意它的局限性。

何时应该谨慎

该分析方法描绘了对关键市场需求和行业供给议题的识别，但这种识别是非结构化的、非分析性的、不分等级的。最糟糕的情况是，这些议题将变成大海捞针。

第 5 章

追踪竞争优势

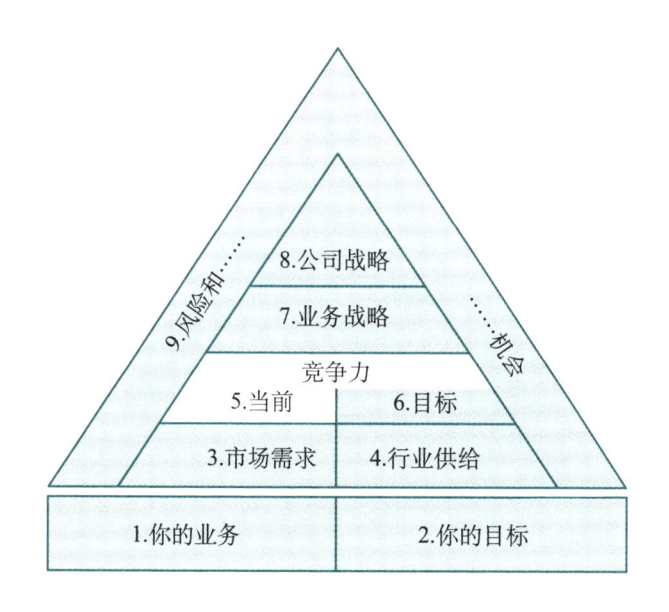

```
                    ╱╲
                   ╱  ╲
                  ╱    ╲
                 ╱      ╲
                ╱        ╲
               ╱ 8.公司战略 ╲
              ╱────────────╲
             ╱  7.业务战略   ╲
            ╱────竞争力──────╲
           ╱ 5.当前 │ 6.目标  ╲
          ╱──────────────────╲
         ╱3.市场需求│4.行业供给 ╲
        ╱────────────────────────╲
       │ 1.你的业务  │  2.你的目标 │
        ────────────────────────
```

（9.风险和……   ……机会）

必要工具

工具 27　评价竞争地位

工具 28　资源和能力强项/重要性矩阵（格兰特）

有用工具

工具 29　价值链（波特）

工具 30　产品/市场矩阵（安索夫）

概　述

　　你已经建立了战略金字塔的基础，确定了微观经济背景。现在你需要将企业置于这个背景中。

　　你需要针对每个主要的业务细分，阐明你的竞争地位，并准确定位你的竞争优势。

　　你需要追踪你的竞争地位随时间的变化，评估你的资源和能力对于战略的重要性。

　　对所有的主要竞争对手，也需要进行以上分析。

　　这些是你在追踪竞争优势这个建筑模块中所面临的主要挑战。两个必要工具将被部署：评价竞争地位和格兰特的资源和能力强项/重要性矩阵。

　　然后，我们将研究另外两种有用工具，它们有助于你追踪竞争优势，即波特的价值链和安索夫的产品/市场矩阵。

工具 27　评价竞争地位

工具介绍

奥斯卡·王尔德（Oscar Wilde）说："一个人在选择敌人时，再小心也不为过。"

也许，对于企业和它们选择在哪里以及与谁竞争，也是如此。你的竞争对手是谁？你和它们相比如何？具体到每一个关键成功因素呢（工具22）？

你的整体竞争地位如何？你的竞争对手呢？你在产品/市场细分上的相对地位有何不同？

在该工具中，你要针对每一个竞争对手、每一个关键细分，评价随着时间推移你的竞争地位。

你现在就可以在你的办公桌上，利用你和你的销售与采购团队多年来从客户和供应商那里得到的反馈，来完成这项工作。或者，你也可以通过一个结构化的访谈项目更有条理地完成（见附录F）。

在这个分析中，你将评估你的强项和弱项、你的同行的强项和弱项。这将精确定位你竞争优势的来源，以及你最强大的竞争对手的竞争优势的来源。

如何使用

评价竞争能力的过程很简单。你已经在工具21（评估客户采购标准）和工具22（找出关键成功因素）中完成了大部分工作。现在你只需根据这些关键成功因素对你的企业进行评价。

使用0～5分评分系统。如果你的企业和同行在关键成功因素上的表现差不多，给自己一个中间的分数——3分（良好）；如果你的表现更强，甚至是占优势地位，那么给5分（主导）；如果你的表现很差，给自己打1分

（很弱）；如果你的表现不如大多数，给自己打 2 分（还行）；如果比大多数要好，给自己打 4 分（出色）。

现在对你的每一个竞争对手进行同样的分析。在这些关键成功因素上表现最好的企业应该得 5 分，比其他企业好但并没有那么出色的企业得 4 分。

依此类推，对每个关键成功因素进行分析。

可以使用 Excel 表格评分，将你的得分设置在表格的底部。你的总评分是每个关键成功因素的评分（r）乘以该因素的权重（w），然后加总。如果有 n 个关键成功因素，总评分是 $(r_1 \times w_1) + (r_2 \times w_2) + (r_3 \times w_3) + \cdots + (r_n \times w_n)$。只要权重加起来等于 100%，你就能得出正确答案。

表 5-1 给出了一个例子，它取自一个战略任务。这表明，虽然该公司在英国工程这个利基市场上处于领先地位，但不能自满。虽然该公司拥有最大的市场份额、最好的工程服务网络和出色的成本基础，但是竞争对手 A 已经开发出了一种具有增强特性和功能的产品，对客户具有很大的吸引力。

表 5-1 竞争地位

英国工程利基市场的关键成功因素	权重	该公司	竞争对手 A	竞争对手 B
市场份额	15%	5	3.3	2
成本因素	35%	4	3.5	2.5
差异化因素				
产品能力和范围	15%	4	4.5	3
产品的可靠性	15%	4	4	2.5
工程服务网络	10%	5	3.5	2.5
客户服务	10%	3	3	2
竞争地位	100%	4.2	3.6	2.5

注：1=很弱；2=还行；3=良好；4=出色；5=主导。

1. 按细分的竞争地位

对每个关键产品/市场细分采用相同的流程。确定不同细分的客户采购标准的差异，评估每个细分的关键成功因素，并得出在每个细分上的竞争地位。你会发现因权重不同一些地位也会发生变化。以产品质量为例，对这个关键成功因素的评分，在与产品群相关的每个细分上都是相同的，但是，在与客户群相关的细分上却是不同的，从而影响到你在每个细分上的整体竞争地位。

对同一关键成功因素的评分可能因细分不同而有差异。例如，你的公司在某个细分上的服务和维修方面有一个令人羡慕的记录，但你在另一细分上开展业务的时间并不长。你在第一个细分上的评分为5，但是在另一细分上的评分仅为2。同样，这也会影响到竞争地位的最终评估结果。

2. 随时间变化的竞争地位

到目前为止，你对竞争地位的分析是静态的。你已经对你的企业和其他企业的竞争力进行了评价。但这只是故事的第一部分。你的竞争地位在过去几年发生了怎样的变化？在未来几年里，你的竞争地位可能发生怎样的变化？你需要了解动态变化，是会改进，还是会恶化？

最简单的方法就是在你的表格上增加一列，比如说，代表你三年后的竞争地位。然后，你就可以为每个关键成功因素插入一个改进的评分。就目前而言，这些预期的改进需要进一步讨论，但这种可能性很有必要存在。在下一章中，我们将评估你如何能够主动和系统地提高你的竞争地位。这是战略。但是，就目前而言，在未来几年内，假如战略没有重大变化，那么看看你的竞争地位将如何演变是很有用的。

请记住，提高竞争地位是一把双刃剑。你的竞争对手也会有自己的计划。这就是关键成功因素的动态分析面临的挑战。知道自己的计划很容易，但是你的竞争对手在做什么呢？

试着再增加几列，代表你的两个最可怕的竞争对手三年后可能的竞争地位。你知道它们为了提高竞争力，计划在不久的将来做些什么吗？它们可能会做什么？它们能做什么？你怕它们做什么？

回到英国工程利基市场公司的例子。管理层意识到竞争对手A计划将某些部件外包，以降低成本，并建立合资企业，以提高其工程服务能力。

A的战略似乎将缩小竞争差距，除非该公司部署一个专注于研发的积极主动战略，见表5-2。

表5-2 未来竞争能力

英国工程利基市场的关键成功因素	权重	该公司	竞争对手A（目前）	竞争对手A（将来）
市场份额	15%	5	3.3	4
成本因素	35%	4	3.5	4
差异化因素				
产品能力和范围	15%	4	4.5	4.5
产品的可靠性	15%	4	4	4
工程服务网络	10%	5	3.5	4
客户服务	10%	3	3	3.5
竞争地位	100%	4.2	3.6	4.0

注：1=很弱；2=还行；3=良好；4=出色；5=主导。

3. 越过一垒

在上一章，我们介绍了必备的关键成功因素的概念。如果达不到一个好的评分，你的业务甚至无法开展竞争。你在业务细分中是否找到了一个必备的关键成功因素？如果找到了，你如何评价它？良好，出色或者还行？如果是还行就有问题了。较弱吗？那就麻烦了。你出局了。你过不了第一垒。

那么几年之后呢？任何一个关键成功因素都能发展成必备的关键成功因素吗？你怎么评价？你能越过第一垒吗？

即使你认为今天的关键成功因素的评分还可以，它会不会随着时间的推移而下降？它会下降到2分以下，从而变得很棘手吗？

这可能是一种残酷的情况，你最好现在就能了解。越早意识到自己处在一个错误的业务细分，你就能越早退出并将资源集中到正确的细分。

4. 对未来市场份额的启示

该工具在业务规划中起到了实际作用（见工具82市场环境计划评审），它可以让你了解你的企业未来几年在整个市场中的表现。

如果你的整体竞争地位在 3 分左右，在其他条件不变的情况下，你应该能够在接下来的几年里随着市场发展而增长业务。换句话说，就是保持市场份额。

如果它是 4 分或以上，在其他条件不变的情况下，你应该能够取胜，获得市场份额。假设你用工具 18 预测出市场需求每年增长 10%。若你拥有 4 分的竞争地位，你应该对自己的业务能够以每年 12%～15% 的速度增长感到满意。

然而，如果你的竞争地位在 2 分左右，你就会对自己的业务前景缺乏信心。更可能的情况是，你会在市场上表现不佳。如果你的老板希望企业增长快于市场发展，就必须做出一些改变！

5. 对战略开发的启示

这个工具提供了如下对战略开发非常有用的事实和判断。

- 你在关键细分上的整体竞争情况。相对于竞争对手，你最有可能获得最大利润的细分是哪些？
- 关键细分上有强项的地方，这是你发展的基础。
- 一些细分上有弱项的地方，需要改进。
- 多个或者全部细分上有共同的强项或弱项的地方，要么成为发展的基础，要么加以改进。
- 每个关键细分的相对竞争力。
- 竞争力随时间的变化。
- 总之，不同时间你的竞争优势的来源得到了追踪。

这个工具将构成下一章中确定战略差距的基础。

何时使用

持续使用。

何时应该谨慎

我使用这个工具已经有 40 年了，并指导了许多初级咨询师应用它。以下是需要注意的三个方面：

● 过多的分析会阻碍决策。不要使用太多的细分、太多的关键成功因素、太多的细分内的竞争对手，或太多的过去年份和未来年份。保持简单。选择主要细分、主要关键成功因素、主要的竞争对手、现在和三年后；寻找主要发现、关键教训；仅在必要且可能具有启发性的情况下，才做进一步的深入研究。

● 不要过于精准。坚持用 0~5 范围内最接近的整数，或者当你在 3 和 4 之间犹豫时，选择 3.5；市场份额是个例外，它适合更精确的量化。如果竞争对手 A 的市场份额为 60%，B 为 25% 和 C 为 15%，那么不要采用 A 为 5、B 为 3 和 C 为 1 的评分，应该用更精确的数字：A 为 5、B 为 2.1 和 C 为 1.2。

● 无论是否进行相关研究，都要敢于尝试。但是，如果你觉得难以确定具体分数，可以暂时用红色或者斜体字将其临时输入 Excel。在确定具体的评分之前，再进行一些必要的研究，如标杆管理（见附录 E）或者客户问卷调查（见附录 B）。

如果能够注意以上事项，该工具将是无价的。

工具 28　资源和能力强项/重要性矩阵（格兰特）

工具介绍

你的企业的强项在战略上有多重要？

罗伯·格兰特（Rob Grant）的必要工具全面地看待企业的资源和能力。该工具通过两个标准对它们进行评估，即它们的相对重要性以及你在竞争中的地位有多强。

你应该从区分企业的资源和能力开始。资源是企业拥有的生产性资产，包括有形的、无形的和人力资源。能力是企业利用资源做的事情，以及部署资源的方式。

土地、建筑物、厂房和设备是资源。品牌和知识产权等无形资源也是资源。无论是在生产、采购、产品开发中，还是在销售或市场营销中，资源在组织上和运作上的合作方式即是企业的能力。

与工具 29 深入到每个关键产品/市场细分不同，工具 28 更倾向于把业务看作一个整体，即战略业务单位。它也可用于公司战略（见第 8 章），分析企业中心和它的每一个业务单位所共享的资源和能力。

如何使用

格兰特提供了评价资源和能力的三步法，用以指导战略开发。

第一步，确定关键资源和能力。

第二步，对它们进行评价：

- 评估它们的相对重要性。
- 评估你的相对强项。
- 进行综合评价。

第三步，开发战略启示。

在第一步中，你需要把工具 22 中确立的关键成功因素转换为特定的资源和能力。为此,价值链(见工具 29)也可能有所帮助。

然后,根据重要程度对它们进行评分,这取决于哪些资源和能力在创建竞争优势方面更加重要。

接下来,你要评估你的企业在这些资源和能力方面的竞争力,就像你在工具 27 中所做的那样。在这里,你可能会发现标杆管理练习很有帮助(见附录 E)。

这将我们引向资源和能力强项/重要性矩阵(strength/importance matrix),见图 5-1,它虽然简单但极具启发性。在这里,你可以基于它们对战略的重要性,直观地评估企业的强项和弱项。

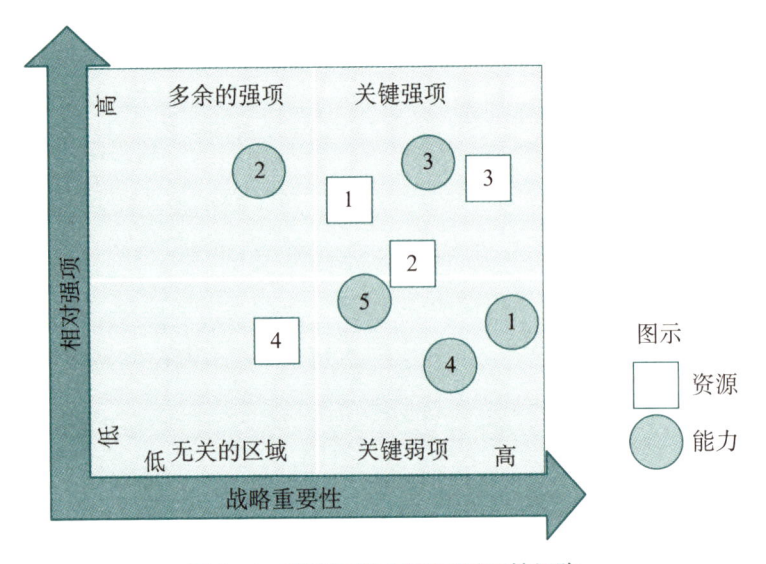

图 5-1 资源和能力强项/重要性矩阵

资料来源:Adapted from Robert M. Grant,*Contemporary Strategy Analysis*,Wiley-Blackwell,10th ed.,2019.

出现在右上方象限的资源和能力是好消息,这表明了竞争优势。处于右下方象限的资源和能力,则需要引起关注,这表明你的企业在那些被认为对战略具有重要性的资源或能力方面可能很弱。

处于左上方象限的资源和能力是多余的(你在不重要的方面很强大),处于左下方象限的资源和能力是不相关的(你在不重要的方面很弱)。

最后，你可以开发该过程的战略启示。你将如何利用所展示的关键强项？或许通过进一步有针对性地投资于开发能力？你将如何管理关键弱项？或许通过外包？在多大程度上，多余的强项可以加以部署，从而对股东价值产生更大的影响，或许通过剥离？

何时使用

持续使用。该矩阵可以传送有启发意义的见解。

何时应该谨慎

对于战略启示，需要小心对待。成功的公司不一定拥有更多的资源，但它们一定会杠杆化利用它们（哈默尔和普拉哈拉德，见工具 62）。弥补弱项可能不会像利用强项那样带来更高的回报（见第 7 章）。

工具 29 价值链（波特）

工具介绍

在英国，"你是最薄弱的一环"已经成为令人难忘的流行语，尽管它既尖锐又伤人。你的业务中有薄弱环节吗？

价值链是一种工具，用于识别业务中的关键流程、评估企业在每个流程中的竞争能力，从而评估竞争优势的来源。

它最早是由迈克尔·波特在1984年提出的，与他的五力模型（工具20）一样，经受住了时间的检验。

如何使用

波特把企业的活动分为基本活动和辅助活动，见图5-2。基本活动包括将一系列输入转换为生产过程，直至将输出交付给客户。对于服务性业务而言，则涉及人员及其工作工具通过操作过程转换为服务交付和售后服务。

基本活动包括：

- 入厂物流——与接收、储存和分配投入相关的活动。
- 运营——与将投入转换为产出相关的活动。
- 出厂物流——与收集、储存和分销产出相关的活动。
- 营销和销售——与提高对企业的产出及其利益的认识，刺激客户购买相关的活动。
- 服务——维持产品有效工作所需的服务或售后服务。

辅助活动是指应用于所有基本活动中的活动。包括：

- 企业基础设施——为企业总体需求提供服务的活动，通常以总部为中心，如会计、财务、法律、规划、公关和综合管理。
- 人力资源管理——与招聘、雇用、培训、开发、薪酬和（必要时）

基本活动
• 入厂物流
• 运营
• 出厂物流
• 营销和销售
• 服务

辅助活动
• 企业基础设施
• 人力资源管理
• 技术
• 采购

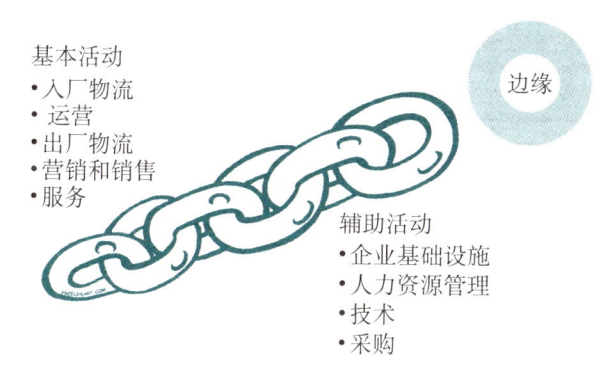

边缘

图 5-2 价值链

资料来源：Adapted from Michael E. Porter，*Competitive Strategy*：*Techniques for Analyzing Industries and Competitors*，The Free Press，(Porter，Michael 1980) Figure 3.3，page 68，adapted with the permission of Free Press，a Division of Simon &. Schuster，Inc. from COMPETITIVE STRATEGY：Techniques for Analyzing Industries and Competitors by Michael E. Porter. Copyright © 1980，1988 by The Free Press. All rights reserved.

处罚或解雇人员相关的活动。

● 技术——与研究和开发所有基本活动中所需的设备、硬件、软件和工艺相关的活动。

● 采购——与获得所有基本活动中需要的输入物相关的活动。

值得注意的是，波特把技术和采购作为辅助活动，而不是基本活动。实践中，它们可被看作基本活动，只要你认识到它们可以适用于其他此类活动。

因此，你可以用"信息技术"代替"技术"，并将其作为辅助活动；添加"研发"，将其作为基本活动。或者实际上将其分为两部分："产品研发"和"生产研发"。这取决于你，想想在确定关键成功因素时，什么对你的业务最有启发。

过去，采购常常被视为一项基本活动，因为该术语实际上是采购原材料和零部件的同义词。现在已经不是这样了。在 20 世纪 90 年代，外包和离岸外包的普及，意味着在运营中，甚至在出厂物流或服务中，采购活动具有同等的重要性。

何时使用

当你需要弄清你业务中的哪些活动对业务的成功最重要,换句话说,哪些是关键成功因素时,你需要使用该工具。

何时应该谨慎

最好将该工具应用于整个业务,或者战略业务单位。鉴于人力资源管理或采购等活动可能是所有产品/市场细分的共同活动,因此很少对每个关键细分进行价值链分析。

工具30　产品/市场矩阵（安索夫）

工具介绍

亨利·福特（Henry Ford）的曾孙比尔·福特（Bill Ford）沉思道："在巅峰时，我们赚了一大笔钱，而一旦我们赚了一大笔钱，我们就会拼命地想办法花掉它。坦白地说，我们的多元化进入了一些我们不知道如何很好运营的领域。"

福特的故事并不独特，也不新鲜。1965年，伊戈尔·安索夫（Igor Ansoff）出版了第一本专门论述公司战略的书，创造了产品/市场矩阵（product/market matrix），以说明四种基本增长战略的相对风险。这四种增长战略是市场渗透、市场开发、产品开发和多元化。

他认为，多元化使公司远离了自己最熟悉的领域，是迄今为止风险最高的战略。比尔·福特可能会赞同这一观点。

如何使用

绘制一个2×2的矩阵，x轴是现有产品和新产品，y轴是现有市场和新市场，如图5-3所示。把你未来3～5年的主要销售计划，以及它们对这段时间的总体预测销售增长的贡献比例，放在相应的象限。

哪个象限的销售额增长最快？如果是在现有产品×现有市场或新市场象限内，或是新产品推向现有市场的象限内，那就不需要惊慌。如果是在新产品进入新市场的象限中，那就另当别论了。

安索夫的主要意图是强调多元化战略，即通过向新市场推出新产品来实现增长，其风险水平要比其他三种战略高得多。这种做法表面上很有吸引力，而且在他那个时代，许多领先公司都在实践，但这是有风险的。前三个战略建立在生产、采购、销售和营销中的熟练技能的基础上，但多元化经营并不是这样。此外，由于对新业务不熟悉，多元化有可能吸收过高比例的管理和工程资源。

在后来的几年中，安索夫开始相信，由于进入新市场细分和进入新国

124 | 88个必备战略工具

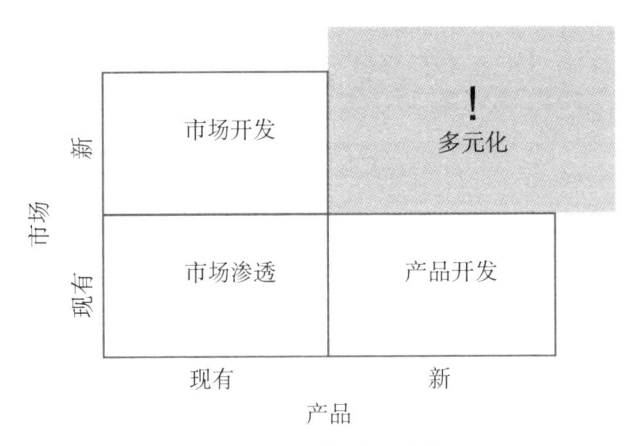

```
         新 ┌──────────────┬──────────────┐
            │              │      !       │
            │   市场开发    │    多元化     │
         市  │              │              │
         场  ├──────────────┼──────────────┤
            │              │              │
         现 │   市场渗透    │   产品开发    │
         有 │              │              │
            └──────────────┴──────────────┘
                 现有            新
                       产品
```

图 5-3　产品/市场矩阵

资料来源：Adapted from H. Igor Ansoff, 'Strategies for Diversification', *Harvard Business Review*, Sep-Oct 1957.

家市场的风险程度不同，该矩阵过于简化。于是他引入"地理"作为第三个维度。这样，他的 2×2 二维方阵就变成了一个 2×2×2 三维立方体。

现在，风险的极端性更加突出。多元化程度越高，综合风险就越大。把一个新产品推向一个新地区市场并服务于新市场细分的战略，与把现有产品推向现有地区市场并服务于现有市场细分的进一步市场渗透战略相比，风险是不同的数量级。

何时使用

安索夫矩阵有助于澄清拟议战略的风险。无论矩阵本身是否被使用，或者仅仅基于它背后的思想，管理者都应该始终意识到以新产品、新市场和新地区为前提的增长战略可能引发的风险的复合效应。

何时应该谨慎

安索夫的完整的战略规划模型非常复杂，在一些批评者看来过于复杂。安索夫自己也开始担心，这可能会导致"分析瘫痪"。但他模型的一个组成部分，产品/市场矩阵，经受住了时间的检验。它简洁，易于理解，并传达了一个重要信息，即要小心增长战略中风险因素的叠加。

第 6 章

瞄准战略差距

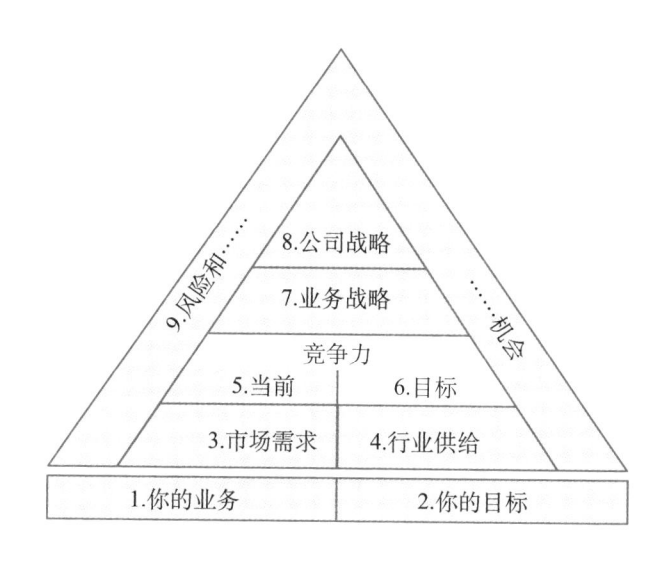

```
         8.公司战略
       7.业务战略
         竞争力
     5.当前    6.目标
    3.市场需求   4.行业供给
   1.你的业务    2.你的目标
```
9.风险和……   ……机会

必要工具

工具 31　吸引力/优势矩阵（通用电气/麦肯锡）

工具 32　增长/份额矩阵（波士顿咨询集团）

工具 33　为理想玩家画像

工具 34　确定能力差距

有用工具

工具 35　战略条件矩阵（亚瑟·D. 利特）

工具 36　7S 框架（麦肯锡）

工具 37　机会/脆弱性矩阵（贝恩公司/艾意凯咨询公司）

工具 38　价值主张设计（奥斯特瓦德和皮尼厄）

概　述

凯瑟琳·特纳（Kathleen Turner）说："演员能力的巨大差距在于信心。"演戏如此，那业务呢？

本章的内容是关于信心的。上一章你评估了你的竞争地位，现在就可以设立你在 3～5 年内的目标了。

你将确定你现在的位置与理想"玩家"现在和将来的位置之间的战略差距。然后，把目光放在缩小差距上。

有两种不同类型的差距：
- 你应该在哪个产品/市场细分上进行竞争，即组合差距。
- 你将如何在每个细分上竞争，即能力差距。

组合差距和能力差距共同构成了战略差距。在本章，你将确定并瞄准差距。在下一章中，你将了解弥补战略差距的战略选项。

在本章，你应该假设你正在为某个单一业务开发战略，只有一个战略业务单位。如果你的企业有不止一个业务，那么你可以将该工具复制到每个业务中。在下一章，你将看到如何弥补该业务中的战略差距。接下来，你将通过公司战略弥补你的业务组合差距（见第 8 章）。

有趣的是，本章中的两个必要工具——吸引力/优势矩阵和增长/份额矩阵最初是为公司战略设计的，但同样适用于业务战略，而且是必要的。

这两个工具无论是用于公司战略还是业务战略，它们的坐标轴是相同的，区别在于图形上分析和显示的实体不同：
- 在公司战略中，分析单位是业务（或"战略业务单位"）。
- 在业务战略中，分析单位是业务细分，特别是战略业务单位内的产品/市场细分。

这两个宝贵的矩阵是你确定战略差距的起点。其他有用工具还有战略条件矩阵（亚瑟·D. 利特），其重点关注行业成熟度；7S 框架（麦肯锡），将注意力吸引到瞄准战略差距的软因素上；机会/脆弱性矩阵（贝恩公司/艾意凯咨询公司），提示你检查你的业务是在令人难忘的"香蕉"区域之上还是之下；价值主张设计（奥斯特瓦德和皮尼厄），强调了卓越的客户需求在产品开发中的重要性。

工具31　吸引力/优势矩阵（通用电气/麦肯锡）

工具介绍

史蒂夫·乔布斯（Steve Jobs）称："7英寸的平板电脑两边都不靠，与智能手机相比显得太大，与iPad相比显得太小。"

你的业务应该在哪里竞争？在哪个细分？为什么？如何竞争？回答这些问题是你瞄准战略差距、优化业务结构的第一步。

你需要对你的主要业务细分进行组合分析，最好的工具是吸引力/优势矩阵。

这一矩阵起源于20世纪60年代末，当时通用电气聘请了一小群顾问，包括麦肯锡、亚瑟·D.利特（Arthur D. Little）、波士顿咨询集团和哈佛商学院，他们就如何从众多业务中优化价值提供咨询。从这一开拓性的努力中，诞生了重新定义公司战略的三项创新，即战略业务单位的概念、PIMS（profit impact of market strategy，市场战略对利润的影响）数据库（该数据库包含了25 000条关于年度商业经验的绩效数据）和吸引力/优势矩阵。

该矩阵将显示，在按照市场吸引力排序的细分上企业的竞争力。理想的情况下，你应该投资于实力最强和（或）最具吸引力的细分。同时，你应该考虑撤离那些实力较弱和（或）竞争地位难以维持的细分。

也许你应该考虑进入比你目前所处市场更具吸引力的另一个（或多个）业务细分。如果是这样的话，你有理由相信自己能合理地扎根这个新的细分吗？并且能很快占据有利位置吗？

如何使用

首先，你需要明确如何定义一个"有吸引力的"市场细分。这在某种程度上是根据行业确定的，没有哪两位战略家会给出相同的清单，但多年来，我发现如下五个因素既是最相关的，也是相对可以测量的。

- 市场规模，即相对于其他细分的市场规模（第3章）。
- 市场需求增长，即最好是量化的（第3章）。
- 竞争强度，即考虑到进入壁垒和其他的行业竞争力量（第4章）。
- 行业盈利能力，即与其他细分相比的平均营业利润率（第4章）。
- 市场风险，即周期性、波动性，例如，国家风险敞口（第3章）。

在其他条件相同的情况下，市场越大、增长越快，市场就越有吸引力，同时，行业盈利能力也越高。但要注意另外两个因素，其作用正相反。竞争强度越大、风险越大，市场的吸引力就越小。

你可能会说，即使只考虑这五个因素，实际上也会重复计算其中的某些因素。市场需求增长是行业内部竞争的主要因素，而内部竞争本身就是竞争强度的五个力量之一，是行业盈利能力的主要驱动力。市场风险可能与行业盈利能力成反比。

任何清单都不是绝对科学的，但它应该有启发性。你必须对这些因素的构成及其权重做出自己的判断。最简单的方法是给五个因素中的每一个赋予相同的权重，因此对整体市场吸引力的评分将是每个因素评分的简单平均值。

不过，你可能会厌恶风险，并对市场风险因素给予更高的重视。在这种情况下，你将得到一个加权平均值。

举个例子也许会有帮助。假设你的业务分为四个产品/市场细分，你正考虑进入第五个（见表6-1）。你根据市场吸引力的每个标准对每个细分进行评级。细分D最具吸引力，其次是新的细分E。B是相当缺乏吸引力的。在评估整体吸引力时，你只需对每个因素的评分进行简单平均。你可以选择一个加权系统，从而产生一个加权平均值。或者，你可以重复计算其中一个因素，比如风险。这样也许更准确，但这里你选择了简单平均。

表 6-1 市场吸引力

细分市场	A	B	C	D	E
市场规模	3	2	2	3	3
市场需求增长	1	2	3	5	5
竞争强度	2	2	3	4	5
行业盈利能力	3	3	4	2	2
市场风险	5	2	4	4	2
整体吸引力	2.8	2.2	3.2	3.6	3.4

注：1＝吸引力缺乏；5＝吸引力高。对于竞争强度来说，竞争强度越高，市场吸引力就越小；对于市场风险来说，市场风险越大，市场吸引力就越小。

接下来，拿出在上一章的工具 27 中你对每个细分进行的竞争地位评分。现在，把每个细分放在矩阵的适当位置（见图 6-1），你就能绘制出吸引力/优势矩阵。例如，细分 A 的竞争地位评分为 4.0（总分为 5 分），市场吸引力评分为 2.8（总分为 5 分）。

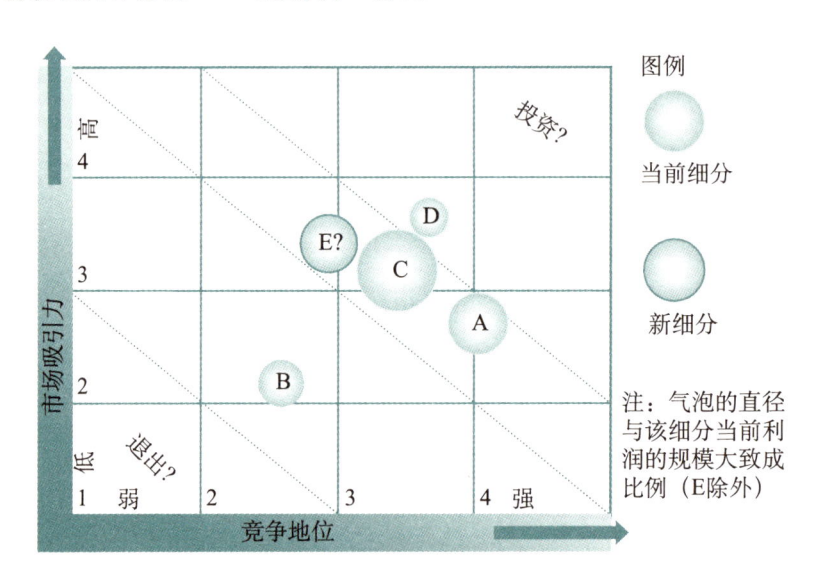

图 6-1 吸引力/优势矩阵

资料来源：General Electric，McKinsey & Co. and various.

在图中，细分所处的位置反映了其竞争地位（沿着 x 轴）和市场吸引力（沿着 y 轴）。每个圆圈的大小与该细分对营业利润的贡献应该大致成比例。

你的细分所处的位置越靠近右上角，它就越好。右上角虚线之上的细分是你的优势，应进一步投资；左下角虚线下方的细分，应该收割这个业务获得的现金或考虑撤离；位于主对角线上的细分属于合理的业务，应该保持，对其进行投资要仔细审查。

图中显示的总体战略地位似乎是合理的。在规模最大且吸引力尚可的细分 C 上，你的企业具备很有利的实力；在吸引力稍弱的细分 A 上，你的企业拥有极好的地位。细分 D 的前景非常好，考虑到目前其利润水平较低，需要给予更多关注。

细分 B 或许应该退出。这是一个吸引力较低的细分，而且你的企业所处的位置不好。新细分 E 似乎很有发展前景。

你可以考虑以下值得进一步分析的战略选项：

- 对于细分 A 和细分 C，保持和稳定发展。
- 对于细分 D，进行投资。
- 进入细分 E，随着市场份额的增加，竞争地位不断提高。
- 对于细分 B，进行收割或者退出。

你的业务的总体战略地位如何？希望你从中获得大部分收入的细分，都位于主对角线之上。

你正在考虑一些新的细分吗？它们的吸引力如何？你会处于怎样的位置？

有没有一些细分，你应该考虑离开？

哪些细分比较重要，你可以通过提高竞争地位从而获得最大利益？你应该把精力集中在哪里？

何时使用

持续使用。

何时应该谨慎

对这个组合规划工具的主要批评在于它的主观性。一些人认为，整个过程有太多主观判断，根据其分析结果得出战略是极其危险的。这是因为：

- 产生市场吸引力的因素是主观选择的，它们的权重也是如此。
- 用于确定竞争地位的关键成功因素部分来自客观的客户采购标准，但它们与其他关键成功因素，如市场份额或管理的权重也涉及主观判断。
- 根据关键成功因素对你企业的能力进行评级，以获得竞争地位，这一点带有主观性，并可能带有虚假的自豪感。管理者可能不愿意承认，在某些关键成功因素方面，它们比主要竞争对手更弱。

与最后一条相反的观点是，那些在自己领地上表现谨慎的管理者，很快就会在战略研讨会上被拉回到现实。

对该工具依赖主观判断的批评是可以理解的，但有些批评似乎过头了。战略离不开判断，只不过有事实支持。构建吸引力/优势矩阵的过程，吸收了之前所做的工作（见第3~5章），对战略开发具有启发性、指导性，并且至关重要。它迫使你思考什么推动了你的业务取得成功，迄今为止你的业务在这些能力上表现如何，你将来需要对它们做些什么。它不仅仅是一个组合规划工具，也是确定战略差距的第一步。

但是，在使用该工具时需要记住两个注意事项。这两点不会否定该工具，但它们值得注意。它们是：

- 对相关市场的界定。你的企业在整个市场上处于不利地位，但在该市场的一个利基市场中却处于有利地位。莲花汽车（Lotus Cars）在整个英国汽车市场的份额可能微乎其微，但它在豪华市场占有显著份额，在豪华性能利基市场占有相当大的份额。基于整个英国汽车市场的吸引力/优势矩阵，做出关于莲花汽车的决策会产生误导。
- 业务间的协同效应。你的企业可能在一个业务上处境不佳，但它可能正在为另一个占据有利地位的业务做出巨大牺牲。当把该矩阵应用于业务战略时尤其如此，一些产品/市场细分之所以被保持，就是担心撤离可能会造成企业信誉的丧失，影响核心细分的业务。

这些局限性是存在的，需要被管理，这离不开判断。没有战略工具能排除对判断的需要，也不应指望它们这么做。

工具 32　增长/份额矩阵（波士顿咨询集团）

工具介绍

增长/份额矩阵是一个经久不衰的工具。它最早出现在 20 世纪 60 年代末，至今仍被广泛使用。

增长/份额矩阵的目标与吸引力/优势矩阵（见工具 31）基本相同，即用图表绘制所分析的实体的相对位置，不管是业务单位，还是本工具中讨论的一个业务单位中的产品/市场细分。

两个工具的不同之处在于参数的选择：

- 增长/份额矩阵没有对市场吸引力进行主观评估，而是选择一个可测量的参数，即市场需求增长。
- 增长/份额矩阵没有对竞争地位进行主观评估，而是选择一个可测量的参数，即相对市场份额。

从本质上讲，增长/份额矩阵为吸引力/优势矩阵提供了一个客观、可测量的指标。

如何使用

画一个 2×2 的矩阵，坐标轴如下：

- x 轴为相对市场份额，不是市场份额本身，而是你相对于领先的竞争对手的市场份额；市场份额本身并不是相对实力指标。在一个高度分散的市场，拥有 20% 的市场份额可能代表不错的实力，因为跟你实力最接近的竞争对手的市场份额可能是 10%，而大多数其他主要竞争对手的市场份额都是个位数。但如果在一个比较集中的市场，最大的竞争对手拥有 40% 的份额，那 20% 的份额就会呈现出不同的面貌。在第一个市场，你的相对市场份额是 2.0，但在第二个市场是 0.5，这意味着维持竞争优势的前景截然不同。

- y 轴为市场增长，即未来 3~5 年实际价值的年均增长率预测（如第 3 章所得的增长率）。

据此绘制你的产品/市场细分图（见图 6-2），并揭示以下内容：

- "明星"，位于右上角象限的细分，市场增长速度很快，相对市场份额很高。
- "现金牛"，位于右下角象限的细分，市场增长速度缓慢，相对市场份额很高。
- "问题"，位于左上角象限的细分，市场增长速度很快，相对市场份额较低。
- "瘦狗"，位于左下角象限的细分，市场增长速度缓慢，相对市场份额较低。

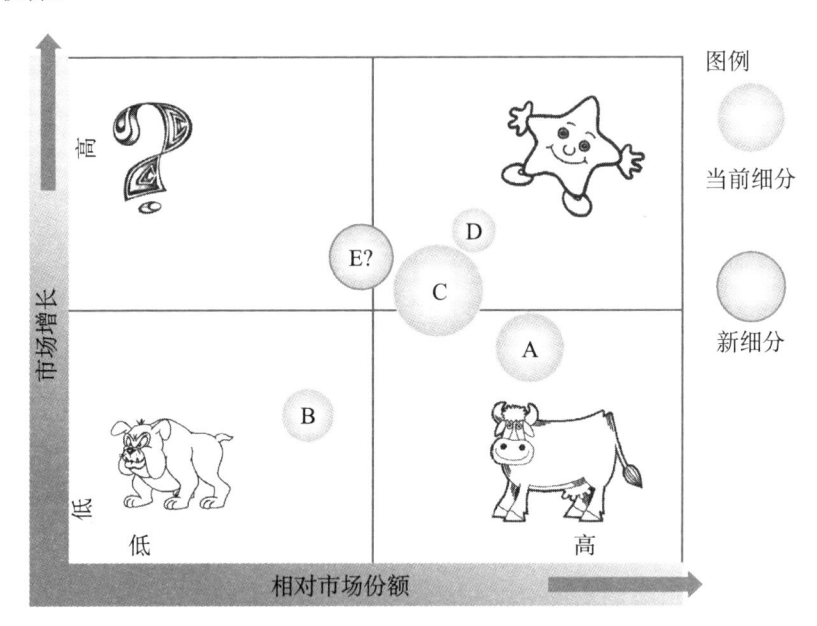

图 6-2 增长/份额矩阵

注：通常这个矩阵 x 轴所代表的相对市场份额从高到低呈现。此处它从低到高呈现，是为了与吸引力/优势矩阵保持一致。

资料来源：Adapted from the Boston Consulting Group (www.bcg.com).

在其他条件相同的情况下，你应该投资"明星"，收割"现金牛"，剥离"瘦狗"，对投资"问题"的风险和回报进行仔细分析。

图 6-2 再次讨论了工具 31 中使用的例子。细分圆圈的位置与图 6-1 中的位置完全相同。这只是一个简化的假设，仅用于比较，在实践中很少出现这样的情况。市场吸引力排名可能与市场增长排名不同。同样，相对市场份额排名与竞争地位排名也不同。具体见下文的"何时应该谨慎"。

同样，你可以考虑以下值得进一步分析的战略选项：

- 利用"现金牛"A 获取现金。
- 保持和可能投资处于"现金牛"和"明星"之间的 C。
- 投资最佳的"明星"D。
- 可以进入处于"问题"和"明星"之间的 E。
- 收割或退出"瘦狗"B。

在你的业务中，细分的组合表现如何？幸运的话，你从中收获大部分收入的主要细分都应该分布在右侧区域，即"现金牛"和"明星"。

何时使用

持续使用，但需要结合吸引力/优势矩阵。如果两个矩阵的结果显示出相互矛盾的发现，那就需要进一步挖掘并找出原因。

何时应该谨慎

增长/份额矩阵与吸引力/优势矩阵有一些相同的注意事项，如工具 31 中所讨论的：

- 对相关市场的界定。
- 业务间的协同效应。

要意识到这些局限性，但不要让它们妨碍你使用该工具。

对这个工具更重要的批评源于它赖以成名的原因。与吸引力/优势矩阵不同的是，它的坐标轴显示的是单一的、客观的、可测量的参数。

增长/份额矩阵的支持者认为，这些参数真实地反映了吸引力/优势矩阵的参数：

- 许多研究表明，相对市场份额与利润相关，因此与竞争地位相关，这也许是由于成本方面的规模经济，也许是由于收入方面的溢价定价。

● 市场增长表明了市场吸引力，因为在一个所有参与者都在增长的市场中获得份额的机会，比在一个停滞不前的市场中要大，而且参与者都在努力保持份额。

然而，反对者认为增长/份额矩阵中的参数过于简化了：

● 相对市场份额可以是竞争优势的一个指标，但也可能不是；同样重要的是市场份额的变化。历史上有很多这样的例子，以前市场份额很大的公司后来大跌；相反，份额很小的公司则冲击了市场。想想 IBM 的例子，即在个人电脑市场上，IBM 的衰落和戴尔的崛起。与更为灵活的竞争对手相比，IBM 早期的相对市场份额被证明没有什么优势；在 20 世纪 70 年代，倘若使用增长/份额矩阵可能会误导 IBM，而使用吸引力/优势矩阵应该能够准确指出其在成本基础、产品开发和分销方面的不足。

● 市场增长同样是市场吸引力的粗略指标。它可能表明了相关行业的盈利能力，也可能没有。与吸引力/优势矩阵不同，它忽略了供给方。市场可能增长很快，但如果供应商过多，竞争会很激烈，市场将不会有吸引力。

但是，这些局限性也不应该阻止你使用该工具。认识到它的缺点，并将其与吸引力/优势矩阵一起使用，很可能产生一些有用的见解。

工具 33　为理想玩家画像

工具介绍

萨默塞特·毛姆（Somerset Maugham）说："完美有一个严重的缺陷，即它往往是乏味的。"

在你的行业中，完美是什么样子？这可能不是你的企业，你可能也不会选择这样做。但是，想想 3～5 年后理想玩家是什么样子，这是很有启发的。

你已经运用了工具 31，并通过工具 32 进行了强化，决定了未来五年你将在哪些产品/市场细分进行竞争。在这里，以及在下一个工具中，你的目标是选择在多大程度上参与这些细分的竞争。

首先你要为理想玩家画像。

如何使用

这一过程包含三个阶段（见图 6-3）：

- 展望未来情景；
- 评估每种情景中的关键成功因素；
- 确定共同的能力。

该工具展望了未来市场和其中的玩家。它建议你建立关于未来的情景，并考虑在每种情景下理想玩家的能力是什么（关于情景规划的更多细节见附录 H）。然后，你可以推断出在所有情景或者大多数情景下，哪些能力对所有玩家来说是共同的，这些可能成为你在工具 34 中瞄准的最低目标能力。

1. 展望未来情景

在这里，你需要展望你的市场的未来。竞争会更激烈吗？客户会有不同的期望吗？玩家需要发展不同的能力吗？

头脑风暴有助于回答这些问题，做比之前（见第 3～5 章）更有创造性

图 6-3　为理想玩家画像

的和横向的思考，见附录 G。你需要经历和超越你之前所做的，然后才能让右脑正常工作。

就你的市场上可能发生的事情，尝试开发一系列情景。要勇于超越你已经预想的最可能发生的结果。想想那些不太被期待，但仍然很有可能发生的事情。远离那些发生机会很小的结果，寻找那些可能发生的情景。

运用合理性检验：我是否有理由假设这样或那样的结果可能在未来 5 年内发生？当然，与其他结果相比，这种情况发生的可能性更小，但如果回首过去 5 年，我会惊讶于它真的发生了吗？

确定 2~4 种情景。给每种情景起个名字，让情景栩栩如生。

2. 评估每种情景中的关键成功因素

在工具 22 中，你评估了为满足客户需求所必需的关键成功因素。现在，你应该考虑在你展望的每种情景中，需要哪些关键成功因素来满足可能发生变化的未来客户需求。

有些关键成功因素可能在某种情景中更重要，因此权重更高。其他的关键成功因素则不太重要。

有些关键成功因素可能在某种情景中更重要，但在另一种情景中可能不那么重要。

有些关键成功因素可能是全新的。

为每种情景拟定老的、新的和重新加权的关键成功因素。在这种情景下，理想玩家将是对每个关键成功因素都有最高评分的公司。

你应该对头脑风暴得出的 2～4 种情景中的每一种都这样做一遍。

3. 确定共同的能力

展望理想玩家的最后一步是调查哪些能力是每种情景所共同适用的。

有些只与一种情景相关，有些则与多种情景相关。某一两个能力可能适用于所有情景。

在这里，你不能忘记你最初的、最有可能的情景，即在工具 22 中形成的关键成功因素。那些被确定的和被加权的，依然是最重要的，因为它们是最有可能被需要的。那些你现在正在添加或重新考虑的，可能只是锦上添花。

缺乏共性并不一定意味着孤立的关键成功因素不重要。但这确实意味着，在下一个工具中，你可以选择不考虑某个特定的关键成功因素。你将没有时间或资源来为每一个意外事件做好准备。你必须做出选择。你需要制定一个战略并付诸实施。

如果一个或两个关键成功因素对于大多数甚至所有情景都很重要，那么它们可能会成为你瞄准的目标能力。

你正在描绘未来几年市场上的理想玩家。在下一个工具中，你将判断你应该在多大程度上力争具备理想玩家的能力。

何时使用

持续使用，但头脑风暴是可选项。

何时需要谨慎

切记要脚踏实地。头脑风暴研讨会需要明确的方向，否则容易误入幻想的领域。这些情景必须是合理的。考虑一个发生概率极小的情景所需的关键成功因素，是没有意义的，虽然思考在黑天鹅事件中如何生存是明智的（见工具 87）。

工具 34　确定能力差距

工具介绍

《小王子》的作者安东尼·德·圣-埃克苏佩里（Antoine de Saint-Exupéry）说："完美最终会实现，不是因为没有什么东西可以增加，而是因为没有东西可以删除。"

你的目标与完美有多近？

在前面的工具中，你展望了3~5年后市场上的理想玩家，你确定了未来成功竞争所需的能力。

使用该工具可以确定你的企业现在的能力与你所期望的能力之间的差距。它要求你重新考虑目标。你肯定你设定了足够具有挑战性的目标吗？

你是否应该拓展你的视野，制定更雄心勃勃的计划？你的目标是成为你所服务领域的理想玩家吗？你应该向目标前进吗？

然后，根据你开发的情景和重新设定的目标，重新审视第5章中对竞争地位的评估。就此你可以确定你目前的能力与你期望的能力之间的差距。

稍后，你将选择弥补这一差距的战略（见第7章）。

如何使用

瞄准能力差距有三个步骤：

- 拓宽视野。
- 对准理想玩家。
- 确定能力差距。

1. 拓宽视野

你希望五年后你的业务在哪里？在第2章中，你为企业构建了什么样的愿景？你有没有想过，在这种愿景下，你应该比现在做得更多还是更少；服务更多客户，还是服务更少客户，但是服务得更好。

如果你的企业有更大的雄心壮志，你可能需要提高这些目标。提高你企业抱负的门槛会怎样？提高资本回报率呢？

在你选择的产品/市场细分中，你希望与理想玩家有多接近？

2. 对准理想玩家

在工具27中，你确定了你企业的强项和弱项，并根据各主要业务细分竞争所需的关键成功因素对其进行了评分。你会发现你的企业总体评分与理想玩家之间存在差距，理想玩家在每个关键成功因素上实际获得的评分在4~5之间（满分为5分）。

在上一章中，你展望了可能需要新的关键成功因素或现有关键成功因素变得突出的情景。如果你不作为，这些可能会进一步扩大企业在关键成功因素上的差距。

你想在明天的市场上处于什么位置，成为理想玩家或者成为一个强大的玩家吗？

或者你想在明天的市场上领先吗？

你想成为明天的理想玩家吗？你想向目标前进吗？我最近为一个客户设计了路线图，见图6-4。

如果是这样的话，请记住，你在准备射门的时候，门柱可能已经移动了。随着时间的推移，五年后的理想玩家可能要拥有与今天不同的能力组合。也许只有细微的差别，也许完全不同。

图6-4强调了三个要点：

（1）成为今天的理想玩家很好，但今天只持续一天。

（2）如果你的企业不能开发出满足明天客户需求所需的额外能力，到了明天你只是昨天的理想玩家。

（3）除非客户需要，否则今天开发出额外的能力没有什么意义，这样做只能使你在今天成为明天的理想玩家。

一旦你提高了目标，也许将其推至最高点，你就需要明确描述能力差距，并在下一个部分中计划如何弥补它。

	在明天成为昨天的理想玩家	明天的理想玩家
明天		
今天	今天的理想玩家	在今天成为明天的理想玩家
	今天	明天

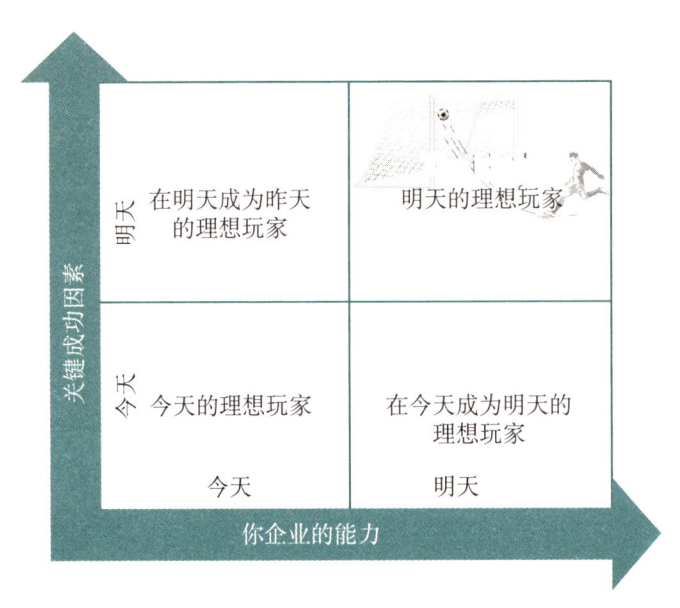

纵轴：关键成功因素　横轴：你企业的能力

图 6-4　向目标前进

3. 确定能力差距

在工具 27 中，你列出了工具 22 中对每个主要业务细分上的关键成功因素的评分。这些关键成功因素又部分基于你在工具 21 中对客户需求的确定和排名。

这一评估并不是单纯的静态评估。你最好采取动态的观点，不仅关注今天的客户需求和关键成功因素，还应关注它们在未来几年可能发生的变化；不仅考虑企业在未来几年如何在一个或多个关键成功因素上提高地位，还应考虑竞争对手将来如何提高它们的地位。

你需要重温那些图表，检查客户需求、关键成功因素、竞争地位以及竞争对手的地位是否因以下方面的变化而发生变化：

- 外部市场，考虑你在工具 33 中进行的情景开发。
- 你的目标，考虑你在该工具中重新设定的目标。

现在你可以确定能力差距了。你已经重新审视了自己在每个主要业务细分的竞争地位，并确定了在每个关键成功因素上与理想玩家的差距。

现在瞄准这个差距。通常情况下，这意味着你需要设置一个主动动词，比如"改进"。在某个细分上你的分销存在差距，瞄准这个差距意味着改进分销。

有时，瞄准差距需要进一步思考。如果能力差距太大，你应该考虑退出该细分。

让我们回到在工具31中使用的例子，该业务有四个细分，并考虑进入另外一个细分。在工具33中，在对理想玩家画像后，你提高了目标，结果是你可能瞄准了如下的能力差距：

- 提高细分A的利润。
- 认识到一个不可弥补的差距，撤离细分B。
- 改进细分C的分销。
- 提高细分D的产品上市速度。
- 进入细分E。
- 降低所有细分的生产成本。
- 改进跨越业务的企业资源管理（enterprise resource management，ERM）系统。

图6-5展示了瞄准能力差距对结果的影响。除了细分B需要退出以外，每个细分的竞争地位都需要提高，特别是细分E。你这个业务的整体战略地位将大大提高。

注意，在这个阶段，瞄准能力差距并没有指出弥补差距的手段，这将留给关于战略选项的讨论（见第7章）。改进细分C的分销是瞄准能力差距。换一个新的分销商是战略选项。降低所有细分的生产成本是瞄准能力差距。外包或离岸外包是战略选项。

何时使用

持续使用，但是要注意该工具的局限性。

何时应该谨慎

这种形式的差距分析多年来一直受到批评，你应该理解这些批评，并

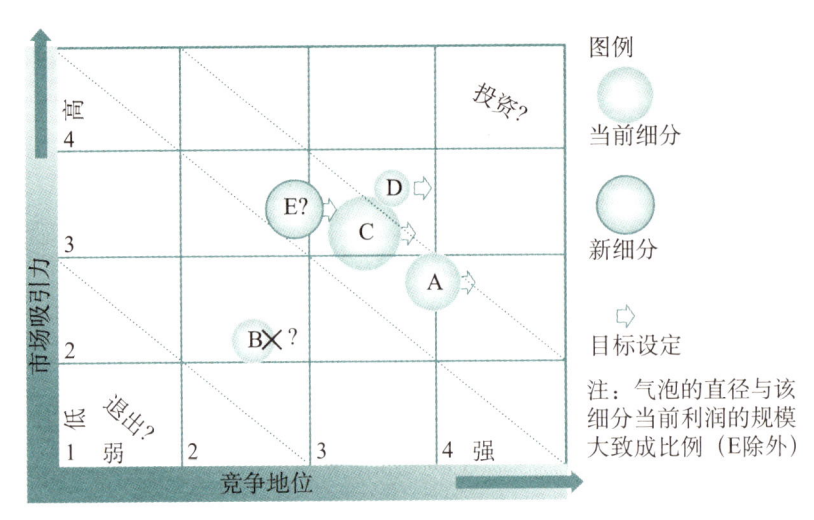

图 6-5　战略重新定位

确保在战略开发时对此保持关注。

该工具有两个缺点：

- 改进弱项可能不如立足强项更有助于价值提升。
- 能力开发不如资源开发那样容易。

第一点非常重要。在某个细分上，你的竞争地位可能是有利的，但是要想把你的竞争地位提升到理想玩家的水平，可能成本过高，或者不可行。这种投资的财务回报率可能低于投资于其他细分或其他业务范围项目的机会成本。

这并不是在否定该工具的有效性。它只是强调你必须从商业和财务的角度对弥补这一差距的战略选项进行彻底分析（见第 7 章）。

但是，这种批评确实强调，在企业实力较强的细分上采用较小的项目来弥补较小差距，可能比在企业实力较弱的细分上采用较大的项目来改变竞争地位，更加可行。

第二个批评与前面在工具 28（格兰特的资源和能力强项/重要性矩阵）中讨论的资源和能力之间的区别有关。格兰特通过观察发现，拥有较多资源的球队，比如曼城（Manchester City）、皇家马德里（Real Madrid）或巴黎圣日耳曼（Paris Saint-Germain），经常被那些资源不足但（在当天）表现出色的球队比如伯恩利队（Burnley）或水晶宫队（Crystal Palace）击败。

成功往往属于那些有能力最好地杠杆化利用资源的组织（见工具62）。这种能力并不容易开发。有机地构建这种能力可能需要一个漫长艰难的过程，最好的方式是通过收购或联盟来获得。但是，这两种方式都需要昂贵的代价。与部署资源不同，很难保证能力开发取得成功。

因此，在上面的例子中，通过加快产品上市速度来瞄准细分D的能力差距，听起来很容易，但实际上可能是一个漫长、昂贵、复杂，需要高管理强度的挑战。

同样，这种批评并没有否定该工具，而是强调在开发财务可行战略的过程中，差距分析只是一种中间工具。

工具 35　战略条件矩阵（亚瑟·D. 利特）

工具介绍

汤姆·斯托帕德（Tom Stoppard）感叹道："年龄是成熟的高昂代价。"你的业务持续了几年？成熟度如何？

战略条件矩阵是我母校的管理和技术顾问亚瑟·D. 利特（Arthur D. Little）在20世纪70年代末开发的，它从行业成熟度的角度考察竞争地位，至今依然是一个有洞察力的工具。

如何使用

与吸引力/优势矩阵一样，战略条件矩阵的 x 轴是竞争地位。然而，y 轴不是市场吸引力这个综合概念，而是吸引力的一个特定方面，即行业成熟度。

行业成熟度分为四个阶段（见图6-6）：

- 初创期——市场增长快，缺乏竞争，技术新，投资大，价格高。
- 增长期——市场增长加速，竞争对手少。
- 成熟期——市场增长缓慢，市场份额稳定，竞争对手众多。
- 衰退期——市场增长下降，市场份额波动，一些竞争对手合并或退出。

在确定了每个产品/市场细分的行业成熟度后，你可以在战略条件矩阵上绘制每个细分，从中得出以下结论：

- 如果你在初创期或增长期，且处境很好，那就投资。
- 如果你在初创期或增长期，但处境不佳，要么大力投资以获得对等的竞争地位，要么退出。
- 如果你在一个处于成熟期或衰退期的行业，且处境很好，那就选择性地进行再投资，以维持地位和收割。

- 如果你在一个处于成熟期或衰退期的行业中，但处境不佳，那就退出。要么剥离，要么关闭。

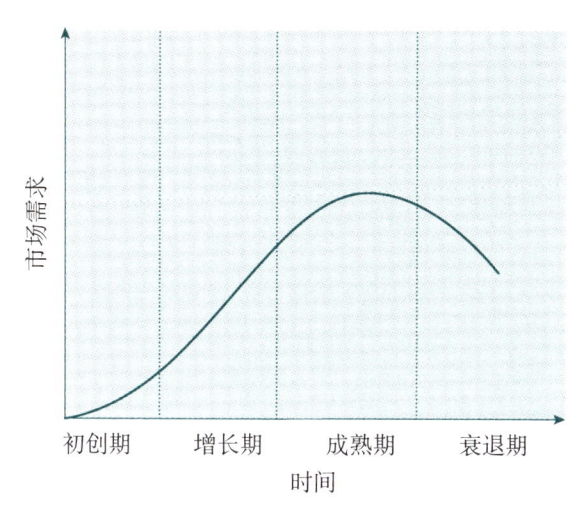

图 6-6　行业成熟度

资料来源：Adapted from Arthur D. Little（www.adl.com）.

图 6-7 继续使用这一章的例子。在这种情况下，你应该考虑：

- 在细分 A 上，收割。
- 在细分 C 上，要进一步差异化。
- 准备退出细分 B。
- 在细分 D 上，进行投资。
- 通过进一步的差异化，进入细分 E。

你应该努力在战略条件矩阵中保持平衡地位。处于某一阶段的细分不能太多。

就图 6-7 而言，这是一个合理的平衡，是一个收割、剥离和投资机会的结合。

何时使用

当你的细分处于产品生命周期的不同阶段时，使用这个工具。这将为吸引力/优势矩阵提供一个新的视角。

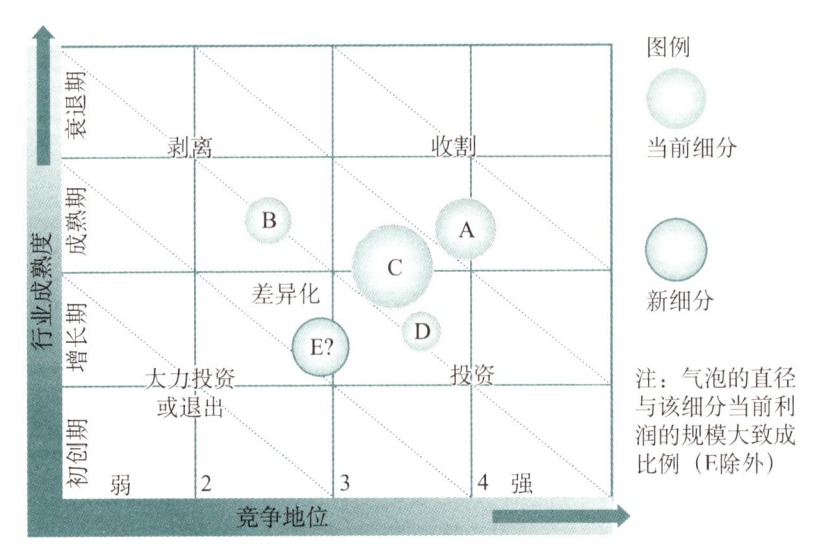

图 6-7 战略条件矩阵

资料来源：Adapted from Arthur D. Little（www.adl.com）.

何时应该谨慎

这个工具在公司战略中比在业务战略中应用更频繁。y轴上的行业成熟度被认为是一个与业务而非产品/市场更相关的概念。同样的论点也适用于吸引力/优势矩阵和增长/份额矩阵，这几个工具在业务战略上也提供了一些有用的见解。

你可能从事铝加工业务，该业务通常比较成熟，特别是在汽车和一般工程部门的供应方面。如果你的业务是一家大公司中的十几个相关业务中的一个，那么它将处于战略条件矩阵y轴的高处，即成熟期，但接近衰退期。这对公司战略来说，将是一个有用的洞见。

通常你的业务中会有一些处于成熟期的产品/市场细分，还有一些处于增长期。纺织机械行业的一些零部件生产可能正处于衰退期；国防子行业的一些零部件生产可能还处于初创期。同样，这是一个有用的区分。这个工具可以像应用于公司战略层面一样，应用于业务经营层面。

工具 36　7S 框架（麦肯锡）

工具介绍

甘地建议过："永远以思想、语言和行为的完全和谐为目标。"

麦肯锡的 7S 框架同样强调和谐的必要性，而且是在成功的组织中的七个不同元素之间实现和谐。

它主要是一个变革管理或战略实施工具，也可以用于绩效改进。在战略实施方面，它强调，事实上战略开发只是成功所需的七个元素之一。其他六个元素分别为结构、系统、技能、员工、风格和共享价值观。

正如在绩效改进中一样，在差距分析中，这也是一个有用的提醒，你可能需要超越你和理想玩家在业务能力上的明显差距。你的业务在组织结构上存在差距吗？理想玩家会有不同的员工平衡吗？你的共享价值观是否与取胜业务一致？

如何使用

7S 框架本质上是三个"硬"元素和四个"软"元素（见图 6-8）。

（1）硬元素：
- 战略——正如本书所开发的。
- 结构——组织结构的报告关系。
- 系统——信息技术及其他的系统和流程。

（2）软元素：
- 技能——人员及流程的有效竞争力。
- 员工——员工的教育、培训和经验背景。
- 风格——领导风格和协作文化。
- 共享价值观（或"从属目标"）——组织代表什么，以及它存在的理由。

图 6-8 7S 框架

资料来源：Adapted from the McKinsey 7S Framework by Robert H. Waterman, Jr. and Tom Peters.

该框架将共享价值观作为七个元素的支点。战略、员工、风格等都受到组织共享价值观的影响并最终由其决定。

针对各元素要考虑一些关键问题，例如：

- 战略——你的战略与理想玩家的有什么不同？
- 结构——你的组织结构是否支持你的战略实施，就像理想玩家的组织结构那样？
- 系统——你的系统是否与你的战略一致？或者理想玩家的系统是否会提高你战略的实施机会？
- 技能——你是否拥有恰当的技能来实施你的战略？这些技能与理想玩家的技能有什么不同？
- 员工——你是否有恰当的员工来实施你的战略？理想玩家的员工有什么样素质？
- 风格——你的领导风格是否与战略实施相容，就像理想玩家那样？
- 共享价值观——你企业的价值观是否与战略实施一致，就像理想玩家那样？

- 所有——这些问题的答案在多大程度上相互依赖？它们如何相互关联？

何时使用

当你需要确认和瞄准战略差距时，要确保你考虑了所有这些元素，包括硬元素和软元素。

何时应该谨慎

这个框架对于提出正确的问题是有用的，但对于回答问题作用很有限。事实上，战略比组织文化、价值观和人员更容易改变。

工具37 机会/脆弱性矩阵（贝恩公司/艾意凯咨询公司）

工具介绍

你的某项业务的绩效是否超出了正常水平？它是否很脆弱？其绩效是否低于正常水平？你能对其进行改进吗？

机会/脆弱性矩阵是增长/份额矩阵的一个有用的衍生工具，在20世纪80年代后期由贝恩公司（Bain & Co）开发出来，又被艾意凯咨询公司（L.E.K.）进一步发展。

增长/份额矩阵的基本前提是一个业务（或一个产品/市场细分）的相对市场份额越大，其盈利能力就越强。确实，相对市场份额被视为盈利能力的一个可衡量的代理指标。

贝恩公司的研究表明，相对市场份额确实是一个可靠的指标，80%的观测值落在图6-9所示的狭窄的正常范围内，该范围称为"香蕉"区域。

那些不属于"香蕉"区域的20%的业务的业绩又如何呢？如果一个业务的相对市场份额很大，但盈利能力很低，那该怎么办？或者，与其相反，又该如何？

前者是有潜力的，后者是脆弱的。

前一个业务迫切需要一个制胜战略。它的绩效应该在"香蕉"区域内。它的管理者应该读读本书。几乎可以肯定的是，它的战略应该是：

- 提高价格，以反映其较大的相对市场份额（RMS）所代表的地位和客户价值；
- 在相同的定价范围内降低成本以提高盈利能力；
- 或两者兼顾。

如果你是一家私募股权公司，你会想买下这个业务。它可能很便宜。

后一个业务需要引起关注。它的利润很丰厚，但出人意料的是，它似乎没有足够大的相对市场份额来证明这样的回报是合理的。

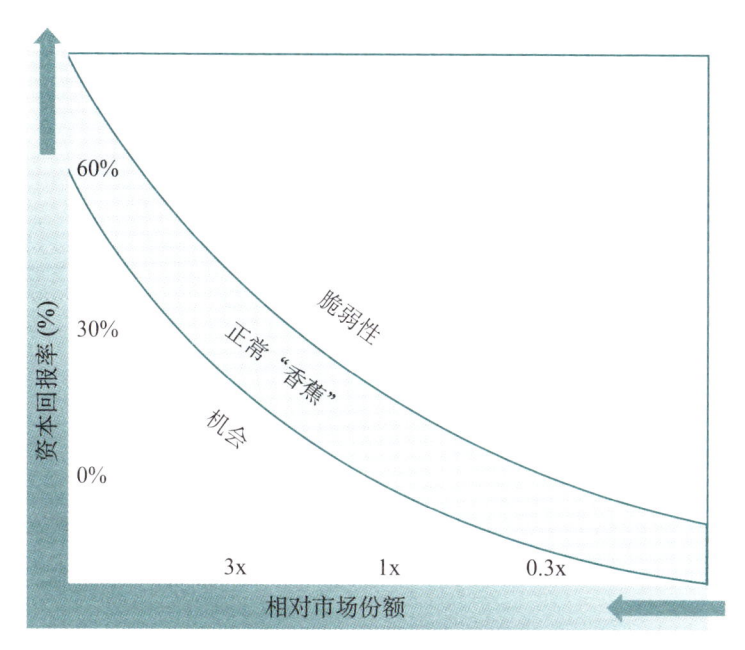

图 6-9 机会/脆弱性矩阵

资料来源：Adapted from Richard Koch, *Financial Times Guide to Strategy*, FT Publishing, 2011.

这种回报背后的原因是什么？业务是否有明显的差异化优势，从而提高了盈利能力？如果是这样，这是可以持续的吗？

行业定价是否被设定在一个高且不可持续的水平，是否存在行业领导者人为地保持高定价，或者市场的结构性扭曲，例如政府规制？如果是这样的话，当行业竞争恢复正常时会发生什么？这项业务的盈利能力是否将恢复到"香蕉"区域应有的水平？

它可能很脆弱。一家私募股权公司可能会忍不住马上出售这项业务。

如何使用

在数据允许的情况下，将你的业务绘制在图表上，如图 6-9 所示。对你的竞争对手也要这样做。

你的业务是否有位于"香蕉"区域以下的？这是个好消息，你有机会提升盈利能力。

是否有位于"香蕉"区域以上的？它们可能是脆弱的。要思考：

- 投资于你的差异化优势，使其更加强健。
- 与另一个玩家合并，以提高相对市场份额，从而进入处于"香蕉"区域的新的正常盈利能力范围，并在行业结构恢复常态时减少盈利能力的潜在下降。
- 退出。

何时使用

当你想评估你的业务或细分是否取得了与其行业地位一致的结果时，可以使用该工具。

该工具还有另一个用途。如果你通过分析发现你有一个相对市场份额较小的业务，其表现正像预期的那样处于"香蕉"区域，思考是否可以通过收购一个或多个玩家来拓展其盈利能力的空间，从而将盈利能力提高到"香蕉"区域中的更高水平？

这与标准的增长/份额矩阵背道而驰。它认为相对市场份额较小的业务充其量是一个"问题"，最糟糕的情况是一只"瘦狗"。但是，如果你把它和其他公司合并，让它爬上"香蕉树"，那这个业务会不会变得不那么像"瘦狗"了？

何时应该谨慎

该工具涉及数据。要获得每项业务的资本回报率数据可能非常困难，但对于产品/市场细分，你可能不得不做出一些大胆假设。竞争方面的数据则更难确定。

尽管如此，这种努力还是值得的。做一些假设，看看它们会把你引导到哪里。然后做一些敏感性测试。谨慎看待结果，记住数据来自哪里，尽管它们可能会被证明是有启发性的。

工具 38　价值主张设计（奥斯特瓦德和皮尼厄）

工具介绍

本杰明·富兰克林沉思道："烦恼源于懒惰，痛苦的劳作源于不必要的安逸。"

尽管如此，你的挑战是减轻客户的负担。你的产品或服务能做到这一点吗？如何重塑它们，以使其更有效？

亚历克斯·奥斯特瓦德（Alex Ostervalder）和伊夫·皮尼厄（Yves Pigneur）在 2010 年推出的《商业模式新生代：为梦想家、游戏改变者和挑战者准备的手册》（*Business Model Generation: A Handbook for Visionaries, Gamechangers and Challengers*）一书销量超过 100 万册。这本书在设计和简洁性上做出了惊人的创新，虽然在内容上新颖性有限。这本书建立在以下已出版的关于商业模式的作品之上，包括琼·马格雷塔（Joan Magretta）的《为什么商业模式很重要》（*Why Business Models Matter*）、马克·约翰逊（Mark Johnson）等人的《重塑你的商业模式》（*Reinventing Your Business Model*）。

奥斯特瓦德和皮尼厄提出了"商业模式画布"，列出了商业模式的主要组成部分，即一个拼图的九个模块，它们交织成一幅图像（见图 6-10）：

（1）客户细分——你正在为其创造价值的人或组织；

（2）价值主张——如何为每个客户细分创造价值；

（3）渠道——与客户互动以传递价值的途径；

（4）客户关系——如何与客户互动；

（5）收益流——你如何以及用什么定价机制来捕获价值；

（6）关键资源——创造价值所需的资源；

（7）关键活动——你的业务需要执行的活动；

（8）关键合作伙伴——它们将帮助你杠杆化利用你的商业模式；

（9）成本结构——反映你的商业模式的基础结构。

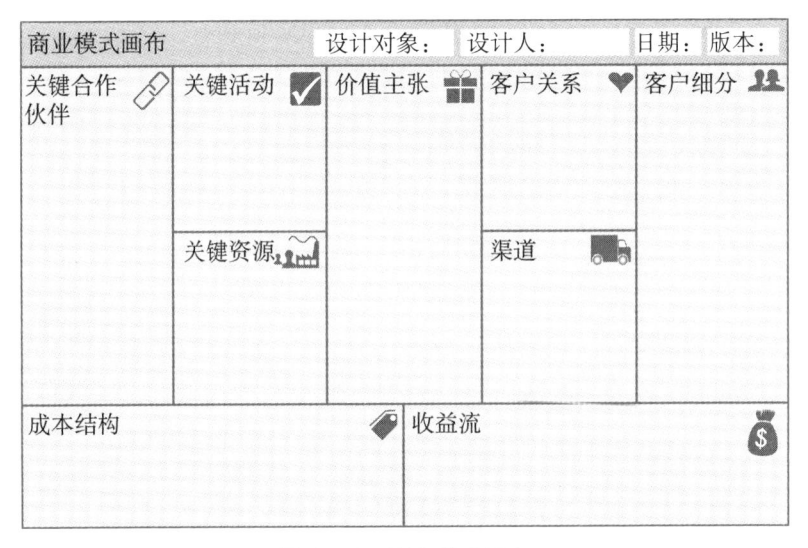

商业模式画布		设计对象：	设计人：	日期：	版本：
关键合作伙伴	关键活动	价值主张	客户关系		客户细分
	关键资源		渠道		
成本结构			收益流		

图6-10 商业模式画布

资料来源：Adapted from Alex Ostervalder and Yves Pigneur, *Business Model Generation: A Handbook for Visionaries, Gamechangers and Challengers*, Wiley, 2010.

他们的下一本书《价值主张设计》（*Value Proposition Design*）与格雷格·贝尔纳达（Greg Bernarda）和艾伦·史密斯（Alan Smith）合著，这本书重点介绍了拼图的核心部分，即价值主张，以及它与最终部分即客户细分的匹配。我们下面集中讨论这个问题。

如何使用

价值主张画布向用户展示了如何在价值主张设计和客户细分之间建立最佳匹配，见图6-11。

公司设计的产品（和/或服务）减轻了很多客户的负担。但大多数产品都没有达到预期的效果。

为解决这个问题并为客户创造价值，《价值主张设计》的作者从三个方面评估了客户需求，并创造了客户画像：

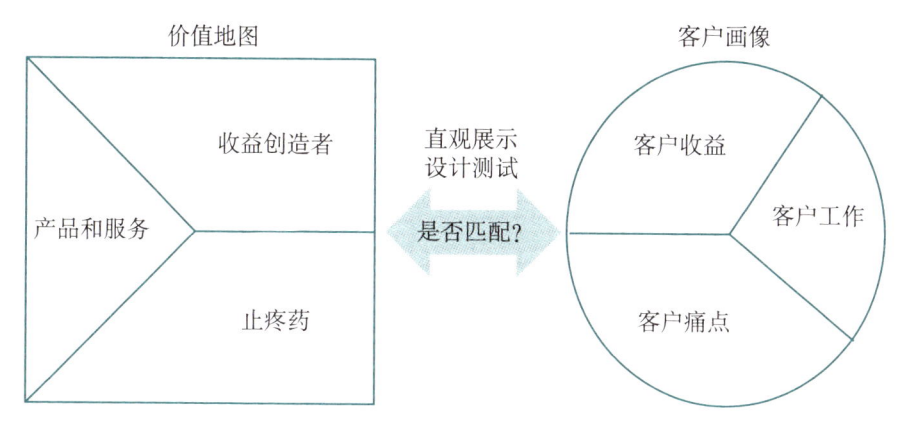

图 6-11 价值主张画布

资料来源：Adapted from Alex Ostervalder, Yves Pigneur, Greg Bernarda and Alan Smith, *Value Proposition Design*, Wiley, 2014.

- 客户工作——客户想要完成的工作，无论是功能性的、社交性的还是情感性的，比如获得内心的平静。
- 客户痛点——当客户试图完成一项工作时出现的消极产出，比如不满、挑战、障碍或风险。
- 客户收益——当客户完成一项工作时产生的积极产出，比如具体的结果、利益，甚至是愿望。

价值地图由你公司的产品组成。它们在多大程度上减轻或消除了客户的痛苦，减轻了他们的负担？它们在多大程度上增加甚至最大化了客户的收益，或客户期望从工作中得到的产出或利益？

价值主张画布使用户能够设计、测试产品，更重要的是可以迭代产品，以便与客户产生最佳共鸣。它强调了你的业务应该集中并投资于"止疼药"或"收益创造者"。

何时使用

在新产品开发过程中，或者在开拓一个全新的事业时，可使用价值主张画布。

何时应该谨慎

将其与商业模式画布结合在一起使用。如果价值主张设计是有缺陷的商业模式设计中的一部分，即渠道、关系、资源、活动或合作伙伴无法支持它，那么即使是有前景的价值主张设计也不能取得成功。

当然，价值主张设计必须考虑到公司的成本结构。

第 7 章

弥补差距：业务战略

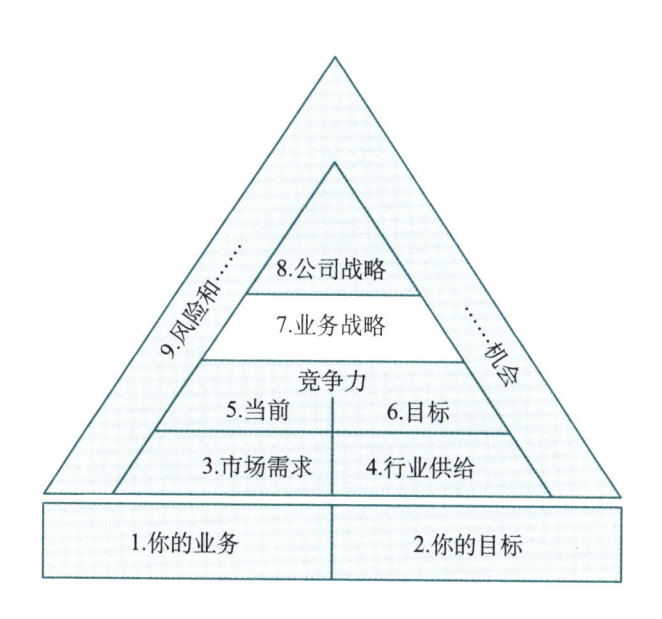

```
         8.公司战略
      7.业务战略
9.风险和……        ……机会
         竞争力
      5.当前   6.目标
    3.市场需求  4.行业供给
  1.你的业务    2.你的目标
```

必要工具

工具39　三种基本战略（波特）和致命偏见（戈达德）

工具40　经验曲线（波士顿咨询集团）

工具41　战略重新定位和塑造利润增长选项

工具42　做出战略投资决策

工具43　蓝海战略（金和莫博涅）

有用工具

工具44　后发制人（马克德斯）

工具45　打破商品陷阱（达韦尼）

工具 46　发现驱动型增长（麦克格兰斯）

工具 47　精益创业（布兰克和莱斯）

工具 48　爆发点（格拉德威尔）

工具 49　需求价格弹性（马歇尔）

工具 50　战略三角（大前研一）

工具 51　4P 营销组合（麦卡锡）和紫牛（高汀）

工具 52　产品质量和客户满意度（狩野纪昭）

工具 53　需求层次（马斯洛）

工具 54　金字塔底层（普拉哈拉德和李侃如）

工具 55　反向创新（戈文达拉扬）

工具 56　业务流程重组（哈默和钱皮）

工具 57　外包

概　述

英国前首相大卫·劳合·乔治（David Lloyd George）告诫道："不要害怕迈出一大步，你不可能用两小步跨越鸿沟。"

在确定并瞄准了业务中的能力差距（见第 6 章）之后，是时候迈出一大步了。如果你的公司经营多种业务，那么对每一项业务都需要这么做。

现在你需要弥补战略差距。这涉及以下三个截然不同但又相互关联的方面：

- 弥补各业务的能力差距——利用业务战略工具。
- 优化你的业务组合——利用公司战略中的组合规划工具。
- 杠杆化利用你的资源——利用公司战略中的资源基础工具。

这些工具一起使你能够缩小你今天的战略地位和三五年后你试图达到的战略地位之间的差距。

本章将讨论业务战略工具，即上面三个方面中的第一个。下一章将讨论公司战略工具。

业务战略中有五个必要工具：波特的三种基本战略和戈达德的致命偏见、波士顿咨询集团的经验曲线、战略重新定位和塑造利润增长选项、做出战略投资决策、金和莫博涅的蓝海战略。还有一系列有用工具，既有古老的也有当代的，从后发制人（马克德斯）到需求价格弹性（马歇尔），从麦卡锡的4P营销组合到反向创新（戈文达拉扬），从精益创业（布兰克和莱斯）到马斯洛的需求层次。

工具39 三种基本战略（波特）和致命偏见（戈达德）

工具介绍

如同行业分析五力模型（见第4章）和价值链（见第5章）一样，自20世纪80年代初以来，波特的三种基本战略就一直伴随着我们，现在仍然是战略家登顶的大本营。

他的三种基本的业务战略是：

- 成本领先。
- 差异化。
- 集中。

这些战略中的任何一种都可以产生持续的竞争优势。在同一个业务中，若采用上述两种或三种战略，你很有可能最终不上不下，这也是一些企业长期业绩不佳的一个原因。

如何使用

你的业务的竞争优势的主要来源是什么？是成本？还是产品和（或）服务的独特性？

回想一下（见第5章），你是如何根据关键成功因素对关键产品/市场细分上的业务进行评分的？你的业务是否在成本的关键成功因素或差异化的关键成功因素上获得了较高的评分？

在每一个细分（见第4章）上，你确定了关键成功因素，并对其赋予了权重。相对于成本要素，你对差异化要素赋予了更高的权重吗？或者正好相反？

在一个对价格不敏感的细分上，成为成本领先者几乎毫无益处。同样地，在消费者对价格最为关注的细分中，成为一个高度差异化的生产商也并无助益。

在你的业务中，如果成本因素是最重要的，并且你在这方面得分很高或者至少有希望获得高分，那么你应该选择成本领先战略。

如果差异化因素更重要，并且你在这方面的得分很高或者至少是有希望获得高分，那么你应该采取差异化战略。

任何一种战略都能产生可持续的竞争优势。你可以提供比竞争对手成本更低的产品，也可以提供比竞争对手更有差异化的产品，如果客户愿意为差异化支付溢价，使得你获得的价格增量超过了提供差异化产品所增加的成本。

易捷航空（EasyJet）或瑞安航空（Ryanair）都是成功的成本领先战略的现成例子，它们不断地提高载客率，以更早进入的公司难以置信的低价提供座位，但仍能产生利润。或者想想宜家时尚但价格极具竞争力的家具。

差异化战略的一个经典案例就是苹果。无论是个人电脑、笔记本电脑还是智能手机，它从来都不是最便宜的，但总是风格独特、功能强大。或者，想想普雷特·A. 曼格（Pret A Manger）的新鲜、高质量的快餐。

这两种战略在波特提出他的基本战略之前就得到了广泛的认可。他提出了第三种战略，即集中战略（见图 7-1）。企业通常可以通过成本领先战略或差异化战略在其行业中获得成功，但还存在另一种备选方案，它不涉及整个行业，而是缩小市场范围，专注于其中的一部分，即单个细分。

在这种情况下，一个企业可以通过集中战略和差异化战略取得市场领导地位，并且随着时间的推移，与细分上不聚焦的参与者相比，实现了由规模和经验驱动的低单位成本（见工具 40）。

集中战略取得成功的经典例子是本田摩托车，对产品可靠性的关注使其在几十年间形成了全球规模，并使其差异化、高质量的产品保持了成本竞争力。

何时使用

持续使用。

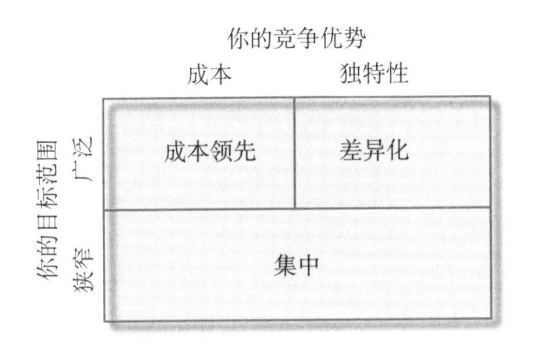

```
                你的竞争优势
          成本              独特性
   ┌─────────────┬─────────────┐
 广│             │             │
你 泛│   成本领先   │   差异化    │
的 │             │             │
目 ├─────────────┴─────────────┤
标 │                           │
范 │                           │
围 狭│          集中             │
  窄│                           │
   └───────────────────────────┘
```

图 7-1　三种基本战略

资料来源：Adapted from Michael E. Porter，*Competitive Strategy*，Free Press，1980.

何时应该谨慎

任何基本战略都容易受到客户需求和客户偏好变化的影响。任何战略都不能一成不变。

如果你采用成本领先战略，要当心客户需求转变为更强调质量或服务，并愿意为此支付更高的价格。电影业就是一个例子。曾经，许多连锁店奉行这样一种战略，把顾客带入环境很差的电影院，将成本降到最低。客户成群结队地离开，转而选择坐在舒适的客厅里观看方便的录像带。如今，许多电影院都提供躺椅和服务员服务，这与提供环境很差的电影院的概念截然相反，许多顾客都乐于为此付费。

同样，如果你采用差异化战略，要当心客户偏好的改变。客户可能准备转向市场新进入者提供的产品，虽然其品质明显低于你提供的产品，但足以满足客户需要，而价格折扣却很大。典型的例子是低成本航空公司，它们起源于美国，并迅速蔓延到欧洲和亚洲，迫使提供全方位服务的大型航空公司彻底反思其商业模式。

精明的企业会发现新的趋势，并开办一个新的业务，通常是在一个新的品牌下，这样就不会模糊品牌在客户心中的形象。它们会在一项业务中采用一种基本战略，而在另一项业务中采用不同的战略。

然而，鉴于新业务将在一种完全不同的文化中运营，因此无法保证这项新业务一定能成功。例如，英国航空公司（British Airways）为应对蓬勃发展的低成本市场而推出的昙花一现的 Go 航空公司，最终被易捷航空吞并。同样，福特汽车公司试图通过收购进入更具差异化的业务领域，但事实证明这并没有起到提升价值的作用，捷豹和路虎很快就被转售出去了。

但是，在一个业务中使用混合战略是特别不明智的，即使你是在不同的细分中这样做。根据定义，战略业务单位在相互关联的产品/市场细分中运营，无论是通过提供相同或相似的产品或服务，还是针对相同或相似的客户群。一个细分中的战略与另一个细分中的另一个战略相结合，不仅会让客户感到困惑，还会让你不上不下。

最后，朱尔斯·戈达德（Jules Goddard）在 2013 年的一篇获奖文章中，挑战了企业对削减成本和试图追求成本领先战略的"致命偏见"。

他以迈克尔·雷诺（Michael Raynor）和蒙塔兹·艾哈迈德（Mumtaz Ahmed）的研究为基础，在对 2.5 万家公司进行的大规模研究中，发现只有少数公司通过遵循成本领先战略，实现了持续的超额财务业绩。

戈达德认为，公司更应该奉行一种战略创新政策，不断探索新的领域，就像制药公司进行临床试验。他建议，业务计划工作应该专注于想法，而不是数字。

他还调侃说，管理者的任务应该与他们通常面临的挑战完全相反。与其要求他们降低 10% 的成本，还不如对他们提出一些挑战，比如："如果我们被要求对产品和服务加价 20%，我们该怎么做？"

戈达德与托尼·埃克尔斯（Tony Eccles）在 2012 年合著了《常识的正面与反面》（*Uncommon Sense, Common Nonsense*）一书，认为传统的管理原则扼杀了创新，企业领导者应该赋予员工权力，鼓励冒险精神。与这本书一样，戈达德的文章振奋人心，充满煽动性，并且博大精深，这在当代管理思想中也随处可见。

工具 40　经验曲线（波士顿咨询集团）

工具介绍

爱因斯坦曾说过："知识的唯一来源是经验。"成本竞争力也是如此。

前面的工具显示出集中战略结合了差异化战略和成本领先战略的元素，这主要是由于经验曲线的效应。

在波士顿咨询集团（BCG）介入之前，"学习曲线"效应早已在业界得到认可。管理者明白，完成的制造任务越多，完成下一个类似任务所需的劳动时间就越少。20世纪20年代在美国空军基地进行的初步量化研究表明，第一次世界大战中飞机的累计产量每增加一倍，单位产品的总劳动时间就会减少10%~15%。

40年后，波士顿咨询集团针对广泛的行业，从啤酒、卫生纸到机械和工业零部件，进行了一系列研究，发现类似的关系普遍存在。它的"经验法则"指出，"累计产出每增加一倍，标准产品的单位增值成本就会下降一个恒定的百分比（通常为20%~30%）"，见图7-2。

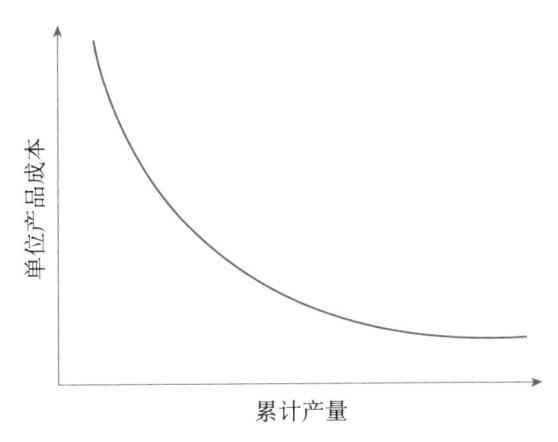

图 7-2　经验曲线

资料来源：Adapted from the Boston Consulting Group（www.bcg.com）.

波士顿咨询集团把经验法则归于一系列原因，特别是：

- 劳动效率——工人们掌握了行业诀窍，什么有效，什么无效，有什么捷径可走，对于管理者来说，也是如此。
- 流程效率——流程变得更加优化和标准化。
- 技术效率——流程自动化取代了劳动力投入。

波士顿咨询集团的研究广泛而全面，但并不新鲜。它对这项研究的解释及其对战略的影响开创了新局面。如果拥有最大累积经验的参与者具有最低的单位生产成本，那么战略目标应该是实现销售和生产的最大化，从而实现市场份额的最大化，而不是利润的最大化。

这是增长/份额矩阵的理论基础（见工具32）。由于经验曲线，相对市场份额应该是相对成本地位的可靠信号。实际上，波士顿咨询集团创建了一个图，其中列出了一个典型的关系（见图7-3）。

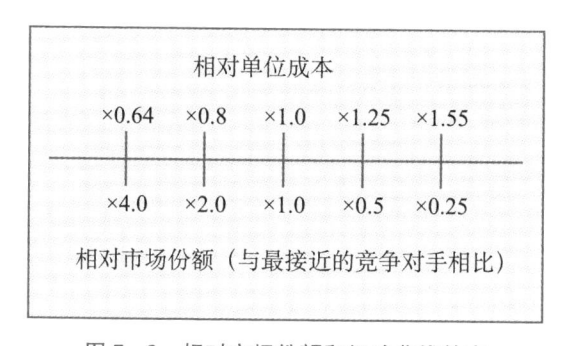

```
       相对单位成本
  ×0.64  ×0.8  ×1.0  ×1.25  ×1.55
    |     |     |     |     |
    |     |     |     |     |
   ×4.0  ×2.0  ×1.0  ×0.5  ×0.25
  相对市场份额（与最接近的竞争对手相比）
```

图7-3 相对市场份额和经验曲线效应

资料来源：Adapted from Bruce Henderson, *The Experience Curve Reviewed*, Boston Consulting Group, 1973 (reprint No. 135).

如何使用

根据你在上一个工具中的分析，考虑一个战略选项，即在你已经拥有较大市场份额的细分中进行大量投资以获得更大的市场份额，最好是成为市场领导者。

通过获得更大的市场份额，经验曲线的效应能在多大程度上进一步降低单位成本？如果这被转化为降低价格而不是增加利润，那会对你的竞争对手产生什么影响？

它们会报复吗？它们有能力报复吗？你的战略能否迫使一些实力较弱的竞争对手退出这一细分？

何时使用

总是把它视为一个战略选项。

何时应该谨慎

布鲁斯·亨德森（Bruce Henderson）意识到其主要的战略局限性，即共享行业经验。关于图7-3，他写道："典型的情况是，一个正常的经验曲线的斜率代表最大竞争对手的成本比率。当成本差异小于这一点时，通常是由于共享经验……（或者）是由于投资不足或者管理不善。"

竞争对手之间分享经验的方式有很多种，如论文、研讨会、会议、供应商简报，但最重要的可能是源于咨询的交叉和管理者/劳动力的流动。如果你知道竞争对手已经开发出了更好的生产流程，那么你最好聘请为你的竞争对手提供咨询建议的同一个咨询小组，或者招聘1~2名你的竞争对手以前的中层管理人员或员工。

此外，即使由于你的相对市场份额较大，从而你的单位成本较低，但成本因素依然只是一个方面。差异化要素可能更关键。如果一个竞争对手将技术上更优异的产品引入市场，那么虽然你的单位成本较低，但是技术上落后还是会使顾客转向新的产品。

工具 41　战略重新定位和塑造利润增长选项

工具介绍

除了基本战略，接下来是什么呢？

通过前面两个工具，你制定了基本战略。现在则需要开发一系列与该战略一致的利润改善选项，以弥补战略差距（在第 6 章中确定的）。

在工具 31 中，你将吸引力/优势矩阵应用于你的业务，并得出结论：应该投资于某些产品/市场细分，在其他细分上保持现状，或许应该退出一两个细分，或许正相反，需要进入一两个新的细分。

工具 34 确定了企业需要弥补的能力差距，以便在选定的细分上达到竞争力上的目标水平。

现在必须确定如何缩小在每个要投资的关键细分上的能力差距。你还要考虑需要保持的细分的利润增长选项，甚至是那些将要退出的细分。你要考虑整个业务，以及如何根据你的战略重塑业务，以实现持续的利润增长。

最后，要区分现在可以采取哪些行动来增加短期（未来 12 个月内）利润，以及哪些行动将改善战略地位，增加长期利润。

这个工具中拟定了一系列的利润增长选项，下一个工具将对它们进行评估，以确定针对哪些备选方案的投资将为公司的长期目标和具体目标带来最大的回报。

如何使用

开始吧，一次考虑一个产品/市场细分。考虑一下工具 31 中确定的需要投资的那些细分，然后再考虑需要保持、退出和进入的细分。最后，考虑适用于所有细分的利润增长选项。

1. 需要投资的细分

选取你的最大细分，也就是对公司开销贡献最大的细分。

在工具 34 中，你已经确定了这个细分的能力差距，有什么选项可以缩小它？

差距可能在于新产品上市的速度。缩小它需要精简流程，你需要求助于专家顾问。

差距可能在于产品的可靠性。缩小它需要在新设备上投资，无论是生产设备还是测试设备。

差距还可能在于客户服务。缩小它需要在工作人员和培训方面进行投资，甚至是进行文化上的转变，这只有通过可控的变革管理项目才能实现。

在这些例子中，缩小能力差距是一个长期的过程。通常的情况往往如此，但一些利润增长选项却可以很快就有结果。

实际上，你应该留意短期的利润增长选项。没有什么比在战略开发过程中获得一两次快速的胜利更能让老板高兴，这可以证明在时间和精力上的投资是合理的，还能鼓舞团队士气。

快速取胜可能来自市场营销的一个新角度，从最广泛的意义上来说，包括产品、渠道、价格、促销（见工具 51 中的 4P），这在战略开发过程中得到了体现。

例如，降低价格。但是，你可能认为这将减少利润，而不是增加利润。也许如此，但长期来看则不一定：

● 销量增加（取决于产品的需求价格弹性，见工具 49），收益保持不变或增长。

● 市场份额扩大，市场地位提高，并有可能进一步刺激销量增长。

● 规模经济可能会发挥作用，单位成本降低，营业利润得以恢复（甚至总利润也得以恢复，如果产量增长降低了外购材料、部件和零部件的单位成本）。

这些是一些短期和长期的利润增长选项，可以缩小你在将要投资的细分上的能力差距。

接下来，要考虑那些你选择保持的细分市场的利润增长选项——企业大概率不会投资，但也绝对不会撤出。

2. 需要保持的细分

在一个细分上保持并不意味着什么都不做，不采取战略行动。你需要积极管理你在细分上的地位，最好是加强它。

从长远来看，应该考虑以下三种利润增长选项：

（1）降低可变成本。如果你在成本上停滞不前，随着时间的推移，你会面临被竞争对手超越的风险。无论是在采购方面还是在运营效率方面，持续的成本削减方案都是明智的。

（2）重新竞争。以某种方式改变游戏规则，这样你就能有效地从旧的细分中创造出新的细分。说起来容易做起来难，但这是可以做到的。想想宠物在家（Pets at Home）这样的专业零售商，它不仅提供大量的宠物用品，而且它本身就是一个好去处，它对兔子、豚鼠和热带鱼的展示吸引了各年龄层的顾客，从而从传统宠物店、超市和DIY连锁店那里抢走了份额。或者想一想制造业，从iPhone中寻找一下灵感，它不仅仅是一部手机。

（3）联盟。在一个具有中等吸引力的细分上，你拥有一个有利的竞争位置。也许通过与竞争对手结盟，你们可以在该细分中共同拥有更强的地位，并为双方带来可观的利润增长前景（见工具59）。

在短期内，还有其他的选项可以考虑。成本削减既是一个短期选项，也是一个长期选项，但你也可以考虑调整细分市场上的定价，既可以提价，也可以降价。

● 抬高价格可能会改变客户的认知，给人一种高端的印象，不过还是应该仔细考虑需求价格弹性（见工具49）。采用这类战略的例子有很多，如英国有大量高端拉格啤酒品牌，而实际上在比利时、德国、法国、意大利、墨西哥、新加坡、中国等国家，拉格啤酒都是普通的大众市场品牌。这个单子很长，有很多企业都在玩这样的游戏。

● 压低价格，这同样取决于需求价格弹性，你可能会获得额外的销量和市场份额，但要小心竞争者的报复。

3. 需要退出的细分

在你选择要退出的细分上，利润增长选项是有限的。与业务战略不同，在公司战略中，通过结构化的销售流程，包括为待售的业务做准备（"打扮新娘"）和改善售前的财务状况，退出一个业务单位也可以创造价值。在业务战略中，则可能没有销售价值。

但是，在这一细分业务上，可能存在一些有价值的元素，并且能够找到买家。一些有形资产，甚至是一些无形资产，比如在该细分中使用的品牌名称，均可出售。

4. 需要进入的细分

在此之前，你已经确定了企业应该考虑进入的新业务细分（见第6章）。这些细分应该可以杠杆化利用现有的强项。

新的产品/市场细分最好能与现有业务产生协同作用，并具有以下一个或多个特征：

- 它是新产品（或服务），与你的现有产品相关，并销售给同一客户群。
- 它是相同的产品，并销售给相关的客户群。
- 它既是新产品，又销售给新的客户群。这是非常危险的，并且需要更加严格的验证。见工具30安索夫的产品/市场矩阵。
- 在这个细分上，关键成功因素——包括成本上的和差异化上的——与你业务的相对强项极其相似。
- 在这个细分上，你的一些直接竞争对手正在蓬勃发展，你可能也是如此。
- 在这个细分上，其他国家的一些参与者正在蓬勃发展，这一情况值得你借鉴到本国。

在短期内，你需要为进入新的业务细分准备一个计划，以便提高获得长期利润增长的概率。除此之外，你几乎不能做什么来提高利润。

5. 所有的细分

最后，你需要考虑适合所有细分业务的利润增长选项。

长期选项可能包括：
- 降低管理费用，形成一个短期内的管理费用基准（见附录 E）。
- 改进关键业务流程，或许可以采用业务流程重组（见工具 56）。
- 对业务流程进行外包，或许是离岸外包，如 IT、技术支持、客户服务等（见工具 57）。
- 投资于你的核心竞争力，无论是在研发上，还是在运营或销售上，见资源基础战略（见第 8 章）。
- 营销。把你业务的品牌名称应用于所有细分业务，这也是短期内潜在的利润增长选项（见工具 51）。

6. 战略备选方案

到目前为止，你可能有一系列的利润增长选项，它可能看起来像一份购物清单。

可以选择对它们进行分组，以形成两三个战略备选方案。每一个都将代表一个明确和连贯的战略，以缩小战略差距。一个备选方案可能表明主要投资于某个细分，另一个可能表明投资于跨细分和业务流程的组合上。

它们应该是相互排斥的，你可以遵循其中一个或另一个，但不能两个都做（或全部都做）。你只能选择其一。

这将使下一个工具更易于管理，即评估可用的选项。不要去评估 20 个利润增长选项，而是评估 2~3 个战略备选方案。

表 7-1 总结了针对各细分的利润增长选项。

表 7-1 战略重新定位和利润增长方案

按细分业务对战略重新定位	缩小战略差距的利润增长选项	
	短期	长期
投资	● 营销 ● 降价，获得市场份额	缩小能力差距，投资于： ● 固定资产和流动资产 ● 业务流程 ● 工作人员和培训
保持	● 削减可变成本 ● 调整定价	● 降低可变成本 ● 重新竞争 ● 联盟
退出	● 改善财务状况	● 撤离（出售）

续表

按细分业务对战略重新定位	缩小战略差距的利润增长选项	
	短期	长期
新进入	● 编制项目计划	● 杠杆化利用强项
全部业务	● 为管理费用确立基准 ● 营销	● 降低管理费用 ● 业务流程的再造、外包等 ● 基于资源的投资

何时使用

持续使用。

何时应该谨慎

在拟定利润增长选项时,要特别当心,清单切忌面面俱到。

每个选项都应该满足两个基本标准:

● 它与你的战略一致。

● 它本身是一项合理的投资。

通过分组,将这些选项进一步组合为战略备选方案,这有助于管理这一过程。

工具 42 做出战略投资决策

工具介绍

美国诗人罗伯特·弗罗斯特（Robert Frost）写道："也许多年后在某个地方，我将轻声叹息把往事回顾，一片森林里分出两条路，我选择了一条人迹更少的，因此走出了这迥异的旅途。"

在前面的工具中，你获得了 2～3 个旨在缩小战略差距的战略备选方案。它们是互斥的，所以你只能选一条路。你如何评估它们并选择走哪条路呢？

理论上，答案很简单。假设你的主要目标是股东价值最大化，并遵循平衡利益相关者利益的目标（见第 2 章），那么你应该选择风险最小、回报最高的方案。

但要做到这一点并不那么简单。有一系列的方法，从危险复杂的，如实物期权估价，到危险简单的，如对收益的影响。

鉴于本书的目的，我们将采取两种方法，它们处在最复杂的和最简单的之间，一种是相当复杂的现金流贴现法，另一种是相当简单的投资回收期法。

但是，在开始之前，无论选择何种方法，在做出战略投资决策时，需要牢记三个基本原则。

首先是投资的本质。它通常意味着今天的一笔现金支出，在未来几年会给你带来现金或其他收益流入。投资，即前期成本，往往是一次性的，带来的却是经常性的年度收益。

其次是沉没成本。当你比较战略备选方案的可行性时，必须忘记已经花掉的任何现金。这已经是历史了。你只需考虑从今天开始，在一个战略备选方案上需要花费多少额外现金，才能产生预期的收益。

最后，今天的现金和明天的现金是两码事。今天投资于战略备选方案的现金比未来几年产生的现金具有更高的价值，这不仅仅是因为通货膨胀，还因为"资本的机会成本"，即今天的现金本可以投资到其他地方，一直到明天它都在产生真实回报。

如何使用现金流贴现分析

在战略投资决策中使用现金流贴现法是所谓的基于价值管理（value-based management）的一个方面。支持者认为，它将量化和严谨性引入战略开发过程，使这个过程超越气泡图（bubble charts），从而进入真实、可衡量的财务绩效世界。

反对者认为，这样的量化基于太多不确定的、最终互相影响的假设，尤其是在产品开发、竞争反应和定价等方面。战略应该关乎旅行的方向，而不是行程的细节。

我是该方法的支持者。从气泡图中可以明显看出基本战略。但当涉及选择两个看似可行的战略备选方案时，量化有助于消除模糊思维。而且它非常适合风险和敏感性分析（见第9章）。

在现金流贴现分析中，通过收入和成本预测，将每个战略备选方案转化为预测的现金流，把现金流贴现到第 0 年，然后把它们相加得到净现值（NPV）。净现值最高的备选方案就应该是最有前途的。

听起来很简单吗？完全不是。我曾多次看到它的糟糕结果导致了离谱的估值和非理性的投资决策。但如果操作得当，它就能产生很好的效果。

如果你打算尝试，可以从麦肯锡的《价值评估：公司价值的衡量与管理》（*Valuation：Measuring and Managing the Value of Companies*）等书籍中寻求指导。

与此同时，以下是一些普通使用者关心的问题，以及一些提示，其中一些可能需要通过艰难的实践才能掌握。

- 五年期甚至十年期的预测怎么才能贴近实际？它们不可能与实际一致，但它们可以是合理的、一致的和连贯的；它们可以用来突出不同战略备选方案的不同影响。

- 当战略的某些方面非常笼统，如提高质量或客户服务，如何将其转化为现金流？关于它们对销售收入或成本的影响，要做出实际的假设，并始终考虑是否选择某一备选方案的不同影响——当选择某个备选方案时，收入和成本会是怎样的？如果不选用这个备选方案，收入和成本又将如何？从这种差别中可以看出备选方案对净现值的影响。

- 远期的收入预测如何具有可信度？它们必须与你对市场需求、竞争地位和市场份额的假设相一致，见工具 82。

- 远期的细分业务的利润率预测如何具有可信度？它们必须与你的竞争强度和业绩改善假设相一致，见工具 82。

- 远期的总体营业利润率预测如何具有可信度？如果你企业的利润率是 40%~50%，那一定不对！也许你对销售量和运营成本有合理的预测，但是没有充分考虑到新进入者可能会引起单价和利润率的下降，从而导致竞争加剧。

- 如何知道未来某一年的资本需求？比如说，第 8 年。它们应该与你的销售预测和技术假设相一致。

- 预测期结束后要做什么？采用保守的终值计算。假设最后一年的现金流无限期地持续，但没有进一步增长，则终值等于最后一年的现金流除以贴现率，更为保守的话可以将其减半（谁知道颠覆性技术会不会到来），并将其贴现到第 0 年。或者假设到第 15 年现金流持平，从那之后为 0。

- 需要对哪一种现金流贴现？应该使用自由现金流量，即息税前的经营现金流（营业利润加折旧，减去营运资本变动，再减去资本支出）。

- 如何进行贴现？对每年的现金流应用贴现系数。在第 n 年，应按 $1/(1+r)^n$ 的系数进行贴现，其中 r 是贴现率；在第 0 年，即在投资年份，现金流无须贴现（理论上应假设现金流在一年中流动，因此应按半年贴现，但在比较战略备选方案时，这一点通常可以忽略不计）。

- 采用什么贴现率？可采用股本成本（你不是在对公司进行估值，因此不需要考虑债务成本并得出加权平均资本成本）。根据资本资产定价模型，股本成本等于无风险资本回报率（长期国债的到期收益率）加上市场风险溢价（整个股票投资的预期溢价，历史上约为 4%～5%）乘以 β 系数（所在行业的相对波动率，对于相对稳定的公用事业，通常为 0.5；对于相对波动的资本品生产商，通常为 1.5）。

● 如果一个战略备选方案比其他方案风险更大，该怎么办：是否应该使用不同的贴现率？有可能，但最好使用相同的股本成本，这是衡量系统性（不可分散性）风险而非特定风险的指标。通过现金流预测，使用适当的概率和期望值处理风险较高的备选方案。见工具 86。

● 如果我对贴现率仍不满意怎么办？并非只有你这样，没有人会很满意！在±2%的范围内进行敏感性测试，查看贴现率对净现值的影响是否会影响战略备选方案和战略投资决策的相对排名。如果是这样的话，为什么？

如果这些听起来有点让人望而生畏，你可以尝试更简单的投资回收期法。

如何使用投资回收期法

计算出投资成本，比如 I 英镑。评估投资的年度收益，即每年因投资而产生的额外现金流入（来自收入）和额外现金流出（来自费用）之间的差额。如果每年的收益不同，则取前五年的平均值，即 B 英镑/年。用 I 除以 B，得到的就是"回收期"，即收回投资的现金成本所用的年数。

如果投资回收期是 4 年或者更短，那将是一项稳健的投资。（这相当于拥有 5 年期内 9% 的年回报率，保守估计，由于过时、竞争反应等原因，5 年后没有任何收益。）但不要轻易相信这种事。同时也要计算出其他战略备选方案的回收期。它们的回收期可能更短。

如果你相信你的投资会带来一个长期的优势，并且可以持续 10 年，那么一个回报期更长的投资可能仍然是有益的。你应认真考虑一项回收期为 6～7 年的投资。当然，这样做的风险也会更大，因为随着时间的推移，各种各样的事情都有可能发生,并对你的竞争地位造成影响。

接下来,计算出战略备选方案的"净收益",即 5 年内的总收益减去投资成本。如果这个备选方案有较长期的前景,需要几年的时间才能产生效益,并在 5 年、6 年、7 年之后才会开花结果,那么你应该选择现金流贴现法进行分析。

然而,还有其他因素。以上关注了故事的一面,即财务方面。在满足企业的非财务目标方面,战略备选方案又能带来哪些收益?这些可能需要放到评估要素中去。

此外,还要考虑风险。备选方案的风险有高有低。承诺以最低的投资支出获得最高回报的备选方案,可能存在无法接受的风险;另一个战略备选方案,投资适中,回报也适中,可能几乎没有风险。你提出的备选方案的风险有多大?

一种办法可能对你有帮助。把战略备选方案列在表格中,包括它们的投资成本、年度收益、回收期、净收益、非财务收益和风险,如表 7-2 所示。

表 7-2 评估战略备选方案的投资回收期法

	单位	战略备选方案		
		A	B	C
财务收益 投资成本=I	英镑			
超过五年的年均现金收益=B	英镑/年			
回收期=I/B	年			
超过五年的总现金收益=$B \times 5 = TB$	英镑			
净收益=$TB-I$	英镑			
风险	低/中/高			
非财务收益				
非财务损失				

这个表会告诉你，在三个备选方案中，哪一个在财务上最有利。它应该是拥有最高净收益和可接受的回收期的那一个，但必须遵守上述有关货币时间价值的三个基本原则。

请注意，回收期最短的备选方案不一定是最好的。尽管获取收益最快，净收益可能太低。但是，如果回收期最短的备选方案与净收益最高的备选方案不是互斥的，或许你可以两者兼得。

然而，从表中可以看出，财务收益最高的备选方案可能风险也最高。在这种情况下，你可以选择回报较低但风险也相对较低的备选方案。

何时使用

只有当你不喜欢现金流贴现分析的复杂性时，才使用投资回收期法。

何时应该谨慎

投资回收期法是评估投资备选方案的捷径，是一种简单的方法。或者说，是一种看起来简单的方法。

它有严重的缺陷。它没有考虑到货币的时间价值，也没有考虑到年度现金流可能存在的不确定性或风险。它忽略了回收期之后的现金流，因此更有利于短期取得回报的投资。

如果你的战略投资决策很复杂，特别是在收益获得较晚的情况下，你最好选择现金流贴现法。如果你不喜欢这样做，可以考虑聘请一位专家。

最后，无论使用哪种方法，财务收益最好的备选方案可能并不是对企业总体最有利的，它可能会对非财务目标产生最消极的影响。

图表可能会有所帮助。在图 7-4 的示例中，战略备选方案 A 拥有最高的净现值（如果使用回收期法，则为净收益）。但它也具有中高程度的风险，在实现公司的非财务目标方面，可能是在维持就业或实现环境目标方面，它的收益最低。相较之下，备选方案 C 的风险低一些，同时更符合企业的非财务目标，虽然财务收益略低一些，但可能是更好的选项。

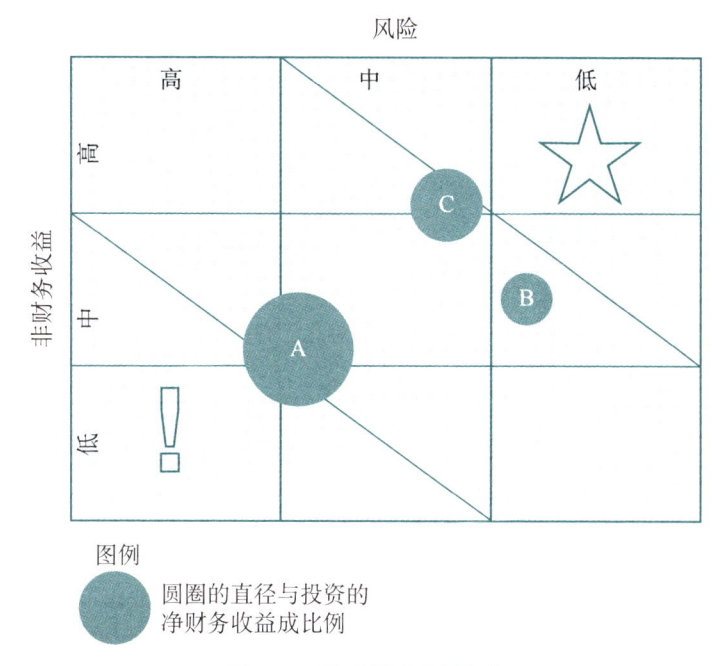

图 7-4 战略投资决策权衡

战略投资决策很少是明确的。财务状况通常很难评估，因此需要在财务回报、风险和满足非财务目标之间进行权衡。

决定权在你。

工具 43　蓝海战略（金和莫博涅）

工具介绍

如果波特错了，怎么办？

长期以来，针对迈克尔·波特的五力模型（工具 20）的批评之一是，该分析过于局限和狭窄。为分析这五种力量而划定行业边界，并在该行业内形成竞争战略，可能会使战略家受到严格的约束，从而失去超越当前行业边界的真正的价值创新机会。

欧洲工商管理学院的两位学者钱·金（Chan Kim）和勒妮·莫博涅（Renee Mauborgne）认为，在如今过度拥挤的行业中进行正面竞争，只会导致"竞争对手争夺日益缩小的血腥红海的利润池"。基于对 100 多年来 150 项战略行动的研究，他们认为，明天的赢家将不会通过在红海中作战获得成功，而是通过创造"没有竞争、适于成长的市场空间的蓝海"获得成功。

在红海中，你是在现有市场空间中与竞争对手展开激烈的战斗。在蓝海中，你可以在一个没有竞争的市场空间中畅游，新的需求被创造出来，竞争对手变得无关紧要。

这样的战略行动创造了真正的"价值创新"，或者说"企业和购买者的价值的巨大飞跃，使竞争对手变得过时"。

他们引用了苹果的 iTunes 和太阳马戏团的例子。苹果通过与音乐公司合作提供合法的在线音乐下载，创造了一个新的市场空间，从而使行业开拓者纳普斯特（Napster）（曾经是音乐公司的克星）成为历史。太阳马戏团将杂技与舞蹈结合在一起，创造了一个新的市场空间，从而彻底改变了马戏行业。

他们进一步指出，在差异化和成本领先这些基本战略之间做出的常规选择也是次优的。这是红海中的竞争对手所面临的传统选择。蓝海战略使企业能够同时做到以足够低的成本向新的市场空间提供差异化的产品，并阻止新的进入者。

蓝海战略的宗旨是去创造：差异化产品＋成本领先＝价值创新。

他们提出了创造和占领蓝海的六条原则：

- 重建市场边界。
- 着眼全局。
- 超越现有需求。
- 制定正确的战略顺序。
- 克服组织障碍。
- 将执行纳入战略。

他们开发了一个由一系列工具支持的框架来将这些原则付诸实施，见www.blueocean.com。下面将特别探讨三个问题：

- 战略画布（strategy canvas）和价值曲线（value curve）。
- 开拓者-移民者-定居者矩阵（pioneer-migrator-settler chart，PMS）。
- 价值创新。

如何使用

战略画布和价值曲线是金和莫博涅的工具基础，见图 7-5。

战略画布以图形的方式概括了你当前的战略图景。它呈现了已知市场空间中的当前状态，让你看到行业竞争的关键成功因素以及竞争对手的投资领域。

价值曲线是战略画布的基本组成部分，它用图形描绘了一个公司在其行业竞争因素中的相对表现。他们认为，一条强有力的价值曲线应既有重点，又能包容差异，同时还有引人注目的理念。

他们认为，战略画布应该通过将焦点从竞争对手转向备选方案，从行业的客户转向非客户，从而推动使用者采取行动。

这些似乎是对这种图表的大胆期望，它与工具 27 几乎没有实质差别。事实上，可以认为它的效用较小，因为工具 27 通过加权使每个关键成功因

184 | 88个必备战略工具

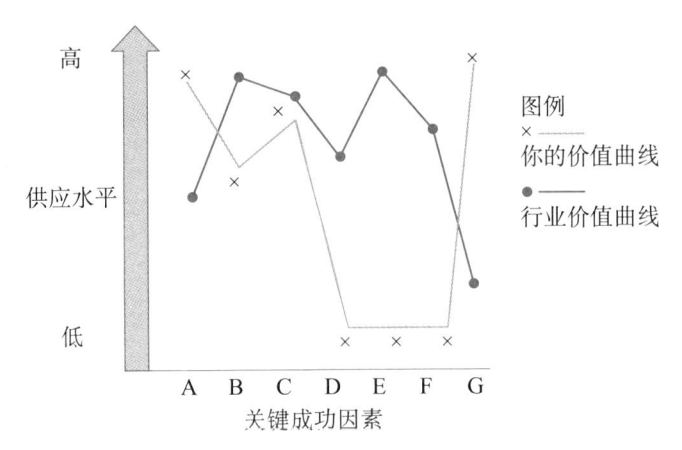

图 7-5 战略画布和价值曲线

资料来源：Adapted from W. Chan Kim and Renee Mauborgne, *Blue Ocean Strategy*: *How to Create Uncontested Market Space and Make the Competition Irrelevant*, Harvard Business School Press, 2005.

素得到了正确的评价，从而得出竞争力的总体评估。价值曲线工具虽然在图形上更令人满意，但却是未经加权的、不确定的，这些可能正是关键点！

金和莫博涅的开拓者-移民者-定居者的概念更令人兴奋，见图 7-6。

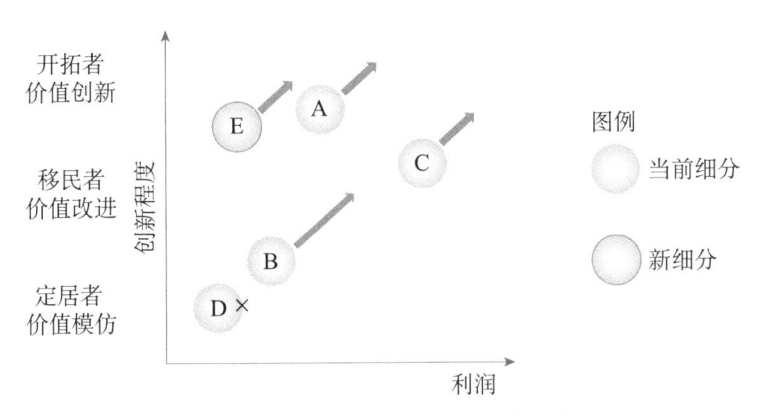

图 7-6 开拓者-移民者-定居者矩阵

资料来源：Adapted from W. Chan Kim and Renee Mauborgne, *Blue Ocean Strategy*: *How to Create Uncontested Market Space and Make the Competition Irrelevant*, Harvard Business School Press, 2005.

试着在这个矩阵上绘制你的产品/市场细分组合，看看它们落在哪个位置。

如果是定居者，那么你在仿效他人；如果是移民者，那么你的竞争地位是强势的；如果是开拓者，那么你正在提供独特的价值。

如果你目前的业务组合主要由定居者组成，那么你正处于红海中，要想实现可持续的、有盈利的增长，前景是黯淡的。在你计划的业务组合中，你需要进行移民者细分，最好是开拓者细分。

如果你目前的业务组合由定居者和移民者组成，你的增长前景可能是合理的，但你有可能输给一个开拓型的竞争对手。

在所示的例子中，企业的位置较为合理，主要集中在移民者细分，只有几个业务处于定居者细分。未来，公司计划退出 B 细分，进一步差异化和提高其他细分业务的价值，并进入新的细分，在那里企业将成为价值创新的开拓者。

这里强调的第三个工具解决了如何处理次优的开拓者-移民者-定居者业务组合问题。它展示了如何寻找开拓者细分（见图 7-7）。

金和莫博涅要求你从根本上重新思考所在行业的游戏规则。你在工具 22 中拟定并在工具 33 的头脑风暴中重新讨论的关键成功因素，可能需要彻底地重新考虑，甚至可能需要消除：

- 哪些行业内认为理所当然的关键成功因素应该被消除？
- 哪些关键成功因素应降低到行业标准以下？
- 哪些关键成功因素应提高到行业标准以上？
- 哪些行业内从未提供过的关键成功因素应该被创造出来？

简言之，如何修改这些关键成功因素，从而创建一个新的价值曲线，打破差异化和成本领先战略之间的权衡？

何时使用

当你的"红海"战略似乎将带来令人失望的增长前景的时候就可以使用。

哪些关键成功因素应该
降低到行业标准之下?

降低

消除　　一条新的　　创造
　　　　价值曲线

哪些行业内认为　　　　　　哪些行业内从未提供的
理所当然的关键　　　　　　关键成功因素应该被创
成功因素应该被　　　　　　造出来?
消除?

提高

哪些关键成功因素应该
提高到行业标准以上?

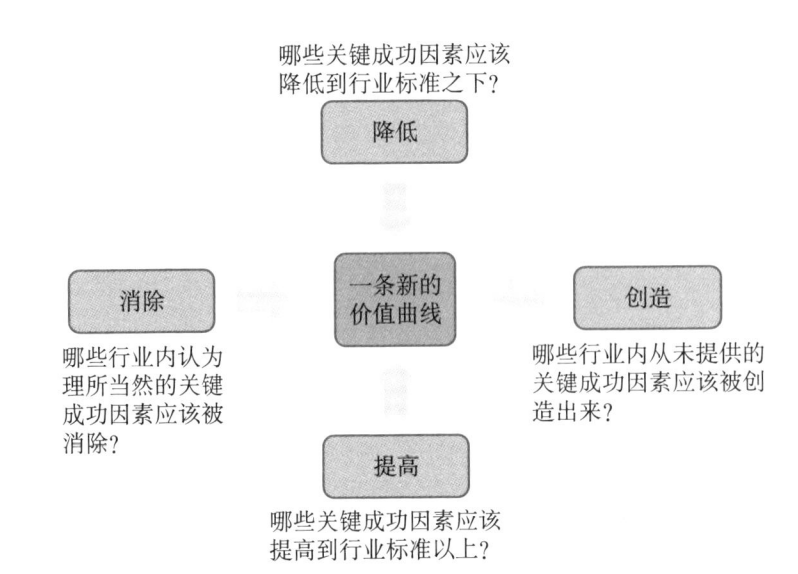

图7-7　重新思考价值创新的关键成功因素

资料来源：Adapted from W. Chan Kim and Renee Mauborgne, *Blue Ocean Strategy*: *How to Create Uncontested Market Space and Make the Competition Irrelevant*, Harvard Business School Press, 2005.

但要认识到红海陷阱。在2015年的后续研究——《红海陷阱：破坏市场创造战略的心智模型》(*Red Ocean Traps*: *The mental models that undermine market-creating strategies*) 中，金和莫博涅描述了六个陷阱，它们在很大程度上解释了为何如此多的管理者未能摆脱红海战略的束缚。

● 以客户为中心的市场创造战略，而不是将非顾客转化为顾客。例如，亚马逊的Kindle通过提供更多的电子书打败了索尼的阅读器。

● 被视为利基战略的市场创造战略。利基战略可能太小而无法持续，例如利基型的航空公司。

● 混淆了技术创新与市场创造战略。蓝海战略来自将技术与购买者看重的东西联系起来，如优步。

● 创造性颠覆等同于市场创造。市场创造可以在非颠覆型行动中产生，提供以前不存在的解决方案。例如，"伟哥"在生活方式药物中的新市场。

● 市场创造战略等同于差异化。当市场创造打破了价值和成本之间的权衡时，可以同时追求差异化战略和成本领先战略，如黄尾袋鼠（Yellow

Tail）葡萄酒。

- 市场创造战略等同于成本领先战略。和上一条相同，如戴森吸尘器。

何时应该谨慎

金和莫博涅的工作受到了很多批评，其中大部分都是没有根据的，这或许与他们的书取得的巨大成功不无关系。有人说，他们的作品几乎没有原创性，寻求无竞争性的市场空间的概念与加里·哈默尔（Gary Hamel）和普拉哈拉德（C. K. Prahalad）在《为未来竞争》（*Competing for the Future*）和"为行业远景竞争"（competing for industry foresight）中的理念几乎没有什么不同（见工具62）。

类似的批评也曾对准迈克尔·波特。波特的聪明之处在于对以前产业经济学的象牙塔世界进行了综合，然后重新包装，使之更符合真实的商业世界。在这个案例中，围绕如何寻找和利用无竞争性的市场空间，金和莫博涅构建了一个连贯的框架和工具箱，并使其比他们的许多前辈的努力更容易被商界所接受。

其他人则批评该模型在很大程度上是回顾性的。事后看来，成功的公司已经部署了蓝海战略，尽管它们这样做的时候并不知道有这样的战略存在。金和莫博涅承认这一点："尽管蓝海战略家一直存在，但它们的战略在很大程度上都是无意识的。"

然而，这种批评是错误的。这就好比说，阿尔弗雷德·马歇尔（Alfred Marshall）在19世纪对需求价格弹性的开创性研究并非原创，因为这是几个世纪以来市场交易者一直在做的事情——在临近关门的时候，降低苹果和面包的价格。在马歇尔之后，企业战略家们更加明智。他们认识到了可能的弹性，对价格做出了调整。同样，在金和莫博涅之后的时代，我们可以通过改变关键成功因素的游戏规则来寻找蓝海战略。

一个更重要的批评涉及该模型对于普通的小型、中型、大型企业的实用性。十有八九，战略开发都是为了提高红海市场中的战略地位。蓝海市场可能存在，但通常来说风险更大。对于苹果公司的iTunes和太阳马戏团来说，为了建立蓝海战略它们一定做过大量的尝试。

正如安索夫在 20 世纪 60 年代所强调的（见工具 30），以新产品进入新市场比以新产品进入现有市场和以现有产品进入新市场，具有更大的风险。对于苹果公司来说，iTunes 作为一个新产品进入了在线下载这个新市场。苹果公司成功了，但许多这样做的公司没有成功。

然而，风险不是我们驳斥金和莫博涅的理由。在这一章请拥抱他们的蓝海思维，在第 9 章再让它接受严格的风险分析和敏感性测试。

工具 44　后发制人（马克德斯）

工具介绍

第一个进入蓝海，然后远去。这样做对吗？

不一定。你最好第二个进入，但要有爆发力。康斯坦提诺斯·马克德斯（Constanidos Markides）和保罗·葛诺斯基（Paul Geroski）在 2004 年出版的《聪明的企业永远不抢第一》（*Fast Second：How Smart Companies Bypass Radical Innovation to Enter and Dominate New Markets*）一书中提出了这样的建议。

对于一家大型老牌公司来说，"后发制人"很可能是最佳战略。它允许其他规模更小、更灵活的公司进行创新和试验，以创造新市场，大公司则对它们进行密切监视。当一种主导设计即将出现时，大公司强势进入，帮助形成和确立主导设计，并利用其规模和竞争强项占领新的市场。

他们将小型创新公司称为"殖民者"（colonist），把那些采用后发制人战略的大型企业称为"整合者"（consolidator）。

他们对先行者（first mover）、后发者（second mover）和后发制人者（fast second mover）做出了关键的区分。先行者是殖民者、开拓者，它们试图在新市场上建立主导设计。后发者是模仿者，等待着主导设计被建立起来，仿效先行者进入，并主导设计的低成本、低价格版本。想象一下大型机中的 IBM（政府机构是殖民者），CT 扫描仪中的通用电气（GE），录像机中的 JVC，摄像机中的佳能（Canon）和袖珍计算器中的得州仪器（Texas Instruments）。

另一种后发制人战略是在其他一些差异化因素上展开竞争，比如品牌，就像维珍集团——一个经典的模仿者。

后发制人者不是模仿者。它与殖民者面对面竞争，秘诀在于时机，即在主导设计刚刚出现的时候。这很难度量，但也会有一些线索：

- 创新速度放缓——相比于上一代产品，最新产品只有很少的改进。
- 日益提高的合法性意识——新产品正在超越早期的采用者。
- 互补商品生产商的出现。

采取后发制人战略的进入者不会等待主导设计的建立，它们积极参与创造主导设计的竞争，并努力将其应用于市场，具体策略包括：

- 定价——整合者将投资于实现规模经济，或沿着学习曲线下行，或两者兼而有之。
- 目标市场——整合者应该选择最具生产力的市场。
- 分销——整合者需要把产品送到那些大众市场消费者信任的零售商那里。
- 联盟——整合者应该与那些无法在对抗殖民者的战斗中支撑很长时间的市场参与者组成联盟。
- 信心——整合者必须对对手进行心理分析，并说服所有关键参与者、供应商、分销商、联盟伙伴、互补商品的生产商，最重要的是，让消费者相信它们的产品才是主导设计，游戏现在已经结束了。

这本书指出，亚马逊、佳能、戴尔、亨氏、宜家、JVC、微软、宝洁和星巴克都成功地实施了后发制人战略。

另外，在《改变游戏规则的战略：如何通过打破规则在已建立的行业中创造新的市场空间》（*Game-changing Strategies: How to Create New Market Space in Established Industries by Breaking the Rules*）一书中，马克德斯写道，鉴于已建立的公司拥有更多的资源、技能和技术，因此老牌企业不会允许新进入者引入商业模式创新。

马克德斯认为，挑战不在于老牌企业发现商业模式创新，而在于让新模式和旧模式共存。他就如何实施结构和流程提供了建议，以减少新商业模式的冲突，使其更适合现有业务。

马克德斯描述了老牌企业击退颠覆者的最戏剧化的方式："不妨这样想，老牌企业正在玩第一个游戏。颠覆者正在玩第二个。为了生存和繁荣，你需要玩第三个。"

他举了瑞士钟表制造商的例子。行业中的第一个游戏是瑞士人精益求精的高品质、高价格手表。这被日本使用石英技术的低成本、多功能手表所颠覆。瑞士人如何回应？不是直接与颠覆者竞争，而是将手表重新打造成一款时尚产品，即斯沃琪（Swatch）。

简而言之，你需要颠覆颠覆者。他的另一个例子是任天堂。它在20世纪90年代统治了游戏主机世界，但被索尼和微软的高级图像和复杂游戏所颠覆，后者吸引了更成熟、更有利可图的用户。

任天堂本可以用一款模仿的游戏机来回应，但它却用更具社交性、面向家庭的Wii游戏机取代了这一类型，Wii的销量超过了Playstation和X-Box。

瑞士钟表业和任天堂颠覆了颠覆者。在《颠覆颠覆者》（*Disrupting the Disruptors*）中，马克德斯给出了四点提示：

- 要有勇气、速度和耐心。雀巢花了20年的时间才使雀巢的奈斯派索（Nespresso）业务实现了收支平衡，该业务是为了进攻星巴克等颠覆者而创建的。
- 进攻，而不仅仅是防守。将颠覆视为机会，而非威胁。
- 积极思考，不要屈服于恐惧。
- 像企业家一样行事，打破常规。

如何使用以及何时使用

后发制人涉及时机。推出后发制人产品的时机是在主导设计刚刚出现时，见图7-8。

何时应该谨慎

如果主导设计已经确立，产品已经从其生命周期的初创期进入增长期，那就太迟了（见图7-8）。

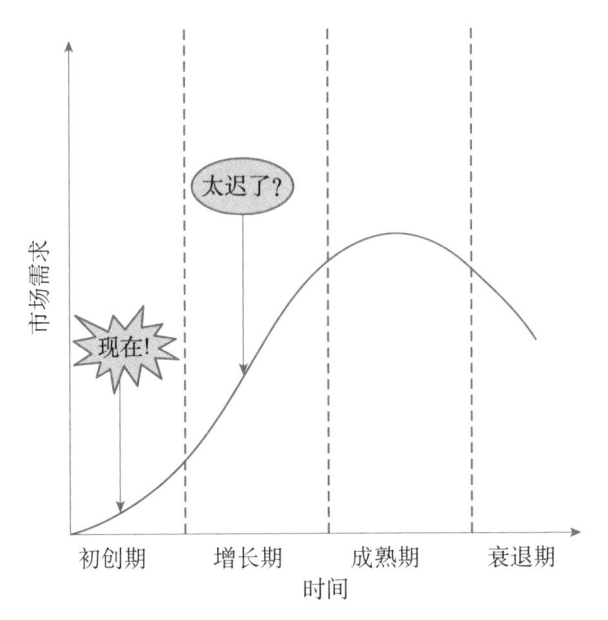

图 7-8 后发制人的产品生命周期时机

资料来源：Product life cycle adapted from Arthur D. Little（www.adl.com）- see Tool 35.

工具 45　打破商品陷阱（达韦尼）

工具介绍

基思·理查兹（Keith Richards）曾说："我最大的恐惧是自以为是，这个时候我需要当头一棒。在这个游戏中，你很容易认为自己很特别。"

你的业务提供了一些特别的东西吗？你对此表示肯定吗？某个地方的竞争对手是否提供的正是这个产品，或者客户无法辨别的或无所谓的类似产品，但是价格却更低？

会有更多的低成本竞争者涌入吗？你的行业是否会经历超级竞争？更糟糕的是，它会被商品化吗？正如理查德·达韦尼（Richard D'Aveni）在他的《打破商品化陷阱》（Beating the Commodity Trap）一书中所说："一切最终都会变成商品。"

他所说的"商品化陷阱"是指一个行业中曾经领先的企业发现自己的竞争地位受到严重侵蚀，以至于无法再获得价格溢价。

管理者常常看不到商品化的到来。当他们最后终于注意到它时，他们通常会对高价值的产品进行打折。这可能会使商品化陷阱现象变得更严重。

达韦尼认为，传统的做法是通过降低成本和产能（而不是牺牲利润率），或者提高差异化（以保持高端市场地位）来对抗商品化。但他认为，这取决于所在行业受到哪种商品化的影响。

基于对 30 个行业的研究，他识别出商品化的三个根本原因（见图 7-9）：

● 退化。有竞争力的企业通过低成本或低利益产品进入，吸引了大众市场，Zara 就是这样抢了高端时装公司的生意。

● 增生。公司开发出了新的价格组合，并结合了一些独特的优势，攻击在位者市场的一部分，就像日本和美国的摩托车制造商对哈雷-戴维森（Harley-Davidson）所做的那样。

●升级。新企业以同样或更低的价格提供更多的利益，挤压了每个企业的利润，就像苹果在手机市场上所做的那样。

挑战在于找出根本原因，这样就可以避免、消除这些来源，甚至利用这些来源创造优势。

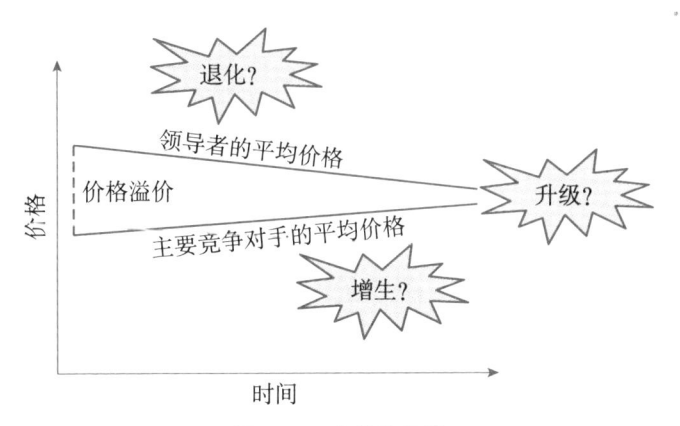

图 7-9 商品化陷阱

资料来源：Adapted from Richard D'Aveni，*Beating the Commodity Trap：How to Maximize Your Competitive Position and Increase Your Pricing Power*，Harvard Business Review Press，2009.

如何使用

根据你的业务正在经历的商品化类型，可以考虑以下一些战略：

●针对退化。专业化是一个选项，如丹宁（Diesel），它专注于高端牛仔产品。或者躲避，即远离低端竞争对手的市场影响力，如阿玛尼会在私人展览会上预展自己的部分产品，以避免早期抄袭。或者避开，如英特尔从个人电脑的存储芯片转向微处理器芯片，然后转向消费类电子产品的芯片。

●针对增生。发现陷阱是找到解决方案的第一步，你不能在所有地方与所有人竞争。你需要确定在哪里竞争，在哪里投资，在哪里建立你的品牌，在哪里你可以证明溢价是合理的。

●针对升级。你越早认识到这个陷阱越好，你可能需要尽早退出。

何时使用

无论你的业务是什么，认识到这种威胁是明智的。正像达韦尼所言："商品化不仅仅发生在商品上。"

何时应该谨慎

如果你的产品或服务处于产品生命周期的早期阶段（见工具 35），那么你暂时不需要担心这个问题！

工具 46　发现驱动型增长（麦克格兰斯）

工具介绍

失败越快，失败的代价就越低。

这是发现驱动型增长的有趣信条。丽塔·麦克格兰斯（Rita McGrath）和伊安·麦克米兰（Ian MacMillan）已经研究了 20 多年，为什么这么多优秀公司的那么多构思精巧、计划周密的增长项目出了问题。他们还从成功实施增长项目的公司那里获得了广泛的经验。

2009 年出版的《引爆市场力：驱动企业持续成长的关键》（*Discovery Driven Growth：A Breakthrough Process to Reduce Risk and Seize Opportunity*），向管理者展示了如何选择更好的战略增长项目，以降低风险，并成功地实施项目或者以低成本终止项目。尤其是，他们阐述了如何实现雄心勃勃的增长目标，而不必冒代价高昂且不受控制的风险，这些风险可能危及公司的生存。

他们的核心论点是，那些使用传统方法追求卓越增长的公司注定会失望。它们误解了不确定性的本质。

不管涉及的不确定性的程度如何，确定投资项目的传统方法，都是制作 100 多张幻灯片——旨在向董事会证明在这个项目上分配大量可用资源的合理性。

幻灯片详细列出了感知到的市场缺口、提议的产品、要部署的资源和详细的财务预测，并以附录中的大量电子表格为依据，显示了收入、成本、净现值、内部收益率、敏感性测试等情况。

然而，展示这些幻灯片的高管们都知道，他们的数字是靠不住的。市场是如此变化多端、如此未知和不确定，唯一确定的事情是不确定性，唯一的事实和唯一已知的事实是这些预测将被证明是错误的。

董事会批准了投资，高管们就开始行动。几个月后，他们发现市场并没有像预期的那样发展，产品需要调整，分销商陷入困境。幻灯片上的数字被证明是错误的，但是项目团队已经全力以赴，并且会找到方法来调整幻灯片，调整数据，为项目的继续进行辩护。

麦克格兰斯和麦克米兰断言，用于评估项目可行性的财务指标在高风险和不确定性的市场中是不合适的。现金流贴现、净现值、内部收益率（见工具42）适用于正常的风险和不确定性市场，但它们把刚性注入流程中，必然导致项目在高度不确定性市场中失败。

高风险的事业应该被看作购买期权。企业购买的不是义务，而是对项目进行进一步投资的权利。

如果一个需要大量投资的新事业可以被分解成几个独立的部分，每个部分都需要小得多的投资，那么就不需要进行详细的财务分析。项目可以快速得到批准，项目组可以很快再次申请进行下一次投资的权利。

这将为新事业带来速度和灵活性。团队从来不会陷入100张幻灯片的困境，更不用说证明和重新证明了。同时，公司遇到的风险在整个过程中都得到了控制，不会将全部资金押在一个项目上（见图7-10）。

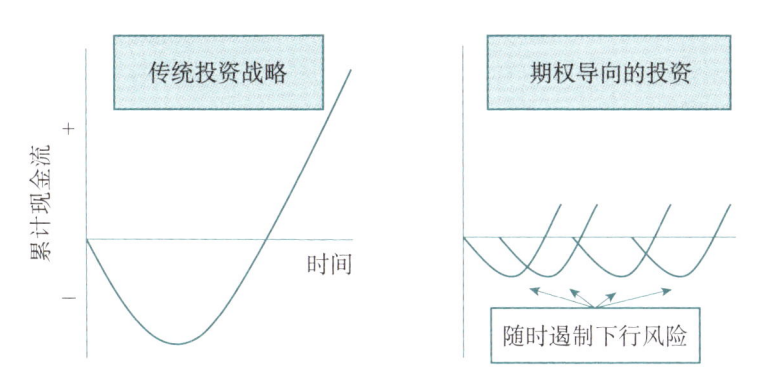

图 7-10 传统投资 vs. 期权导向的投资

资料来源：Adapted from Rita McGrath and Ian MacMillan, *Discovery-Driven Growth：A Breakthrough Process to Reduce Risk and Seize Opportunity*，Harvard Business Review Press，2009.

如何使用

麦克格兰斯和麦克米兰提出了一个发现驱动的规划过程，分为三个步骤：

- 编制反向损益表（反向收入表）；
- 分离关键假设，并设定检查点；
- 在发现的过程中，随时测试这些假设。

他们建议你设定一个目标，而不是进行预测。

逆向开展工作，计算出你需要卖多少钱来应对财务困难，然后问问自己这是否可行，可能性有多大。

反向收入表始于利润，首先确定至少要获得多少利润额才能说明项目有价值，然后再加上将要发生的成本，这就得出了创造这些利润所需的收入。你要自下而上，从利润开始；而不是自上而下，从收入开始。

如果你最终发现需要达到150%的市场份额才能获得这些利润，那么这个项目就是不切实际的。

成本和收入估算中的关键假设是什么？对这些假设进行分离，并制作一个操作清单。你对每个假设的确定程度是多少？

你计划用什么样的研究或分析来检验每个假设？在哪个检查点？你什么时候能对每个假设都感到满意？谁负责验证、提炼或反驳每个假设？

检查点事件可以是市场研究、产品样本、焦点小组研究、测试试验、试点工厂、试点营销活动的结果。每个事件都需要规划，需要计算成本，需要设计，以把公司风险限制在可控的地步。

发现驱动型规划过程的目的是把假设转化为知识。目标是以尽可能快的学习速度和最低的成本学习尽可能多的知识。随着时间的推移，通过一个系统的发现过程，事业的真正价值将得以展现出来。

它创造了一个重要的准则。它认识到你的关键假设可能是错误的。你可能需要在某个检查点停止这个项目。而且如果确实出错的话，失败越快，失败的代价就越小。

何时使用

在具有高度不确定性的项目中，例如新产品或新市场，尤其是在新产品进入新市场的情况下，见图 7-11 和工具 30。

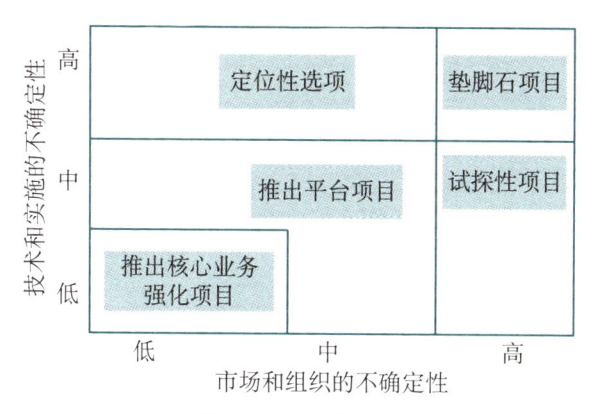

图 7-11 机会组合

资料来源：Adapted from Rita McGrath and Ian MacMillan, *Discovery-Driven Growth：A Breakthrough Process to Reduce Risk and Seize Opportunity*, Harvard Business Review Press, 2009.

在这样的市场中，像风险投资者一样思考。也许可以采用试探性项目或者垫脚石项目。开发一个充满机会的领域——许多机会不仅具有很大的上升空间，而且它们在任何时间点的总体风险是已知的和可控的。自信地投资，并接受高失败率。

何时应该谨慎

在大多数投资决策中，由于它们的不确定性程度处于中低水平，就像图 7-11 中的核心业务强化项目，要警惕，不要轻易放弃传统财务评价。

工具 47　精益创业（布兰克和莱斯）

工具介绍

1954年，彼得·德鲁克写道："企业的目的是创造顾客。"

史蒂夫·布兰克（Steve Blank）继承了这种思想，他强调，公司应该像关注产品开发一样关注客户开发。他在《四步创业法》（*The Four Steps to the Epiphany*，2003）中提出了一种客户开发方法，用于指导初创企业寻找一个可扩展的商业模式。

这本书被认为发起了精益创业运动。埃里克·莱斯在《精益创业：新创企业的成长思维》（*The Lean Startup：How Today's Entrepreneurs Use Continuous Innovation to Create Radically Successful Businesses*，2011）中，将布兰克的客户开发方法与"敏捷工程"（agile engineering）结合起来。

布兰克后来与鲍勃·多夫（Bob Dorf）合著的书《创业者手册》（*The Startup Owner's Manual*，2012）中汇集了自《四步创业法》出版以来创业界的最佳实践、经验和技巧。在布兰克最近的一篇文章《为什么精益创业改变一切》（Why the Lean Startup Changes Everything，2013）中，他将奥斯特瓦德和皮尼厄的商业模式新生代模型（工具38）作为精益创业的第三个关键原则。

布兰克长期以来对传统商业计划方法持有异议，认为它有三个缺点：

- 商业计划书很少能被客户认可。用前世界拳王迈克·泰森（Mike Tyson）的话来说："每人都有个计划，直到被一拳打到嘴上！"
- 它们是虚构的。
- 成熟公司执行商业计划，初创公司寻找商业模式。

布兰克认为他的精益创业方法有三个关键原则：

- 商业模式画布：与其编写商业计划书，不如勾勒出这个相互关联的、未经检验的假设的框架,展示初创企业将如何为自身及其客户创造价值(见工具38)。

- 客户开发:采用"走出大楼"的方法来测试商业模式所有要素的相关假设,重视灵活性和速度。
- 敏捷工程:在客户开发中携手合作,以迭代和增量的方式开发产品。

下面将对后面两个原则进行详细介绍。

如何使用

布兰克的客户开发方法是对网络繁荣时期盛行的高风险保密文化的一种反应。当时初创企业通常以"秘密模式"运作,在测试中向客户展示原型。这样做的好处是将竞争对手蒙在鼓里,不会提醒它们潜在的市场机会,但也会带来一定的风险,即原型可能无法成为客户实际需要的产品。在大多数情况下,布兰克认为客户互动比保密更重要,而且更有价值。

在客户开发方面,初创企业家会寻找有效的商业模式。如果客户的反馈显示商业假设是错误的,企业家要么修改它们,要么"转向"新假设。只有在模式得到验证后,企业家才能开始执行,建立一个正式的组织。客户开发的每个阶段都应该是迭代的:在找到正确的方法之前,一个初创企业可能会失败几次(见图7-12)。

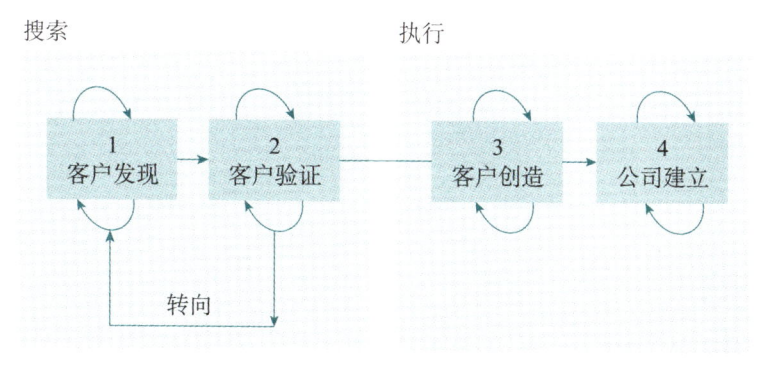

图7-12 客户开发

资料来源:Steve Blank, *The Four Steps to the Epiphany*: *Successful Strategies for Products That Win*, K & S Ranch, 2003.

在客户发现中，创业者将公司理念转化为商业模式假设，测试关于客户需求的假设，然后创建一个"最小可行产品"（minimum viable product），去试验他们提出的针对客户的解决方案。

接下来是客户验证。创业者试图通过早期订单或产品使用来验证客户的兴趣。如果兴趣不大，创业者可以通过改变一个或多个假设来"转向"。

这个过程是迭代的。发现和验证阶段将一直持续到开发出足够完善的产品以供销售。然后是客户创造。通过在销售和市场营销方面投资，需求大幅增加，风险也随之增大。

最后是从初创模式转移到公司建立。客户开发团队继续探索客户体验的改进，并与其他职能部门联系，以执行模式和建立业务。

布兰克的精益创业方法的第三个原则是敏捷工程，排在商业模式画布和客户开发之后。这旨在通过迭代和渐进地开发产品，消除时间和资源的浪费。

它可以概括为：创建、衡量、学习。创建一个与商业模式画布过程中产生的假设相匹配的产品，将其带入现实世界，衡量客户的反应和行为，从中学习，并利用所学知识创建更好的产品。重复上述步骤，选择是迭代、转向还是重新开始，直到创建一个客户喜爱的产品，见图 7-13。

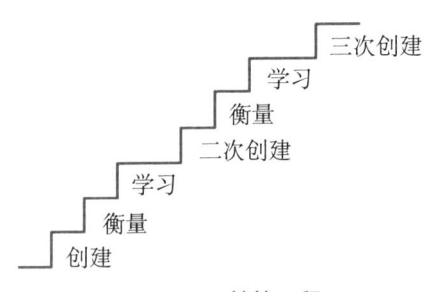

图 7-13 敏捷工程

资料来源：Steve Blank and Bob Dorf, *The Startup Owner's Manual：The Step-By-Step Guide for Building a Great Company*, K & S Ranch, 2012.

创建—衡量—学习的目标不是创建上市的最终产品，甚至不是创建产品的原型，而是通过渐进和迭代工程实现学习最大化。学习的内容可以是产品特性、客户需求、定价、分销渠道等。

"创建"环节指的是创建最小可行产品，这是你可以向客户展示的最简单的产品，以便在当时实现学习最大化。在这个过程的早期，它可能只是一个幻灯片或一个黏土模型。每次你在进入下一个阶段之前都需要更多的学习，你要创建另一个最小可行产品，并准确地定义你要测试/衡量/学习的内容。

在"衡量"环节，你试图获得尽可能多的关于最小可行产品的数据，以及来自客户反馈的定性观点。这些信息将被反馈到"学习"环节，这又将反馈到下一个版本的最小可行产品中。

何时使用

精益创业方法的目的是提高成功的机会，降低风险。所有的创业公司都应该参考这个工具。

何时应该谨慎

布兰克认为，这种方法既适用于一家独立的新创企业，也适用于大型组织内部的一个新创项目。然而，后者需要有足够的灵活性，以使新创项目能够开发出与整个组织不同的系统和流程。

工具 48　爆发点（格拉德威尔）

工具介绍

菲尔兹（W. C. Fields）打趣道："如果第一次没有成功，就再试一次，再试一次。如果还不成功的话，那就放弃吧。在这件事上做一个该死的傻瓜是没有意义的。"

当然，无论是在商业中还是在生活中，这都是一个难题：什么时候放弃？什么时候你才会意识到这是徒劳。

或者什么时候继续坚持下去，因为再努力一次，你就可能到达爆发点。到那时，你为之努力的东西就实现了，甚至获得了更多。到那时，你的利润增长选项（见工具41）将成为赢家。

2000年，马尔科姆·格拉德威尔（Malcolm Gladwell）的《爆发点：小事情如何创造巨大变化》（*The Tipping Point：How Little Things Can Make a Big Difference*）一经出版就成为畅销书，正是因为适应了我们当下的许多情况（见图7-14）。

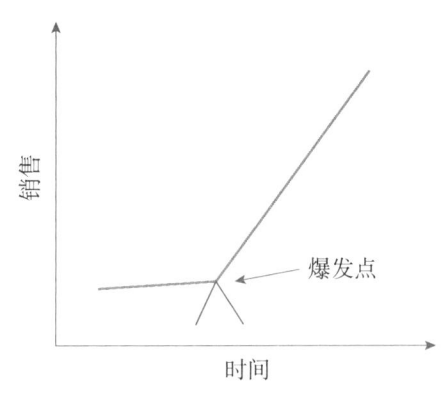

图7-14　爆发点

资料来源：Adapted from Malcolm Gladwell, *The Tipping Point：How Little Things Can Make a Big Difference*, Little Brown, 2000.

它试图解释一些思想、产品或社会规范，尽管已存在了一段时间，却突然间如同野火一样燃烧和蔓延开来。他举了很多例子，从动画片《芝麻街》(Sesame Street) 到纽约的犯罪率（尽管他的结论后来被史蒂文·列维特（Steven Levitt）在其著作《魔鬼经济学》(Freakonomics) 中质疑），从运动鞋公司 Airwalk 到巴尔的摩市的梅毒大流行，表明了"社会和商业流行病"依赖于"少数人法则"，即"拥有特殊和罕见社交天赋的人"的参与：

- 联系人——拥有特殊社交（或商业）网络的人；
- 内行——"信息经纪人"，他们愿意分享和宣传他们所知道的；
- 推销员——他们出色的沟通技巧使人们不得不赞同他们所说的话。

如何使用

为了达到爆发点，格拉德威尔推荐了三条行动路线：
- 集中——把资源集中在少数关键领域，参照"少数人法则"。
- 测试——不要只做你认为正确的事，在市场上测试你的直觉。
- 相信——坚信改变是可能的，"在正确的动力面前，人们会彻底改变他们的行为或信仰"。

格拉德威尔将 Airwalk 运动鞋作为一个经典案例。Airwalk 运动鞋的创始人乔治·约恩（George Yohn）有一个年幼的儿子，他经常穿着单调、白色的运动鞋在洛杉矶滑板公园里玩滑板，但苦恼的是鞋子穿不久就会坏。受儿子的苦恼的刺激，他设计了一双滑板鞋，既耐用又华丽，还经济实惠。他专注于滑板鞋市场，找来顶尖滑板选手测试，并且对自己特制的产品充满信心。几年内，他就有了一个欣欣向荣的利基业务，营业额达到了 1 000 万~1 500 万美元。

他还有扩张的雄心，想要突破滑板市场，进军其他炫酷的运动领域，例如冲浪、滑雪板和山地自行车。在一家充满活力的广告公司和一个年轻的、极具创新意识的国际网络的帮助下，Airwalk 推出了一波又一波充满灵感的产品系列。两年里，其营业额暴涨了十倍。

Airwalk 后来犯了严重的战略错误，即放松了时尚营销，从而削弱了酷的形象，未能守住原来的滑板鞋业务的营销和分销独占权。尽管落后于运动鞋领军品牌耐克和阿迪达斯，但它仍然是全球最大的运动鞋品牌之一。

何时使用

当你在业务上面临两难境地时——一个产品或市场，是坚持还是放弃；是进一步投资，还是退出——使用它。

如果你需要灵感，下面是格拉德威尔在书中的最后一句话："在正确的地方轻轻一推，（世界）就会轰动。"

何时应该谨慎

你正在鞭打的那匹马可能已经到了生命中的类似阶段，就像蒙提·派森剧团（Monty Python）幽默短剧里的那只不幸的鹦鹉。

工具 49　需求价格弹性（马歇尔）

工具介绍

工具 41 中讨论的一些短期利润增长选项与关键细分上的产品价格调整有关，无论是调高还是调低。在每种情况下，都建议你在开始调整之前考虑该细分的需求价格弹性（price elasticity of demand，PED）。

需求价格弹性衡量了市场上产品或服务的价格变化与导致的产品购买数量变化之间的关系。高的需求价格弹性意味着购买量会随着价格的变化而大幅上升或下降。低的需求价格弹性意味着相反的情况，即需求量几乎不受影响。

这一方法是经济学家阿尔弗雷德·马歇尔（Alfred Marshall）于 1890 年提出的，至今仍是一个很有用的概念。它被定义为需求量变化的百分比除以价格变化的百分比。

需求价格弹性几乎总是负的。如果它是正的，若价格上升，消费者的需求量就更大，这只适用于某些奢侈品或高端产品（"韦伯伦商品"，Veblen goods）；若价格下降，商品需求量也减少，如劣质产品（"吉芬商品"，Giffen goods）。如果弹性系数小于－1，这个产品就是富有弹性的；如果它大于－1，它就是缺乏弹性的，见图 7-15。

如果需求价格弹性为 0，它是完全无弹性的。换句话说，无论价格如何变化，需求量都没有变化。如果需求价格弹性是无限负的，它是完全有弹性的，即价格的上升将导致需求下降到 0，这种情况只有在完全竞争的市场中才有可能出现。

需求价格弹性的主要决定因素是替代品的可获得性。替代品能给消费者带来类似的效用，但其价格是独立确定的。如果猪肉价格上涨，而鸡肉价格不上涨，一些消费者很可能会从猪肉转换到鸡肉，因为猪肉的价格富有弹性。

```
                                    产品A：富有弹性的
                                    （一个价格单位的变化，
                                    带来需求数量的较大变化）

价
格
         产品B：缺乏弹性的
         （一个价格单位的变化，
         带来需求数量的较小变化）

                            数量
```

图 7 - 15　需求价格弹性

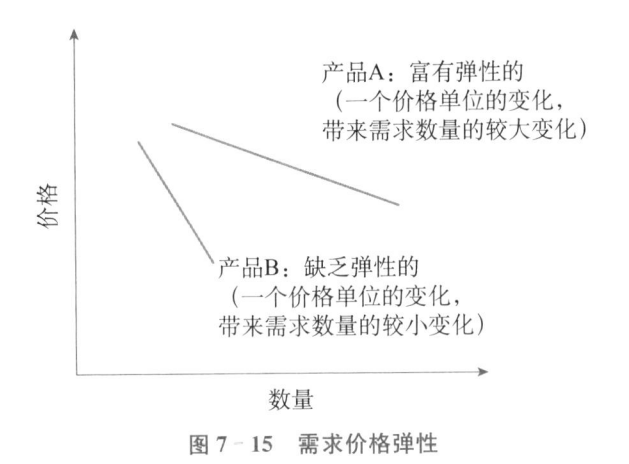

但是，鸡肉是较为便宜的肉类，是许多低收入家庭的主要食品。如果鸡肉价格上涨，而猪肉价格不上涨，有些人会转换到猪肉，但很多人还是会继续购买鸡肉。鸡肉的价格弹性小于猪肉的价格弹性。

需求价格弹性的其他决定因素有：

● 替代品的价格——与该产品最接近的替代品的价格，就像上面提到的鸡肉和猪肉，或者种类繁多的工业部件。

● 时间——消费者考虑购买替代品或服务的时间越长，产品的价格弹性越大；因此，旅游度假套餐具有很大的价格弹性，消费者通常有几个月的时间来计划暑假的备选方案；同样，价格上涨的持续时间越长，消费者就越有可能选择替代品。

● 必要性——必要性越大，产品的价格弹性就越小。因此，男士去理发店理发缺乏价格弹性，而女士去理发店理发的价格弹性就稍微大一些。在最极端的情况下，大多数奢侈品，比如去歌剧院或音乐厅，其价格弹性都很大。

● 重要性——消费者收入中用于产品的比例越高，产品通常就越有弹性。一个极端情况：汽车是富有弹性的，游艇更是如此。另一个极端情况：钉子和螺丝缺乏价格弹性。

● 品牌或潮流——对产品的情感依恋程度越高，或产品的生活方式的成分越高，产品的价格弹性就越小。例如，霍利斯特（Hollister）青少年服装品牌。

如何使用

在评估通过调整价格来获得短期利润增长的机会时，要考虑该产品或服务的需求价格弹性。

如果你计划通过降低价格来获得市场份额，那么想想关于增加份额的假设是否合理。关于该细分的需求价格弹性的隐含假设是什么？这些假设正确吗？

如果你计划提高价格，无论是为了榨取该细分的现金流，还是为了给消费者留下一个优质产品的印象，你预计会减少多少销量？关于该细分的需求价格弹性的隐含假设是什么？这些假设正确吗？

表 7-3 中的标准可用来评估你的假设。

表 7-3 典型的需求价格弹性

需求价格弹性的取值范围	类型	举例
$PED<-1.5$	非常富有弹性	烈酒、跑车、长途休闲旅游
$-1.5<PED<-1.0$	富有弹性	葡萄酒、歌剧院门票、轿车
$-1.0<PED<-0.5$	缺乏弹性	电影院、软饮料、廉价航空机票
$-0.5<PED<-0$	非常缺乏弹性	汽油、啤酒、面包
$PED>0$	吉芬商品 韦伯伦商品	煤油、土豆、威士忌酒、香槟

如果你的价格/需求量假设与已知的类似产品或服务的需求价格弹性不一致，你可能需要重新考虑它们。

何时使用

每当你采取重大举措去调整相对于竞争对手的价格时，无论是调高还是调低，都要使用它。

何时应该谨慎

如果你企业生产的是用于特定资本品制造设备的高科技组件，或者其他类似的针对利基市场的产品和服务，你将无法在网上找到任何关于你产品的需求价格弹性的估计值。你需要运用常识和判断力。可以在互联网上搜索尽可能相似的产品的需求价格弹性，也许某个地方的某个人正好做了这方面的研究。

例如，如果你想知道民用飞机制造业的需求价格弹性，你能在网上找到美国国家经济研究局（NBER）1994年的一份文件，它显示其需求价格弹性在－1.5左右。你企业所属行业的需求价格弹性的估计值，可能同样存在于网络上的某个地方。

工具 50　战略三角（大前研一）

工具介绍

麦肯锡（日本）的前 CEO 大前研一（Kenichi Ohmae）写道："没有竞争对手，就不需要战略。"因此，战略的重点是"以最有效率的方式改变公司相对于竞争对手的实力"。

这在现在似乎是不言而喻的，但是当大前研一的《战略家的思想》（*The Mind of The Strategist*）1975 年在日本首次出版、1982 年在西方首次出版时，情况却并非如此。它引发了一场有关商业思维的海啸，在很大程度上解释了日本工业在 20 世纪七八十年代取得的非凡成功，以及在一个又一个制造业门类确立了全球主导地位。

日本企业没有雇用被统计、调查、电子表格和图表武装起来的战略家和规划师队伍。战略往往掌握在一个人的手中，有时是创始人，他综合创造力、直觉和分析来对待战略，通常是非理性的，而且常常是非线性的。

日本企业最显著的特点大概是相对忽视短期，更重视长期，有时是非常长的时期。日本汽车公司为了在美国市场获得足够的回报，等待了 10 年、15 年甚至更长的时间，它们以坚定和持续专注的精神，坚持了下来。

大前研一也解释了日本公司的战略如何设法避免了许多西方公司的缺点，比如视野狭窄，日本公司对实现目标的替代路线保持敏锐；再比如完美主义，日本公司可以接受部分成功，认为这好过退缩，直到它们能完全成功。足够好就是足够好，在竞争中获得一些足够好的优势，通常就会成功。

大前研一认为可以通过四种方式实现这一目标：

（1）重新分配资源——识别行业中关键成功因素中最重要的因素（见工具 22），并在这些因素中建立自己的强项（见工具 27）。

（2）集中在你的强项上——找出你在竞争中具有特定强项的因素，对其进行投资（见工具41）。

（3）旨在用果断的、创造性的和激进的行动，重新定义行业竞争——他举了丰田的开创性例子，通过发明准时制（just-in-time）供应链，削减了昂贵的库存。

（4）利用战略自由的领域——在相对来说未受竞争影响的领域或关键成功因素中进行创新（类似工具43中金和莫博涅的蓝海战略）。

然后，战略自发地产生于"一种独特的思维模式。以这种思维模式，公司、客户和竞争对手在动态互动中融合，最终形成一套全面的目标和行动计划"。

公司（company）、客户（customer）和竞争对手（competition）共同构成了大前研一所说的"战略三角"，也就是3C（见图7-16）。

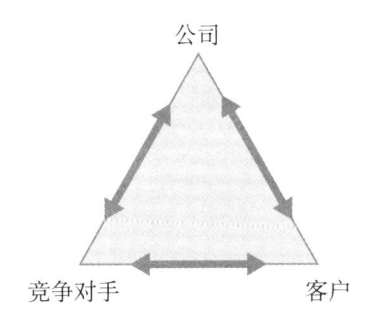

图7-16 战略三角（3C）

资料来源：Adapted from Kenichi Ohmae, *The Mind of the Strategist: The Art of Japanese Business*, McGraw Hill, 1982.

如何使用

把战略三角看作一个动态的、互动的、不可预测的三角。三角形中任何一边的任何变动都可能影响到其他边。

战略家考虑的是客户想要什么、公司必须具备什么样的能力来满足这些客户的需求，以及如何在竞争中积极主动地获得优势或快速地做出反应。

一个自发产生的战略的关键要素包括：

- 公司——专注于最擅长的事情意味着把低于行业平均水平的运营外包出去。
- 客户——专注于特定的客户子集或客户细分，而不是整个市场。
- 竞争对手——专注于你拥有或能够开发出独特竞争优势的市场细分或关键成功因素。

但请记住，战略三角是不断变化的，战略需要定期调整以应对变化。

正如大前研一所说："战略家的方法很简单，就是用一个提问来挑战主流假设，即'为什么？'并把同样的提问无情地提交给那些对当前做事方式负责的经理们，直到他们厌倦为止。"

何时使用

可以把它用于创建或检查自发战略的形成上。

何时应该谨慎

大前研一的书在20世纪80年代提供了一个启示，但他也只是把日本公司看似占主导地位的战略部署与他和许多其他人认为的西方公司的过度中央计划模式进行了比较。

在那以后，日本经历了多年的经济停滞，而西方公司则在技术领域走在了前面，采用了更为动态、敏捷、感性的战略模型。例如，麦克格兰斯（McGrath）（见工具46）、明茨伯格（Mintzberg）（见工具68）或伯金肖（Birkenshaw）（见工具79）提出的战略或工具。

但大前研一有理由认为，当今许多成功的全球性公司都遵循了日本模式，或者至少借鉴了其中的一些元素。韩国及中国的电子和汽车公司都发扬了日本式的长期战略，既面向客户细分，又重视以有竞争力的价格开发产品，从而实现了两者的融合，最终在西方市场上赢得了可观的市场份额。

工具 51 4P营销组合（麦卡锡）和紫牛（高汀）

工具介绍

推销话术在营销活动中已经有很长的历史了。如果你选择的基本战略是差异化，你最好把营销做正确。

60多年来，4P营销组合一直都是最好的起点。一种产品或一项服务可能是具有特色的，但它们并不会推销自己。"产品"只是E. 杰罗米·麦卡锡（E. Jerome McCarthy）20世纪60年代开发的营销组合中的四个关键组成要素（4P）之一（见图7-17）：

- 产品（product）；
- 渠道（place）（分销，distribution）；
- 价格（price）；
- 促销（Promotion）。

图7-17 4P营销组合

资料来源：Adapted from E. Jerome McCarthy, *Basic Marketing. A Managerial Approach*, R. D. Irwin, 1960.

对于麦卡锡，以及自他之后一代又一代的营销者而言，营销就是把正确的产品，放在正确的渠道，以正确的价格进行正确的促销，然后，产品就卖出去了。

但如果你在 4P 中的任意一个要素上出现了错误，那么产品就可能卖不出去。你可能拥有正确的产品，用正确的价格进行正确的促销，但却分销到了错误的渠道，客户还是无法购买它。

你可能有 3 个 P 是正确的，但价格太高，客户也不会购买它；或者价格可能太低，你卖了很多产品，却赚不到多少利润。

或者你可能像我一样，在写作之初就"生产"了正确的产品（《支持你!》(Backing U!)，一本关于职业发展和改变的书，使用了商业分析的转型工具），制定了正确的价格（24.95 美元），使用了正确的渠道（巴诺书店、亚马逊等），但缺乏促销，结果它销量惨淡。

如何使用

你的一些利润增长选项可能会对营销产生影响。也许你计划进入一个新的细分市场，或强化你在现有细分上的地位；也许你打算调整在一个细分上的定价。

如果是这样的话，你应该考虑 4P 营销组合中的每一个要素。你应该询问自己一些引导性的问题，例如：

（1）产品（或服务）。

- 你的产品交付了客户实际需要的东西吗？
- 在尺寸、特性、颜色、功能方面，什么样的产品属性能更好地满足客户的需求？
- 这些属性是否能够被经济且高效地开发出来？
- 产品范围应该缩减吗？
- 应该重新设计品牌、重新包装，或者与其他产品或服务捆绑销售吗？
- 从竞争对手的最佳实践中，你能学到什么？

（2）渠道。

- 大多数客户能够从购买某类产品的渠道中买到你的产品吗？

- 在该渠道中，你是否有足够数量的产品并能满足客户的需求？
- 满足客户的需求对库存和物流成本有何影响？
- 如果你的产品在超市中销售，那么它是否也可以在专卖店中买到？在直邮的商品目录里呢？在网上呢？
- 这对你的销售团队有何影响？
- 从竞争对手的最佳实践中，你能学到什么？

（3）价格。

- 产品给客户带来了什么利益，客户从产品中感知到了什么价值？
- 是否存在提高价格的空间，以便于从客户利益中分一杯羹？
- 客户对价格变化的敏感程度如何（见工具49需求价格弹性）？
- 价格变动将如何影响你相对于竞争对手的价格定位？
- 竞争对手会如何应对？

（4）促销。

- 如何才能最有效地让你的目标客户明白你产品的利益？
- 你将如何在以下方面分配你的促销预算？一是销售时间高效、受众广泛的广告，如报刊、电视、广播、广告牌、互联网或社交媒体；二是销售时间密集、受众狭窄的一对一销售；三是处于这两者之间的其他促销活动。（见图7-18的促销金字塔，这是20世纪90年代早期我开发的架构，用来说明管理咨询服务中的促销选项，但它可以适用于许多产品和服务部门。）
- 从竞争对手的最佳实践中，你能学到什么？

问一下你自己这些问题，以及其他一些与你的利润选项相关的问题。在每个选项中，你有没有部署最佳的营销组合？

客户是否会在正确的地点以正确的价格收到正确的产品？并且是否有足够的客户通过促销了解产品？

何时使用

使用它来考虑一个利润增长选项对营销的影响。

```
                1对1
              (咖啡/午餐)
             1对3的社交活动
                研讨会
                直邮广告
                主办会议
          在行业杂志上刊登专题式广告
            在全国报刊上刊登广告
```

销售时间密集程度 ↑　　现金开支 ↓

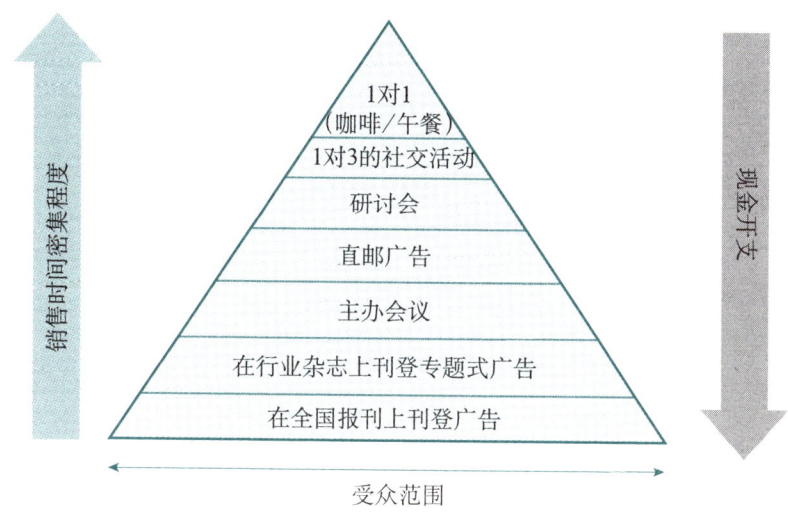

受众范围

图 7-18　促销金字塔：管理咨询

何时应该谨慎

多年来，4P 营销组合出现了一些变化和发展。一些批评者把麦卡锡方法（McCarthy's approach）看作产品和生产者导向的，反映了过去那个时代的业务战略。在市场驱动型组织的时代（见工具 72），罗伯特·F. 劳特朋（Robert F. Lauterborn）等人在 1993 年提出了一种更加以客户为中心的分类。

他们提出了 4C 营销组合方法：

● 消费者（consumer）——把产品视作满足消费者需求的物品。

● 成本（cost）——把价格视为消费者的总成本，包括购买成本和维护成本。

● 沟通（communication）：本质上是促销。

● 便利（convenience）：本质上是渠道，但强调的是在线呈现，为消费者提供了更大的便利。

其他人则认为 4P 营销组合更适合对产品的营销，而不是服务。英国特许营销协会（The Chartered Institute of Marketing）提出了 7P 营销组合，有效地增加了三个要素：

- 人员（people）——为了公平合理地提供服务，面向客户的人员必须数量充足、品质良好、受过恰当的培训，售后支持人员也是如此。
- 过程（process）——服务过程和服务人员的行为是至关重要的，等候时和信息交流时的行为也很重要。
- 有形展示（physical evidence）——从企业经营场所的适宜性，所提供的服务，再到满意客户的评价。

对营销组合的其他扩展，还包括来自布莱恩·崔西（Brian Tracy）的这些要素：

- 包装（packaging）——产品或服务的包装，例如 IBM 早年的销售人员所穿的蓝色西装和白色衬衫。
- 定位（positioning）——你在客户心中占有怎样的位置。

4P 营销组合方法的支持者可能会反驳说，这些扩展中的绝大部分都只是最初的四个要素的子集。但无论是 4P、7P，或者是 9P，还是 4C，这一工具在剖析市场营销组合中是经久不衰的。

但这就足够了吗？赛斯·高汀（Seth Godin）驾车穿越法国，被黑白相间的奶牛迷住了，它们在风景如画的牧场上安静地吃草。但过了一会儿，他就熟视无睹了，它们变得太熟悉了。他想，如果它们变成紫白花的，也许他会再次注意到它们。但这也只是暂时的。即使它们都变成紫白花的，也会很快再次被忽视。

高汀说，忘掉 4P，或者不管你想要多少个 P，都忘掉吧。只需追求一个 P，即紫牛（purple cow）！把你的产品涂成紫色。不是字面意思，而是比喻。让它变得突出；让它值得注意，值得谈论；让它与众不同，要新颖、有趣、创新；让它引人注目，并让它始终引人注目；让它成为并且始终成为一头"紫牛"！

工具 52　产品质量和客户满意度（狩野纪昭）

工具介绍

伊拉克裔英国建筑师扎哈·哈迪德（Zaha Hadid）说："我不认为建筑仅仅是住处……它应该能让你兴奋。"

你的产品或服务让你的客户兴奋吗？

狩野纪昭（Noriaki Kano）的产品质量和客户满意度模型广泛地发展了这一主题。如果你追求的是一种差异化战略，这是一个非常有用的工具。

"产品"是4P营销组合的要素之一。在你的一些利润增长选项中，你需要考虑你的产品是否交付了客户需要的东西，以及你的产品的特征是否能够被经济高效地开发出来，以便于更好地满足客户需求。

狩野纪昭将产品属性分为五类：

- 吸引人的（attractive）——当这些产品属性存在时，消费者会感到满意；但是当这些产品属性不存在时，消费者也不会感觉到不满意。这些产品属性也称激励因素。
- 一维的（one-dimensional）——这些产品属性虽然无关紧要，但当存在时，消费者会感到满意；不存在时，消费者会不满意。这些产品属性也称为绩效属性或满意因素。
- 必备的（must-be）——这些产品属性的存在被认为是理所当然的；不存在时，会引起不满。这些产品属性也称门槛属性。
- 无差异的（indifferent）——这些产品属性存在时，既不会引起满意，也不会引起不满意；不存在时，也是如此。
- 逆向的（reverse）——这些产品属性存在时，会引起不满意。这些产品属性也称不满意因素。

产品质量和客户满意度之间的关系，以及这五种类型的产品属性可以很好地用图形来描述，见图 7-19。

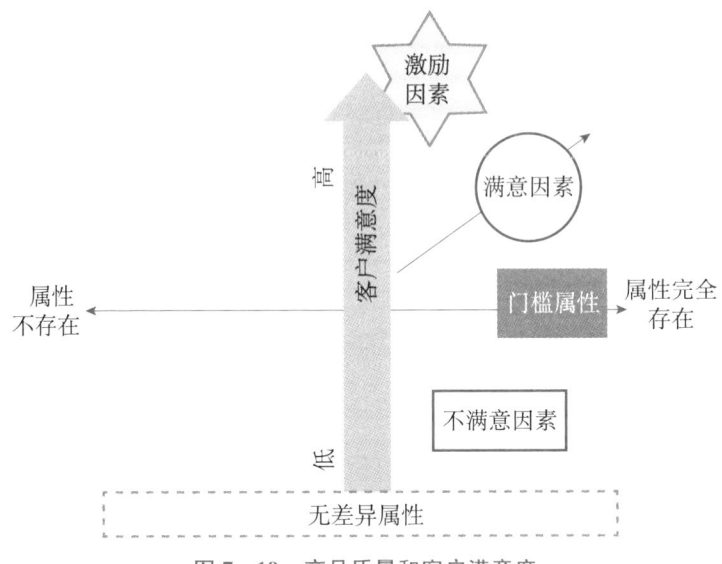

图 7-19　产品质量和客户满意度

资料来源：Adapted from N. Kano, N. Seraku, N. Takahashi and S. Tsuji, 'Attractive Quality and Must-be Quality', *Hinshitsu*: *The Journal of the Japanese Society for Quality Control*, April 1984.

如何使用

确定关键产品中那些对你的客户有利益的属性，并将每个属性归入狩野纪昭的五个类别之一。

根据每个属性来评价你的产品的性能。这种产品在你的一个关键产品/市场细分中销售，代表了一个利润增长选项，所以它必须确实充分满足所有的门槛属性。

还要根据绩效属性，即位于图右上方象限的满意因素，对每个属性存在时，如何带来高水平的顾客满意进行评价。

你的产品是否展现出了能带来最大客户满意度的吸引力属性，即激励因素？如果没有，为什么？这是一个目标细分。

通过消除无差异属性或减少绩效属性，从而专注于激励因素，你可以在多大程度上提高客户满意度？

开发激励因素会对成本产生什么影响？你有能力调整定价吗？如果没有，你还能拥有一个健康的利润吗？

何时使用

当一个利润增长选项涉及产品开发时，使用它。

何时应该谨慎

通常，狩野纪昭的模型可以通过内部的头脑风暴得到有效应用。在公司外面找个地方，把你的销售团队召集起来，找出客户从产品属性中获益的方式，对团队成员的观点进行比较。

有疑问时，询问客户。这种分析最好在客户满意度调查后进行。你不会仅仅基于一名强势的、固执己见的销售人员或主管的观点投资开发一个铃铛或者口哨，尤其是当这个属性仅对一个客户和高尔夫伙伴重要的时候。

工具53 需求层次（马斯洛）

工具介绍

美国零售商斯坦利·马库斯（Stanley Marcus）认为："消费者是统计数据，客户是人。"

前面一组工具关注了产品属性以及它们使客户满意和满足客户需求的程度。

不妨停下来，把客户当作人，来进一步思考，这或许会有所帮助。客户和你我一样，都是有真正的人类需求的人，不仅包括功能性需求，还有社会和心理需求。

一个很好的出发点，通常是亚伯拉罕·马斯洛（Abraham Maslow）在20世纪40年代所做的工作。他提出的需求层次理论，直到今天听起来仍然真实可靠（见图7-20）。

图7-20 需求层次

资料来源：Abraham H. Maslow, 'A Theory of Human Motivation', *Psychological Review* 50, 1943.

越基本的需求，覆盖的范围就越广，如金字塔底部的那些需求。因此，生理需求或安全需求没有得到满足的人不太可能过多关注自我实现。

如何使用

你的产品满足了客户需求的哪个层次？最起码，它应该满足他们的生理需求（例如，食物、住所）或安全需求（例如，航空运输、药品、服装，或者在企业对企业的销售中，客户的工作保障）。

但你能满足他们的归属需求吗？最精明的消费者品牌企图实现这一点。想一下随处可见的牛仔裤，它创造了一种可以很容易通过服饰来识别的亚文化。

定制你的产品属性或营销，以激发客户的归属需求，这可以极大地扩大你的销售。

更进一步，你能满足客户的尊重需求吗？奢侈品牌充分利用了这一人性弱点。一直让我感到惊讶的是，当你认为品牌所有者为了推广品牌而必须付钱时，人们却会花更多的钱，仅仅是为了显示他们衣服上顶级品牌的名字或标志。

引发尊重需求意味着你的产品有一个溢价。想想 iPod 或 iPhone，它们都是好产品，但在产品属性上未必优于它们的竞争对手。然而，它们价格高昂，是因为它们满足了消费者的尊重需求，也增强了他们对精英阶层、科技通、时髦的亚文化的归属感。

何时使用

使用它，并思考你的产品定位或价格定位。

何时应该谨慎

不要抬高定价，除非你确信你的产品能满足生理需求或安全需求以外的其他需求。

工具54 金字塔底层（普拉哈拉德和李侃如）

工具介绍

2012年，《哈佛商业评论》（*Harvard Business Review*）的编辑们梳理了他们的期刊档案，从中选出了他们认为能最大限度改变战略形态的五种图表。每种图表都"如此巧妙地捕捉到了一个重要的战略洞见，以至于它成为管理思维的一个标志性组成部分，并成为未来几年在MBA课堂和公司董事会上出现的一种工具"。这些图表中的四种毫无争议：

- 五力模型（波特），见工具20。
- 增长/份额矩阵（波士顿咨询集团），见工具32。
- 经验曲线（波士顿咨询集团），见工具40。
- 颠覆性技术（克里斯坦森），见工具74。

第五种是C.K.普拉哈拉德（C. K. Prahalad）和李侃如（Kenneth Lieberthal，又译为肯尼思·科伯索尔）的金字塔底层（见图7-21），它或许可以将竞争者如波特的价值链（见工具29）、通用电气/麦肯锡的吸引力/优势矩阵（见工具31）或金和莫博涅的蓝海战略（见工具43）轻轻推到一边。

在1998年，这张图仅仅代表了一个启示，后来逐渐成为公认的智慧。管理者们清楚地知道，最具吸引力的增长机会在经合组织（OECD）国家之外，在新兴市场。在21世纪头10年，是当时的金砖四国（巴西、俄罗斯、印度和中国）；后来又加上波兰、土耳其、印度尼西亚和尼日利亚等其他国家。

普拉哈拉德和李侃如所强调的是，要有一个拥有巨大购买力的人口，即那些年收入在5 000～10 000美元的新兴市场消费者。对于经合组织国家的公司来说，这是一个有吸引力的市场，特别是在食品、住房或能源方面。

图 7-21 金字塔底层

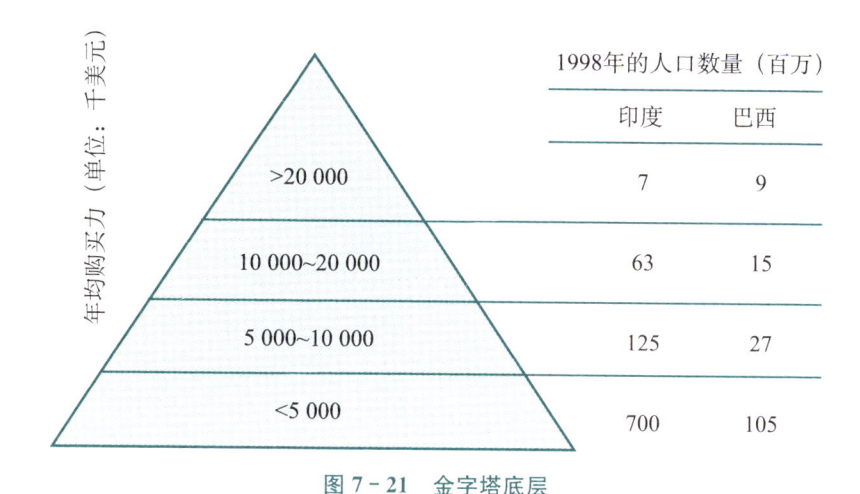

年均购买力（单位：千美元）	1998年的人口数量（百万）印度	巴西
>20 000	7	9
10 000~20 000	63	15
5 000~10 000	125	27
<5 000	700	105

资料来源：Adapted from C. K. Prahalad and Kenneth Lieberthal, 'The End of Corporate Imperialism', *Harvard Business Review*, Jul-Aug 1998.

普拉哈拉德在他的后续著作《金字塔底层的财富》（*The Fortune at the Bottom of the Pyramid*）中，将注意力集中在尚未开发的全球50亿低收入者的巨大购买力上。公司为低收入者提供所需的东西，"创造了一个双赢的局面。不仅公司进入了一个充满活力的市场，而且低收入者因为被当作消费者对待，从而不再受到歧视，他们变成了被赋权的客户"。

面向这个市场的公司创造了一个"经济基础设施，为低收入者创造了真正的就业机会，最终结束了贫穷的恶性循环"。

如何使用

或许你已经把某些产品、组件或流程外包给了印度。试着采用相反的视角，把它们当成客户，而不仅仅是供应商。

何时使用

当你在寻找意料之外的成长机会时，就使用它。

同样，不要忘记你自己国家中的金字塔底层。在金融危机后的经济衰退中，麦当劳在美国蓬勃发展，并大量招聘员工；奥乐齐（Aldi）强势进入市场；墨西哥和印度的电信公司、医疗保健公司和汽车公司也为解决美国金字塔底部的问题量身定制了产品。

何时应该谨慎

牢记安索夫的产品/市场矩阵（工具 30）。向这些市场销售新产品或服务要三思而后行，可以多考虑销售现有产品或低成本产品。

阿施施·卡拉姆昌达理（Ashish Karamchandani）、迈克·库桑斯基（Mike Kubzansky）和尼尚特·拉尔瓦尼（Nishant Lalwani）在 2011 年发现：

> 尽管市场规模如此之大，大规模的宣传也如此之多，但很少有跨国企业已经建立起规模相当大的业务来服务于那些每天仅靠几美元生活的人。公司意识到，在这个市场上获得的利润是难以捉摸的，而且有证据支持这一点。除了在电信、快速消费品和药物等行业取得一些成功，全球化企业无法把成本和价格降到足够低，从而能够服务于收入较低的消费者。

他们的研究表明，在与低收入者打交道的企业中，只有少数企业在非洲创建了服务 10 万及以上客户的业务，或者在印度创建了服务 100 万客户的业务。例如，宝洁在 PUR 水质净化上，面向金字塔底层投资了 1 000 多万美元，但最终不得不将产品转让给慈善机构，因为其市场占有率难以超过 5%。

他们得出的结论是，金字塔底层并不适合每一个人："达到发展中国家不断增长的中等收入群体的目标往往并不复杂，不需要对公司通常的经营方式做出太大改变。"

工具 55　反向创新（戈文达拉扬）

工具介绍

"创新，而不仅仅是出口！"

维杰伊·戈文达拉扬（Vijay Govindarajan）在与克里斯·特林布尔（Chris Trimble）合著的《逆向创新：创造于本土外，赢在全球》（*Reverse Innovation：Create Far from Home，Win Everywhere*）（2012）一书中如此宣告。

多年来，有太多跨国公司将发展中国家的市场视为一个销售与发达国家相同产品的机会，但将产品的特性和利益减至最低限度，以降低发展中国家中的那些比发达国家收入低的普通客户或消费者须负担的成本和价格。

戈文达拉扬表示，未来的赢家将是那些采取截然相反的方法的人：在发展中国家进行创新，然后把产品出口到发达国家，有必要的话，增加一些产品特性和利益（见图 7-22）。

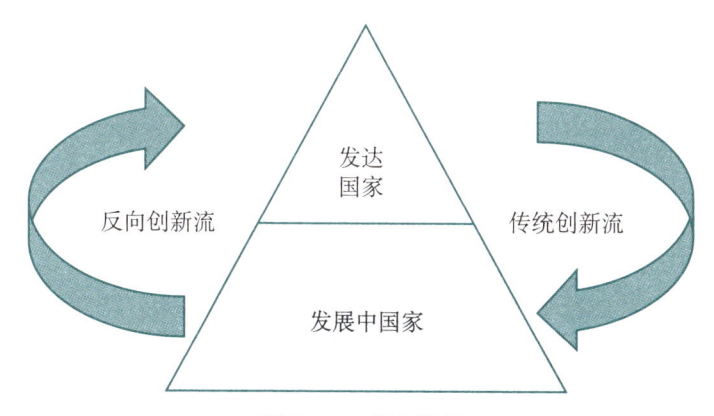

图 7-22　反向创新

资料来源：Adapted from Vijay Govindarajan and Chris Trimble, *Reverse Innovation：Create Far from Home，Win Everywhere*, Harvard Business Review Press, 2012.

他引用了美国拖拉机制造商约翰·迪尔（John Deere）与印度制造商

马恒达（Mahindra）竞争的例子。马恒达专门生产低端拖拉机，功率低至35马力，坚固耐用且省油，多年来为满足印度小农户的需求而量身定制。20世纪90年代中期，它将目光投向了利润丰厚的美国市场。马恒达意识到自己无法与迪尔生产的大型、顶级拖拉机系列竞争，迪尔生产的一些拖拉机功率高达600马力，用于工业化大规模的集约型农业。因此马恒达专注于一个利基市场——业余爱好型的"农民"、园林设计师和建筑承包商，它的小型红色拖拉机非常适合他们。

马恒达针对美国市场进行了适当的产品改进，如针对宽大体型者提供了更大的座位，为经销商和消费者提供个性化服务，随后其在美国的销量迅速增长，但没有被关注到，因为迪尔正把更多注意力放在直接竞争对手凯斯（Case）和纽荷兰（New Holland）身上。迪尔终于在21世纪初做出了反应，将注意力转向了印度市场。它不再销售针对美国市场设计的精简版产品，而是专门为印度市场创新并开发产品。这是在创纪录的最短时间内完成的，由此产生的名为Kish的产品在印度取得了辉煌成绩，随即实现了出口。与此同时，就销量而言，马恒达后来成为世界上最大的拖拉机制造商。

如何使用

戈文达拉扬将"反向创新"定义为首先在发展中国家被采用，然后进行"反重力并向上流动"的任何创新。

他还举了其他一些有趣的例子。其中最经典的一个是运动饮料佳得乐（Gatorade），它以佛罗里达大学（University of Florida）的橄榄球队鳄鱼队（Gators）命名，但它实际上是基于一种治疗南亚数百年来因霍乱引起的急性腹泻患者的补水药物。研究发现，由椰子水、胡萝卜汁、米汤、角豆粉和脱水香蕉等成分组成的混合物，提供了碳水化合物、糖和盐，不仅能为南亚的病人补充水分，而且能为健康的美国橄榄球运动员补充水分。

再如沃尔玛。该公司热衷于在拉丁美洲发展业务，最初出口了在美国非常成功的大型零售产品。但它发现，拉丁美洲的购物者通常缺少资金进行大批量采购,也没有足够的空间或冷藏设备来保存。而且大多数消费者出门购物要么骑自行车、助动车,要么乘公共汽车或者步行,从而限制了他们可以带回家的东西。

因此,沃尔玛将其拉丁美洲的产品调整为小箱零售。这一举措在拉丁美洲被证明是非常成功的,以至于在 21 世纪初,它将这个概念再出口回美国,将小箱零售网点分散在城镇居民区和农村地区。它扩大了自身在买方议价能力和供应链管理方面的竞争优势,并基于从拉丁美洲获得的小箱零售方面的技术诀窍,在美国食品杂货市场这样一个新的(对沃尔玛而言)大型细分上迅速获得了市场份额。

这种模式被许多发达市场的大型零售商采用,并得到快速部署,如英国的特易购、Sainsbury's Local 和玛莎食品。

何时使用

你公司的总部是否设在发达国家,它是否向发展中国家出口产品或服务?这些产品能否通过在发展中国家进行创新,在发展中国家获得更大的市场份额?开发出来的这些产品随后能否再出口到发达国家,从而能够渗透到一个有潜在回报的新产品/市场细分?

何时应该谨慎

或许你公司的总部设在发展中国家,并考虑向发达国家出口。发达国家的一个强大竞争对手意识到需要进行反向创新,开始在你的市场进行创新,并以再出口到它的国内市场为目标。也许在竞争对手这样做之前,你就应该采取行动!

工具 56　业务流程重组（哈默和钱皮）

工具介绍

你准备好去清除流程了吗？

业务流程重组（business process redesign，BPR），也称业务流程再造（business process reengineering），是 20 世纪 90 年代的大事件。为了满足激增的需求，整个咨询行业都被调动了起来，各咨询公司急匆匆地就这一主题发表自己的看法。

它为解决 1989—1992 年间经济结构导致的大衰退下企业遇到的困难，提供了一个有吸引力的解决方案。它没有采用标准的成本削减战略，而是借助重组或裁员。它提议对提供产品或服务的运营流程进行重新设计，从而降低单位产品成本，改进服务。

迈克尔·哈默（Michael Hammer）和詹姆斯·钱皮（James Champy）站在这一攻势的最前沿。哈默在《哈佛商业评论》上发表了一篇题为《再造：不是自动化，而是重新开始》（Reengineering Work：Don't Automate, Obliterate）的文章。这篇文章颇具挑战性，他将矛头对准了那些未能增加价值的流程。技术，特别是信息技术，被用来升级和简化所有的组织流程，包括那些毫无价值的流程。他们称之为"在牛道上铺路"。

流程需要重新定义，从头开始重新思考、调整并重新设计。多余的流程应该被清除。

如何使用

关于业务流程重组的著作数不胜数。你最好从哈默和钱皮 1993 年的《企业再造》（Reengineering the Corporation）开始。他们将业务流程重组定义为："对业务流程进行根本性的重新思考和彻底的重新设计，以在关键的现代绩效指标，如成本、质量、服务和速度上，实现显著的改进。"

他们确定了所有 BPR 项目的共有原则：
- 将数项工作合并为一。
- 员工做出决策。
- 流程中的各个步骤按自然顺序执行。
- 流程中有多个版本。
- 最合理地执行业务流程。
- 把检查和控制减少到最经济的程度。
- 协调最小化。
- 在流程的交接处，只设置单一联系点。
- 将集权和分权相结合。

业务流程重组应该遵循一个标准的循环过程（见图 7-23）。

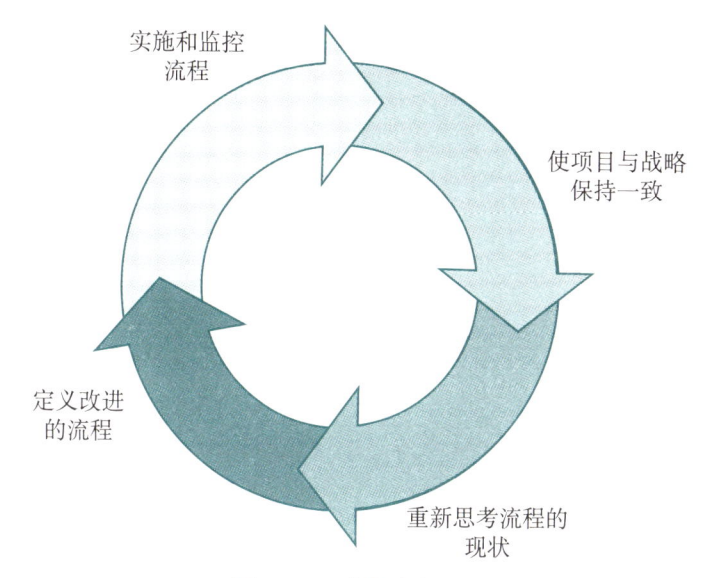

图 7-23 业务流程重组

资料来源：Adapted from Michael Hammer and James Champy, *Reengineering the Corporation: A Manifesto for Business Revolution*, Nicholas Brealey, 3rd edn, 2001.

（1）使 BPR 项目与企业的战略保持一致，这些战略或者是新确立的，或者是已有的。

（2）确定所有相关的运营流程，并根据第一条原则对它们进行重新思考。

- 它们的用途是什么？
- 它们是如何形成的？
- 它们增加了什么价值？
- 如何对其改进，以便进一步增加价值？
- 通过精简或合并能增加更多的价值吗？

（3）定义一系列改进的流程，包括：

- 自身增值。
- 当与其他流程结合时，会增加更多的价值。

（4）实施和监控重组后的流程。

（5）一段时间后，重新开始……

何时使用

当标杆管理表明你的企业在成本、质量、服务或速度方面表现不佳时。

何时应该谨慎

对 20 世纪 90 年代的业务流程重组热潮的批评来自许多方面。因为一个业务流程重组项目常常导致裁员，所以人们常把它与裁员联系起来。但是它们是两个截然不同的项目，对认知进行管理很重要，尤其是在劳资关系方面。

更多的声音表达了对实施业务流程重组项目的担忧。许多项目之所以未能产生预期的效果，往往是由于员工的抵制。一些业务流程重组项目之所以取得了成功，是因为它们伴随着重大的变革管理方案。

另一种批评来自 1996 年的迈克尔·波特。一个业务流程重组项目导致的效率提升可能是成功的一个必要条件，但不大可能是一个充分条件。业务流程重组项目不应该掩盖追求一个成本领先战略或差异化战略的需要。

效率不能代替战略。

最后,哈默的口号——清除多余流程也会产生问题。要小心,你扔掉的那个流程,随着时间的推移,对于你不想被削弱的组织能力或核心竞争力(见工具 62),事实上有着微妙的贡献。

工具 57　外　包

工具介绍

其他人比你做得更好、成本更低吗？

外包是 20 世纪 90 年代才有的一个名词，指的是一个过程，即从独立的专业供应商那里购买业务流程，而不是在内部执行。

这并不是一个新概念。德高望重的经济和企业哲学家彼得·德鲁克是外包的一个坚定支持者。他认为，一家公司应该仅仅专注于"前厅"（front room）活动，也就是那些与顾客最接近的活动，它们是业务的核心。"里屋"（back room）活动应该外包给其他公司。对外包商来说，这些活动就是它们的"前厅"活动，依此类推。

这是"制造或购买"决策的一个变种，是所有制造公司多年来一直面临的问题。在自己的工厂中生产零部件还是从一个更专业的供应商那里购买零部件，这是整个业务流程中所有公司、制造商或服务提供商都面临的一个决策问题。这种外包有时被称为"纵向去一体化"，导致了"虚拟企业"的产生，其附加价值是购买、重新包装和营销其供应商的商品和（或）服务。

长期以来制造商买进零部件，以及现在有些制造商买进整条产品线，有四个主要原因，它们也适用于流程外包：

- 更低的成本——外包商专门从事该零部件业务，享有规模经济。
- 专注于核心业务——无须再通过投资研发和制造设备来制造该零部件；相反，投资（和管理时间）可以专注于核心业务。
- 更高的质量——专业的外包商将投资于最先进的产品和生产技术，以保持领先于它的竞争对手。
- 更快的上市速度——你专注于新产品，外包商专注于零部件，因而有更高的效率、更快的速度。

在 20 世纪 80 年代，第一批求助外包商的业务流程是 IT 服务。为了跟上 IT 硬件和软件快速且昂贵的变化，公司变得手忙脚乱，因此乐于有机会把此类业务交给大型、增长快速、资源充足的外包商。这些外包商之所以存在，就是因为它们在技术和运营上始终保持领先地位。

从那时起，外包扩展到整个服务领域，从技术支持到客户服务，从工资发放到培训，从债务催收到索赔管理。

区分三种类型的外包是很必要的：

- 专业供应商——最原始的外包，从专业运营商的规模经济和范围经济中获得成本优势。
- 低成本供应商——在某些地区运营商有更低的成本，它们可能是专家，也可能不是专家。
- 海外低成本供应商——也称离岸外包，运营商通常位于东欧、南亚、东南亚或中国（或南美，服务于美国公司）。

如果你进行外包的主要原因是为了提高该业务流程的质量，那么你可能最好选择一个在本国有运营的专业供应商，而不是离岸外包。

如何使用

外包决策往往是由利润下降引起的。你发现在一个主要细分中进行定价正变得越来越棘手。你一直把成本控制得很好，但与其他产品线相比，利润还是不能令人满意。通过外包零部件，或者是整条产品线，又或者是所有生产，利润能提高到什么程度？

外包也可能是由一个投资决策引起的。你的生产主管想购买最新的机器来制造一个关键零部件。你的 IT 主管想投资购买一些新的、昂贵的专用软件。你的物流主管想更换他的货车车组。

外包还可能是由一个客户满意度调查引起的。客户也许对产品质量、产品交付或服务不够满意。

或者……你发现你的竞争对手正在进行离岸外包。

当考虑外包这一选项时（见图 7-24），应该选择专业的、低成本的，还是离岸供应商？这取决于你重点关注的是质量还是成本。

获取一些报价和合同样本。在初次谈判中试探一下深浅。

考虑一下外包对你的员工的影响。如果你决定外包，供应商会接手你的员工吗？如果不会，你会为他们做什么准备？他们能被重新安排吗？如果不能，裁员的成本是多少？裁员对留置员工的士气有什么影响？

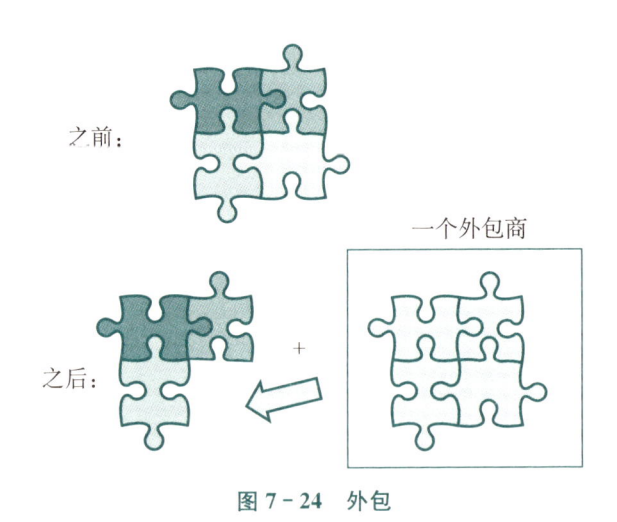

图 7-24 外包

何时使用

当你需要降低单位产品成本或提高服务标准时。在 21 世纪初，外包得到了越来越多的应用，包括被政府采用。

何时应该谨慎

与工具 56 一样，外包面临的主要危险之一是某个核心竞争力的丧失。当你把一大堆的服务和业务流程都转给外包商之后，你可能会发现，你几乎找不到地方来放置你自己的独特印记了。

或者，在一些关键成功因素的表现上，你可能会面临落后的风险。在企业内部生产可以使你比竞争对手更加灵活和敏捷；如果选择外包，你可能会失去这个优势。对客户来说，这个采购标准是否重要呢？

你也可能会变得容易受到竞争对手的攻击。在 21 世纪初，许多互联网服务供应商把它们的技术服务平台转移到印度和其他低成本国家。如今，它们的一些竞争对手专门在国内推广用户友好型服务平台，并成功地获取了溢价。

第 8 章

弥补差距：公司战略

```
                    8.公司战略
        9            7.业务战略           机
        风                                 会
        险             竞争力
        和         5.当前    6.目标
              3.市场需求      4.行业供给
        ┌─────────────────┬─────────────────┐
        │   1.你的业务    │    2.你的目标   │
        └─────────────────┴─────────────────┘
```

必要工具

工具 58　优化公司组合

工具 59　通过合并、收购和联盟创造价值

工具 60　公司重组六边形（麦肯锡）

工具 61　创造母合价值（古尔德、坎贝尔和亚历山大）

工具 62　核心竞争力（哈默尔和普拉哈拉德）

工具 63　战略价值资源（科利斯和蒙哥马利）

有用工具

工具 64　战略独特资源（巴尼）

工具 65　独特能力（凯）

工具 66　独特竞争力（斯诺和赫比尼亚克）

工具 67　动态能力（蒂斯、皮萨诺和苏安）

工具 68　刻意战略和自发战略（明茨伯格）

工具 69　整合思维（马丁）

工具 70　做内行的事（彼得斯和沃特曼）

工具 71　利用核心业务创造利润（祖克）

工具 72　市场驱动型组织（达伊）

工具 73　价值信条（特里西和威瑟姆）

工具 74　颠覆性技术（克里斯坦森）

工具 75　区块链技术（泰普斯科特）

工具 76　合作竞争（布兰登伯格和内勒巴夫）

工具 77　增长和危机（格林纳）

工具 78　好战略和坏战略（鲁梅尔特）

工具 79　快速/前进（伯金肖和瑞德斯卓）

工具 80　创新热点（格拉顿）

工具 81　变革的八个步骤（科特）

概　述

你的企业是一家多业务企业吗？

如果是，本章适合你。在此之前，你力图通过提高单个业务的竞争力来弥补战略差距，这就是业务战略（第 7 章）。现在谈谈公司战略。

在公司战略方面有两大思想学派，每个学派都有其相应的一系列工具和分析。

- 市场定位学派。该学派认为，战略应该集中在业务层面，所有有意义的竞争都在这个层面上，而公司战略仅限于组合规划。
- 资源基础学派。该学派认为，战略应该集中于利用整个公司的资源和能力（或"竞争力"）。

两个学派各有优点，本章将阐述如何从每个学派中汲取精华。本章选择了六种必要工具：

- 三个工具选自市场定位学派：优化公司组合，通过合并、收购和联盟创造价值，以及公司重组六边形。
- 一个工具选自资源基础学派，该工具被证明是最具影响力的工具，即哈默尔和普拉哈拉德的核心竞争力。
- 一个工具试图融合两个学派，即科利斯和蒙哥马利的战略价值资源。
- 还有一个工具同时包含两个学派的观点，它强调了管理中心或总部的作用，通过业务组合和资源管理能够创造价值，即古尔德、坎贝尔和亚历山大的创造母合价值。

这一章还介绍了一系列其他振奋人心的公司战略工具：从巴尼、凯等人的基于资源基础观的四个更加深入的看法，到克里斯坦森的引发轰动的颠覆性技术；从明茨伯格久负盛名的刻意战略和自发战略，到格拉顿的创新热点。

工具 58　优化公司组合

工具介绍

"如果你还未进入这一业务领域，你今天会进入吗？如果答案是否定的，你打算怎么办？"

这是 20 世纪 80 年代早期管理学大师彼得·德鲁克向通用电气（GE）新任 CEO 杰克·韦尔奇（Jack Welch）提出的两个问题。这直接导致了韦尔奇的公司战略，即通用电气的每一项业务，在自己的领域内，要么第一，要么第二。否则，这项业务将会被整顿、出售或者关闭。

这一战略虽然残忍，但却有效。杰克·韦尔奇在他任职的前四年内就裁掉了通用电气 1/4 的员工，而且众所周知他每年都要开除表现不佳的管理人员。但是在他管理的 23 年中，通用电气的市值增长了 30 倍，成为全球市值最高的公司。

公司战略很少如此极端。但核心目标往往是相同的：优化公司组合，实现集团的股东价值最大化。

公司战略工具所处理的问题不同于业务战略工具。业务战略试图确定一项业务如何才可以获得可持续的竞争优势，而公司战略则提出了三个主要问题：

- 哪项业务你应该去投资（你的稀缺资源）？
- 哪些业务应该从你的组合中去掉或增加到你的组合中？
- 所有业务所共有的哪些资源或能力是你应该重点关注的？

第二个问题将在下一个工具中讨论。第三个问题，即关于战略的资源基础观，也将在随后讨论。这里的重点是第一个问题：哪些业务你应该会投资？

你已经见到过一些解决这一问题的工具了。在此之前，你使用这些工具来确定一项业务中产品/市场细分的最佳平衡（见第 6 章）。现在，你可以使用相同的工具来确定一家公司中业务的最佳平衡。

这些工具包括（图 8-1 再次展示）：

- 吸引力/优势矩阵（通用电气/麦肯锡），见工具 31。
- 增长/份额矩阵（波士顿咨询集团），见工具 32。
- 战略条件矩阵（亚瑟·D. 利特），见工具 35。

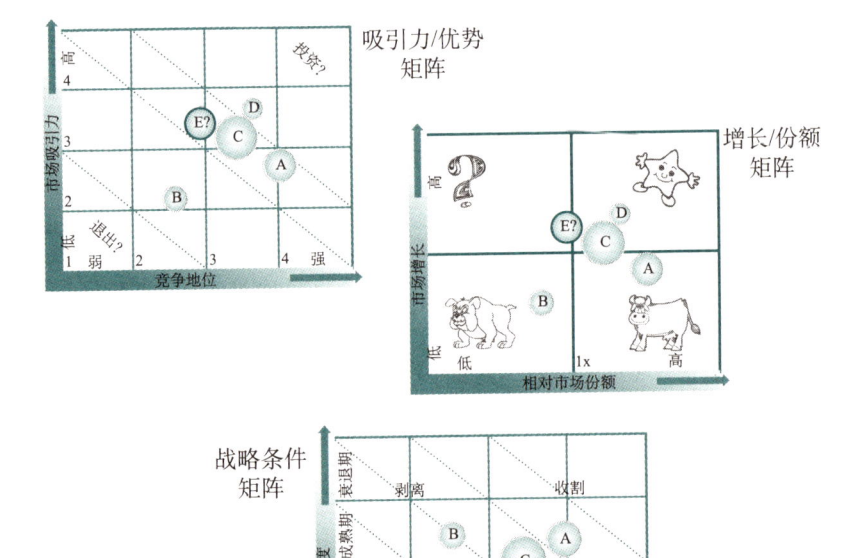

图 8-1 公司组合规划工具

这些工具应该能让你清楚地了解：

- 哪些业务你应该投资。
- 哪些业务你应该保持并提高绩效。
- 哪些业务你应该剥离。
- 哪些业务你应该逐步进入，或者通过收购方式进入。

如何使用

你可以按照前文所述的内容（见第 6 章）使用这些工具，用"业务"一词替代"细分"即可。

但在公司战略中有一个方面是不同的，即存在购买和出售业务这一选项，例如工具 59 将阐述"通过合并、收购和联盟创造价值"。在这里，回顾一下并购活动背后的公司战略理论是有用的。

并购战略有三种主要类型：

● 横向一体化——与一个同类生产者联合，无论是直接的还是间接的竞争对手，以提高你们的总体竞争地位。

● 纵向一体化——与价值链的下游环节（顾客）或上游环节（供应商）的运营者联合，以提高你的市场控制力。

● 多元化——与不同市场的玩家联合，在资源或能力方面各方有足够的兼容性，以实现协同利益。

最常见的并购选项是横向一体化。纵向一体化对某些公司有效（例如，手机制造商设立零售商），而对另一些公司则无效（例如，厨房家具制造商马格内特（Magnet），在 20 世纪 80 年代后期极其不幸地进入商业街领域）。在 20 世纪 70 年代和 80 年代，多元化是一种时尚，例如对于汉森（Hanson）和汤姆金斯（Tomkins）等公司，但它也可能是一种短命的战略，依赖于接管那些财务规划系统不太好的企业。

工具 59 讨论了如何评估不同类型的并购选项的相对利益。

最后，上面的每一个选项都有一个相反的方案。收购的反面是剥离，这可能是一个切实可行的选项，你不想要的业务可能会在另一家公司找到一席之地，在那里它更受欢迎，并值得一个不错的脱手价格。

同样地，纵向去一体化在今天也是很常见的，不仅涉及价值链上的不同业务被出售，还有流程外包（见工具 57）。

何时使用

在公司战略中，这些公司组合规划工具是必要的。

何时应该谨慎

再一次说明，这些矩阵的值只取决于输入的数据和分析。在吸引力/优势矩阵中，你对市场吸引力和竞争能力的评估必须严谨，不带偏见。在增长/份额矩阵中，你关于市场增长率和份额的数据必须得到充分的调查，并且与恰当的、特定的市场相关。对于战略条件矩阵也是如此。

请记住管理信息系统的古老格言：垃圾进，垃圾出。这同样适用于组合规划工具。

工具 59　通过合并、收购和联盟创造价值

工具介绍

"弱肉强食。"这句老话可能带有轻蔑的意味,但它确实提醒人们企业业绩不佳的危险。

自资本主义诞生之日起,合并、收购和联盟(合称并购,M&A)就一直伴其左右。它们构成了盎格鲁-撒克逊商业模式的一个重要组成部分,尽管有时会引发争议。

当合并后的实体幸存下来时,并购通常被认为是成功的。然而事实上,并购往往会失败,如果按照唯一真正有意义的方式去衡量:创造股东价值增值。至少 A+B 的股东价值应该大于合并前 A 的独立价值与 B 的独立价值之和。

但是,早在我 20 世纪 80 年代中期开始从事并购活动之前,人们就经常进行研究。研究一再表明,在大多数情况下,并购摧毁了股东价值,而不是增加了。

原因很简单,收购者为了获得控制权付出了过高的代价。

而超额支付背后的原因也是众所周知的:

● 管理者们常常固执地要完成交易。不管出于什么原因——真正的战略考虑,或者建立个人帝国,管理者们下定决心要完成并购,这是他们想要做的事情,他们不会允许延长的谈判和不断上涨的标价阻止他们完成这笔交易。

● 管理者们在交易之前没有按照本工具规定的思路进行充分的战略分析。

● 管理者们进行的尽职调查不充分。

● 管理者们低估了交易后整合的困难,以及在实现预期合并利益方面不可避免的延迟。

并购价值创造背后的理论很简单。我们先假定，公司 A 收购公司 B，这会给 A 带来战略利益。那么：

- 收购将产生协同，即从节省成本或增加收入中获益，这将由 A 和 B 的联合力量来实现。
- A+B 的价值将超过 A 和 B 各自的独立价值之和，超出的部分就是协同价值。
- A 将无法以 B 的独立价值收购 B，因为 B 的股东所要求的价格比投标前 B 的价格更高，获得溢价他们才可能出让控制权。
- 如果协同价值大于 A 为 B 支付的溢价，按照为 A 公司股东创造价值的定义，收购是成功的。

因此，该并购工具的主要挑战是，计算出协同价值。

如何使用

在收购评估过程中，有六项主要任务：

(1) 确认战略依据。
(2) 选择正确的目标公司。
(3) 评估风险。
(4) 对独立实体估价。
(5) 对协同效应估价。
(6) 确保增值。

以下是详细介绍。

1. 确认战略依据

通常情况下，收购一家企业的机会是随机出现的，这诱使人们直接进行尽职调查。

我们应该抵制这种诱惑。收购是一项耗费时间和资源的业务。你不能一次完成六步。

后退一步，确认战略依据。根据这一依据，评估潜在目标是否真的是最有希望的候选者。

确定战略依据包括三个步骤：
- 明确你的战略目标。
- 判断收购是不是合适的途径。
- 确定你可转移的强项。

一次只走一步。

（1）你的战略目标是什么？对收购理由的审查要经常进行，它往往指向以下主要目标：
- 进入新的市场/产品。
- 获取技能/技术。
- 实现成本节约。
- 分散风险。
- 减少竞争。

收购的动机可以是进攻性的、防御性的（例如，如果你的目标是减少竞争），或者是混合性的。你的动机是哪种？

（2）收购是不是合适的途径？有四种广泛的备选途径有助于实现你的业务目标，每种途径各有优缺点（见表8-1）。对你来说，收购是最佳途径吗？

表8-1 收购的战略依据

途径	优点	缺点
逐步的	• 战略清晰 • 控制	• 投资 • 时间
收购	• 时间 • 控制	• 投资溢价 • 整合
合并	• 时间 • 投资少	• 共同控制 • 整合/管理
联盟	• 时间 • 投资少	• 共同控制 • 整合/管理

（3）你可转移的强项是什么？在这里，你应该识别你的可转移强项，

以及任何限制性的弱项。在接下来的分析过程中，这应该成为后续过程的一个指南，以确认和评估可实现的协同效应。

你可转移的强项可能分布在研发、运营效率、营销、分销覆盖范围、财务控制方面。几年前的一个典型例子是，雀巢将其营销和分销强项应用于朗特里（Rowntree）的优质产品系列。基于同样的原理，卡夫在 2010 年收购了吉百利（Cadbury），尽管争议很大。

2. 选择正确的目标公司

第二个任务是选择正确的目标公司，它有四个步骤：

- 为战略匹配确定标准。
- 确定标准的优先级。
- 严格筛选候选目标。
- 对候选目标进行排序。

一次只走一步……

（1）为战略匹配确定标准。这些标准最好分为两种：硬标准和软标准，以确保软标准得到足够的重视。

硬标准包括规模、产品/市场细分、技术、竞争能力和财务状况。

这些标准必须反映你的收购目标。例如，如果你的主要出发点是获得技能，那么你将寻找一个在你想要获得的技能方面表现突出的目标；如果你是为了提高议价地位，你可能想要一个在你擅长的技能上对方相对较弱的目标；如果你是为了实现规模经济，你将希望确保目标公司在关键细分上具有强大的竞争地位。

对于战略匹配来说，软标准同样重要。这些标准包括面向客户的、面向员工的、公司的创新文化，或者成本控制。

请记住，两个组织之间的文化差异越大，交易后的整合可能性就越小。理想情况下，你和你的收购目标应该有一个共同的经营哲学。如果没有，你可能需要把这些差异纳入对协同效益的评估中。

（2）确定标准的优先级。现在，你需要设定优先顺序。最基本的标准就是那些目标必须达成，交易才会继续进行的标准。最基本的标准就是你的"筛选标准"。将它们应用于所有潜在目标,将有助于你快速排除不必考虑的目标。"锦上添花"的标准则可以帮助你对通过初步筛选的公司,根据吸引力进行排序。

如果你想最终获得正确的目标,那么这个两阶段的排序过程是很重要的。在单阶段排序过程中,存在一种风险,那就是你最终获得的目标在其他所有标准上的得分都很高,但在某一个标准上的得分却很低,而这个标准恰恰属于两阶段排序过程中的一个筛选标准。所以,最好是采用两阶段的排序过程,找到一个在排序标准中排名合理且能通过筛选的目标。

根据交易的具体性质,不同的标准可能有不同的权重。例如,在直接收购中,双方持有共同的经营理念可能会有帮助,但并不是必要的;但在需要建立持续关系的交易,即联盟中,共同的经营哲学则十分关键,因此这也是一个筛选标准。

(3)严格筛选候选目标。找到正确目标的第一步是筛选所有潜在的候选目标。要严格、理性。如果在你的筛选标准中,有一个标准候选目标不符合,把它从你的清单中删除。那些通过筛选的候选目标将进入排序阶段,见图8-2。

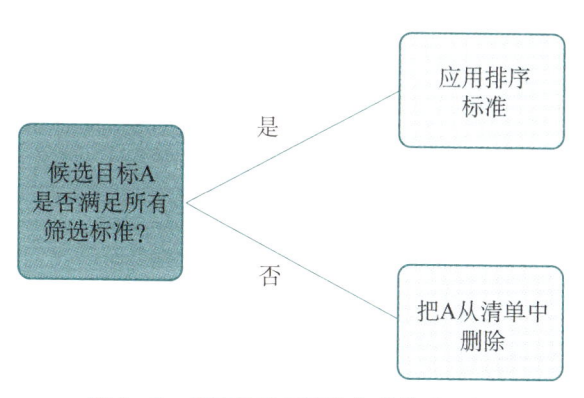

图8-2 筛选战略匹配的候选收购目标

(4)对候选目标进行排序。假设有四个候选目标通过了筛选阶段,它们分别是A、B、C和D。现在要对它们进行排序,见表8-2。

表 8-2　依据战略匹配和可行性对候选收购目标进行排序

匹配标准		权重（%）	候选目标 A	候选目标 B	候选目标 C	候选目标 D
硬标准	细分市场吸引力	20	3	3	4	3
	细分市场战略匹配性	10	4	3	3	3
	业务战略匹配性	30	3	3	2.5	4
软标准	业务文化匹配性	40	3	4	2	3
综合匹配等级（0~5）		100	3.1	3.4	2.6	3.3
综合匹配排序			3	1	4	2
可行性			X	Y	YY	Y

首先，依据相对重要性为排序标准设定权重。在这个例子中，业务文化匹配性被赋予了很高的权重。

接下来，根据每个标准对候选目标进行排序，可以看到 B 是最佳选择。

然后，你将排序与可行性评估进行比较。在上面的例子中，似乎是首选的候选目标 B 和更具可行性的候选目标 D 之间，存在两难选择。最好的办法是，跟它们两个都谈一谈。

如果某个你感兴趣的潜在目标突然找上你，也必须应用同样的选择流程。当心，它可能是候选目标 C！

3. 评估风险

尽职调查过程是不可替代的。在没有尽职调查，或没有进行充分尽职调查的情况下，一些收购也取得了成功，但这主要归功于运气。实际上这种做法可能会招致灾难。

没有财务尽职调查，目标公司的管理账目可能会产生误导；在没有法律尽职调查的情况下，如果你签约后不久就收到一封来自代表某些受害索赔人的律师的来信，也不要感到惊讶；如果没有环境尽职调查，你如何确定目标公司是否遵守了法规？

自 20 世纪 80 年代中期以来，我就开始专攻这一领域，战略尽职调查能帮助你找到这个基本问题——某笔交易是会创造还是会摧毁股东价值——的答案。

为了评估协同效应的价值，你需要了解市场的增长速度、竞争力对定价的影响、目标公司相对于竞争对手的定位、定位将如何变化，尤其是这次合并将对目标公司最近和计划中的业务行动产生什么影响等。所有这些都需要针对每个主要产品/市场细分（如果目标是单一业务）或每个业务单位（如果目标是一家多业务公司）来进行，见工具 82。

对于尽职调查中发现的风险和机会，需要根据发生的可能性、一旦发生对价值产生的影响来进行评估，见工具 83。

然后，你需要将关键风险和机会纳入你对目标公司的现金流量预测中。通过对发生的每个关键风险或机会赋予发生的概率，你可以得出现金流量预测的期望值（见工具 86），从而得出目标公司的独立价值。

4. 对独立实体估价

独立评估目标公司的价值。现金流量贴现（DCF）分析是迄今为止完成这个任务最好的工具，但是，正如工具 42 中关于"做出战略投资决策"的提示那样，有很多陷阱正等着新手使用者，你可能倾向于使用更粗略和现成的估值方法，如下列三种：

● 净资产价值（net asset value）。但它给出的是账面估值（历史价值），而不是市场估值，它通常会低估价值，二者之间常常有一定的差距。

● 可比贸易乘数（comparable trading multiple）。你可以在网上找到有关上市公司运营的相关指数。销售额、息税折旧摊销前利润（EBITDA）、息税前利润（EBIT）或者市盈率都是最常用的，但它们都有相同的缺点，即它们都代表一家公司在一段时间内的交易业绩，这不一定能够表征公司业绩发展趋势。

● 可比交易乘数（comparable transaction multiple）。你可以在各种数据库中搜索，过去的几年里，在与目标公司相同或相似的行业部门中，完成交易的销售乘数或收入乘数。但同样地，这些乘数也与过去的特定时间点有关，当时该行业的交易业绩和股票收购意愿可能与今天的有所不同。

我的建议是综合使用以上三种方法来评估一家公司的价值，使其在一定的范围内，希望这个范围不要太宽，而是在中心点的±15%之内。

然后，尝试对公司进行现金流量贴现分析。利用目标公司在保密信息备忘录中披露给你的财务信息，或在线数据库中的更详细的数据，得出目标公司的现金流量预测数据。

预测应显示每个主要产品/市场细分的收入和直接（最好包括可变的间接费用）成本，再加上间接成本和固定成本及营运资本支出，以获得现金流，然后再贴现为今天的价值。合理地对假设进行调整，尝试使用一系列（合理的）贴现率，然后在利用三种粗略和现成的估值方法得出的范围内获得一个净现值。

这会给你提供一系列的现金流。你可以利用这些现金流在第五步中进行一些敏感性测试，以获得协同价值。它们都是粗略的估计，但也是有用的，而且总比什么都没有好。

评估你公司的独立价值。对你的公司，或者至少对那些与收购目标相关的产品/市场细分，或者业务单位，也要这样做。使用与对目标公司进行评估时相同的贴现率。

5. 对协同效应估价

首先，你需要确定两家公司合并所能带来的协同效应，然后你需要对它们进行估价。

（1）确定协同效应。并购的协同效应通常来自以下三个方面：

- 收益增加的协同效应。
- 运营成本的节约。
- 资本成本的节约。

收益增加的协同效应通常来自以下方面：

- 目标公司把你的产品（或服务）销售给它的客户。
- 你把目标公司的产品销售给你的客户。
- 你和目标公司联合向双方的客户群体销售新产品。
- 你们的联合能力使你们能够向原有的客户或者新的客户销售更多的产品或不同的产品。
- 原有的一些客户转换到了合并实体之外的新供应商。

运营成本的节约往往是收购的主要理由。这种节约可以来源于以下方面：

- 采购议价能力增强，使得原材料或零部件的成本更低。
- 外包服务，如 IT 服务或薪资发放服务。
- 生产中的规模经济。
- 范围经济。
- 管理人员的合理化，不管是销售部门、营销部门，还是行政部门。
- 有形资产的合理化，包括建筑物、土地、工厂、办公室、车间、设备。

最后，资本成本的节约通常可以通过收购实现。与其扩建工厂，不如收购一家产能过剩的竞争对手，从而为你提供维持增长的空间和合适的设备。同样，资本成本的节约可以在 IT、总部等领域实现。

（2）评估净协同效应的价值。

你有一个针对目标公司的现金流贴现模型。现在，对前面确定的每一种收益增加的协同效应做出具体的假设。例如，通过向目标公司的客户进行促销，产品 X 的销售额每年会增加多少？目标公司的净现值增加了多少？这就是这种协同效应的价值。

那么，产品 Y 呢？

把目标公司的产品 Z 销售给你的客户，又将如何？你的公司的净现值比之前的单独估值增加了多少？

计算每一项收益提升的协同效应的价值。

然后对每一项成本节约的协同效应进行同样的评估。

把它们加起来你就有了一个总的协同价值。但等一等，还有两个重要的注意事项：

- 管理者们倾向于高估协同效应，而且高得离谱。这是并购过程的本质，即追猎的刺激感。为了削弱这种高估，可以在收益提升的协同效应（如 R）上乘以 0.5 的系数，得出 0.5R 的期望值（见工具 86）；在成本节约的协同效应（如 C）上乘以 0.8 的系数（成本节约更多地在你的控制和影响范围内，所以高估程度会小一些，可以选取大一些的调整系数），得出 0.8C 的期望值。

● 不要忘记交易成本和交易之后两家公司整合的成本，不仅仅是裁员的成本，还有提前终止租赁等项目的成本。

现在，你已经对该交易产生的净协同效应的价值进行了基本估计。

6. 确保增值

现在你有三组数据：

● 对目标公司独立价值的基本估计。

● 对收购的协同价值的基本估计。

● 对风险和机会的评估。

收购溢价常常在 30%～40%，这是你要支付的。如果你对收购的协同价值的基本估计不到目标公司独立评估价值的 40%，你应该放弃这次收购。

如果协同价值高于此值，你需要考虑在尽职调查中识别和评估风险与机会。如果有任何风险很可能对目标公司的独立价值或协同效应造成重大影响，你可能也需要放弃收购。

再次提醒：超过一半的收购会摧毁价值。这是因为收购者多付了钱。

何时使用

在合并、收购或联盟过程中，使用这个工具。

何时应该谨慎

对每次合并、收购或联盟都要保持警惕。最后一次提醒：大多数并购都失败了！

联盟的失败率甚至更高。联盟——无论是简单的营销联盟还是完全的合资——本质上都是不稳定的载体。为了联盟的利益，合作伙伴需要和谐相处，但有时会损害或忽视母公司的利益。

与收购相比，在交易前，联盟甚至需要更多的战略分析。这个过程与收购非常相似：

- 确认战略依据。
- 选择正确的合作伙伴。
- 评估风险。
- 估价每个合作伙伴的贡献。
- 对净协同效应估价。
- 确保增值。

与收购不同的是，双方都需要从交易前的过程中走出来，相信自己已经达成了一笔合理的交易。否则，联盟将陷入一个不稳定的开端，其长久维持的前景非常黯淡。

但是，联盟也可以为股东增加价值，并且可以长期存在。联合利华和荷兰皇家壳牌（Royal Dutch Shell）的联盟就体现了这一点，合资企业全球谷物联盟有限公司（CPW）① 也是联盟成功的典型例子。自 1990 年成立以来，作为对家乐氏（Kelloggs）在欧洲显赫地位的全面挑战，CPW 的成立无疑是一个成功的战略，CPW 或许是家乐氏最可怕的噩梦。美国的另一家谷物食品巨头通用磨坊（General Mills）与雀巢的市场影响力结合在一起已经有 30 年了，但是 CPW 仍然是欧洲谷物市场上一个不可小觑的强大的参与者。

---

① CPW 是通用磨坊和雀巢的合资企业，家乐氏和通用磨坊都是美国的谷物食品企业。——译者

工具60　公司重组六边形（麦肯锡）

工具介绍

你是猎物吗？

正如在前一个工具中所述的，并购活动的目标是为公司实体创造更多的股东价值。具体方式有：购买那些你比竞争对手更能使其增值的业务；出售业务实现反向操作；通过与其他公司合作，为所有相关参与者创造价值。

但是，其他人也在做同样的事情。

在麦肯锡的公司重组六边形中，创造公司价值增值的过程被纳入一个有趣的视角中，见图8-3。它强调了提高公司市场价值的五种不同方式。

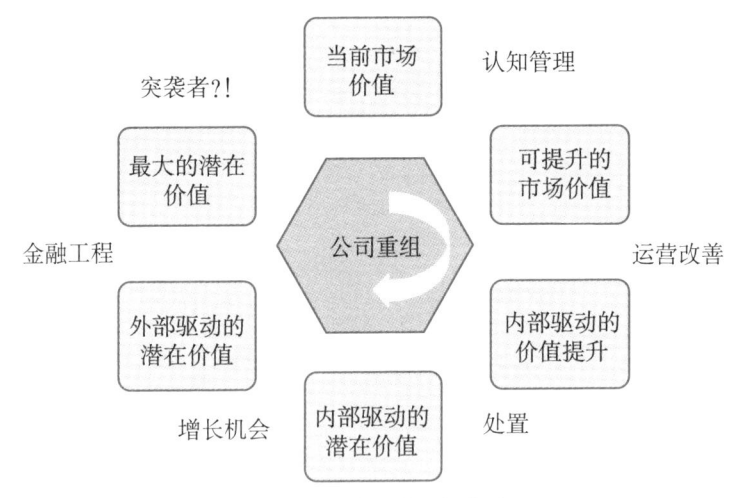

图8-3　公司重组六边形

资料来源：Adapted from Tim Koller, Marc Goedhart and David Wessels (all McKinsey & Co), *Valuation: Measuring and Managing the Value of Companies*, 5th edn, Wiley, 2010.

- 向股东传达信息和数据。这些信息和数据突出了公司的竞争力，缩小了你对公司价值的认知（可提升的市场价值）和投资者对公司价值的认知（当前的市场价值）之间的差距。人们相信这种差距的存在，但不一定能找到理由来解释。换言之，要通过有针对性的沟通来提高市盈率(P/E)。

● 实施有效的运营绩效改善措施，或许可以沿着业务流程重组（见工具 56）或外包（见工具 57）的思路，从而实现内部驱动的市场价值提升。

● 处置那些对潜在购买者比对本公司更有价值的业务，首先注意"打扮新娘"，以改善这些业务的运营绩效和财务绩效，从而产生内部驱动的潜在市场价值。

● 构思和开拓增长机会，无论是通过有机增长还是收购，遵循从本书中选出的工具，从而产生外部驱动的潜在市场价值。

● 理智部署金融工程，或许可通过发行债券来提高负债率，以最大限度地增加股东价值，且不承担不必要的财务困境风险，从而实现潜在市场价值的最大化。

当前市场价值与重组后最大市场价值之间的差距可视为"最大突袭机会"。

换言之，如果你不能通过进行更良好的沟通，改善运营绩效，实施有机增长战略、可提升价值的并购战略以及可衡量的金融工程，从而把你公司的市场价值从当前的低水平向上提升，那么其他人可能会为你做这件事，那就是公司突袭者。

突袭者可能是杠杆化收购者或竞争对手、实施下游整合的供应商或实施上游整合的客户，也可能是一个多元化博弈中的参与者，无论如何，你多半会被接管。

如何使用

使用工具 42 中的估值技术来获得你公司的这些价值：

● 当前市场价值。

● 在向股东传达定义价值的数据和信息后，可提升的市场价值。

● 一项绩效改善计划实施后，潜在的增长价值，或者更好的是从每个重大战略计划以及它们所产生的整体影响方面考虑（如基于价值的管理，再次使用工具42)。

- 实施并购,或者类似的重大剥离活动或收购活动后,潜在的可增长价值。
- 追求和实现战略增长机会后,潜在的可增长价值。
- 通过调整资本结构带来的潜在的可增长股权价值。

这些不同的价值涉及你的经营业绩、有机增长战略、并购计划及其实施,以及与投资界的沟通。通过关注这些价值,你了解到了什么?

投资者相信你的故事吗?如果没有,为什么呢?你能拿出什么证据使它更可信?

它们是否鼓励了突袭者?

何时使用

你公司目前的市场价值是否低于其最大潜在价值?甚至是远远低于?

如果是这样,就把这些差异分解为其组成部分。哪些部分造成了绝大部分的差异?如何才能激活这些部分的价值?如何才能提高这些部分的期望值(见工具86)?

即使你的企业没有在证券交易所上市,考虑你企业的名义价值在多大程度上低于其最大潜在价值也是有指导意义的。

何时应该谨慎

这个工具有点令人困惑。六边形意味着一个循环过程,但重组后的市场价值的终点和当前市场价值的起点之间存在脱节。这个过程用柱状图来展示可能比较好。

但是,没关系。这是一个有益的、刺激性的提醒。战略开发的目的是价值创造,无论是内部驱动还是外部驱动,与股东沟通和金融工程都是重要的额外组成部分,以阻止突袭者。

工具61　创造母合价值（古尔德、坎贝尔和亚历山大）

工具介绍

阿什里奇战略管理中心（Ashridge Strategic Management Centre）在多业务公司管理研究领域处于领先地位。1994年，中心的三位学者迈克尔·古尔德（Michael Goold）、安德鲁·坎贝尔（Andrew Campbell）和马库斯·亚历山大（Marcus Alexander）出版了《公司层面战略：多业务公司的管理与价值创造》（*Corporate-Level Strategy：Creating Value in Multi-Business Companies*）一书。该书指出，在多业务公司中，总部或公司中心往往不会创造价值，反而摧毁了价值。

古尔德等人鼓励战略家把中心视为投资者和业务部门之间的中介机构。如果中心与业务部门之间存在净协同效应，该中心可以为业务部门增加价值。这些增加的价值应该抵消内在的非协同效应，如：

- 由于远离一线，中心不熟悉业务单位的市场环境和关键成功因素，从而做出错误决策。
- 一线的管理者由于远离投资者，积极性降低。
- 总部的管理费用通常很高。
- 收购业务而不是以有机方式建立业务，产生了收购溢价，而且收购溢价通常很高（见工具59）。

他们相信，多业务公司可以通过开发合适的"母合技能"，利用恰当的"母合机会"，并通过拥有业务来建立"母合优势"，最终创造协同价值。

从本质上来说，中心或"母体"应该用与工具59中的收购者相同的视角，看待其业务单位。不仅业务单位之间，管理中心与每个业务单位之间也存在协同效应。这将创造一种母合优势。

他们进一步指出，如果一个母公司拥有的一项业务能够创造优势，但与之竞争的另一个母公司能创造更大的优势，那么该母公司应该考虑以一个合适的销售溢价出售该业务，并将收益投资于自身母合优势最大的业务。

成功的母公司知道在哪里寻找增值。它们拥有特殊的资源或能力，对每一项业务都有特定的认知。更具体地说，它们掌握着：

- 价值创造洞见。这些洞见能够为许多业务确立价值增值机制。例如，领先的电子产品制造商确定了一个共同的技术基础。
- 独特的母合特征——母公司是某些资源或能力的领导者，而这些资源或能力有助于提供价值创造洞见，并且可从母公司转移到业务中。例如，许多制药集团的公司研发职能；或者像维珍的总部，它能够在多个业务中杠杆化利用品牌推广能力，如赞助伦敦的马拉松活动。
- 核心业务——拥有那些最适合利用母公司价值创造洞见及其独特的母合特征的业务。例如，维珍集团总部拥有移动电话或银行业务，而不是企业对企业的工程业务。

如此看来，古尔德等人确实将公司战略的两个学派融为一体。母公司的独特母合特征的概念类似于公司的可转移资源和能力（见工具28，格兰特）或核心能力（见工具62，哈默尔和普拉哈拉德），反映了资源基础观；用独特的母合特征武装的业务组合管理，则反映了组合优化观（工具58）。

如何使用

对你公司组合中的业务，提出这些问题：

- 一项业务中的母合机会是否与企业的价值创造洞见和独特的母合特征相匹配？
- 这项业务中的关键成功因素与公司母合特征是否存在一些明显的不匹配？

在古尔德等人的母合匹配矩阵（parenting-fit matrix）中，看看你的每一项业务的位置（见图8-4）。

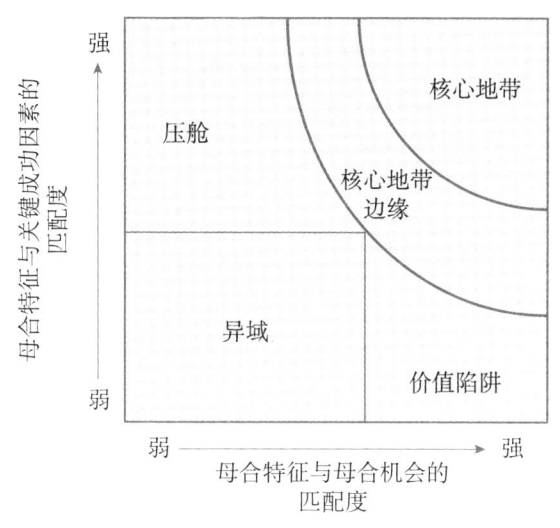

图 8-4 母合匹配矩阵

资料来源：Adapted from Michael Goold, Andrew Campbell and Marcus Alexander, *Corporate-Level Strategy: Creating Value in Multi-Business Companies*, Wiley, 1994.

他们提出了五种类型：

- 核心地带（heartland）业务——母合特征与母合机会以及业务的关键成功因素高度匹配。
- 核心地带边缘（edge of heartland）业务——母合特征与母合机会以及关键成功因素部分匹配，也就是一些匹配，一些不匹配；创造的净价值较少，你应该考虑如何更好依照关键成功因素提升业绩。
- 压舱（ballast）业务——母合特征与母合机会的匹配度低，但与关键成功因素没有严重的不匹配，这是一种典型的组合业务。协同作用更强的母公司可能会做得更好；若公司中的压舱业务太多，你就会成为收购目标。
- 异域（alien territory）业务——一种完全不匹配的业务。无论从哪个角度看，你的企业正在摧毁价值。你应该退出，并且要快！
- 价值陷阱（value trap）业务——一种危险的业务。母合特征与母合机会的匹配度高，但是母合特征与关键成功因素不匹配。这里的危险在于你把这种业务误认为是一种核心地带边缘业务。事实并非如此，因为你的企业不适合在该业务中利用关键成功因素。

理想情况下,你的业务组合应该是核心地带业务,或者是当前处于核心地带边缘,正蓄势进入核心地带的业务。

何时使用

它迫使你思考为什么你企业的业务组合是这样的,战略依据是什么,作为一个母公司,如何基于独特的母合特征为每一个业务增加价值,下一个母合机会又在哪里,下一步你可以在哪里应用这些价值洞见。

何时应该谨慎

不要陷入这样的陷阱,即通过重新定义你企业的母合特征,来证明一个母合机会是正确的。或者甚至声称,你计划加强前者,以适应后者。母合特征比机会更难培养。最明智的办法是放弃机会,或者剥离某项业务,而不是尝试培养一种母合特征。改变业务组合以适应母合特征,比改变母合特征来适应业务组合更容易。

工具62 核心竞争力（哈默尔和普拉哈拉德）

工具介绍

你的企业有"恰当的东西"或"恰当的商品"吗？这些是你在未来市场上竞争所需要的商品吗？

如果说战略思想在20世纪70年代被波士顿咨询集团的经验曲线和增长/份额矩阵所主导，在80年代被迈克尔·波特的五力模型所主导，那么90年代可以被认为是公司战略的资源基础学派的时代。

这个学派的主要倡导者是加里·哈默尔（Gary Hamel）和C. K. 普拉哈拉德（C. K. Prahalad），他们在1994年出版了一本颇具影响力的书——《为未来竞争》（Competing for the Future）。其他商业学者毫无疑问也做出了相当重要的贡献。其中之一便是本书第5章提到过的格兰特的资源和能力强项/重要性矩阵。其他的还包括，巴尼对前人的资源基础观的介绍和在VRIN模型中对它的归纳（见工具64），凯的独特能力（见工具65），斯诺和赫比尼亚克的独特竞争力（见工具66）以及蒂斯、皮萨诺和苏安的动态能力（见工具67）。最后，科利斯和蒙哥马利关于战略价值资源的工作（见工具63），融合了资源基础学派和波特、波士顿咨询集团等的市场基础观，可以作为资源基础学派的一个总结，即一个平衡观。

哈默尔和普拉哈拉德坚信，公司战略不仅仅是业务组合规划。公司总部在一些领域中发挥着重要作用，如在关键运营过程中发展强项（称为"核心竞争力"）和在整个企业中传达愿景（称为"战略意图"）。

公司应该"重塑行业"或"重新制定战略"，而不是缩小规模或进行企业再造。他们提出了一个全新的、更具雄心的战略范式。

表8-3只展示了他们提出的13项战略挑战中的六项，这六项对后来的战略思维产生了很大影响。在这些挑战中，在核心竞争力上竞争领导地位是最具影响力的。

表 8-3 战略挑战

不仅要	而且要
为市场份额竞争	为机会份额竞争
将战略作为定位	将战略作为远见
将战略作为匹配	将战略作为延伸：意图
将战略作为资源分配	将战略作为资源杠杆
在行业内部竞争	为重塑行业竞争
在产品上竞争	在核心竞争力上竞争

资料来源：Adapted from Gary Hamel and C. K. Prahalad, *Competing for the Future*, Harvard Business School Press, 1994.

他们将核心竞争力定义为"技能和技术的整合"。它代表了"跨越单个组织单位的个人技能集的学习总和"。它不太可能局限在单个个人或小团队中，也不可能局限在一个单一的业务单位中。

例如，金融服务的核心竞争力包括关系管理、交易处理、风险管理、外汇交易、金融工程、交易技能、投资管理、远程服务和顾客信息获取。

如何使用

哈默尔和普拉哈拉德认为，为未来竞争的关键在于建设、部署、保护和捍卫你的核心竞争力。

他们建议，你应该绘制一张在市场上竞争所需的核心竞争力图，以区分今天和明天的核心竞争力，见图 8-5。

图中呈现的关键问题如下：

- 在左下方象限中，"填补空白"代表你当前业务（或产品/市场细分，这个工具也可以用于业务战略）中的当前竞争力组合。通过更好地利用你当前的核心竞争力，有什么机会能提高你的地位？
- 在右下方象限中，"在原有基础上加 10"代表在 5~10 年的时间内成为顶级供应商（与工具 33 中的为理想玩家画像和"朝着目标前进"类似的抱负）。在当前的市场中，你需要建立什么新的竞争力，来保护和捍卫你在当前市场上的特权？
- 左上方象限代表"空白"。通过重新部署或重组现有的核心竞争力，

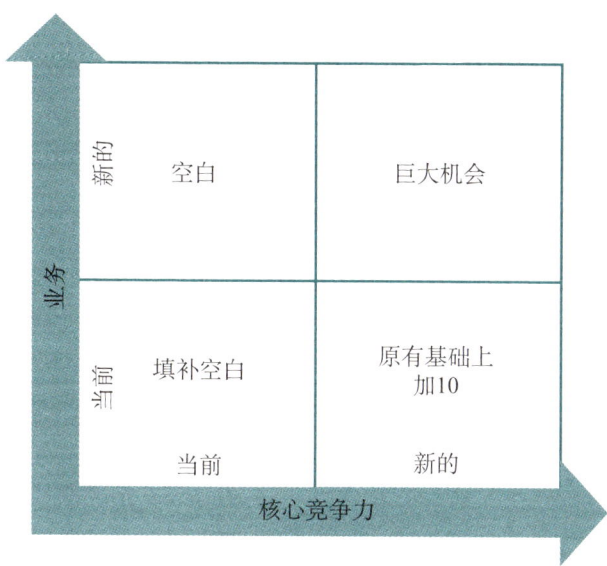

图 8-5　获得核心竞争力

资料来源：Adapted from Gary Hamel and C. K. Prahalad, *Competing for the Future*, Harvard Business School Press, 1994, 'Establishing the Core Competence Acquisition Agenda'.

你可以创建哪些新业务？

● 右上方象限代表"巨大机会"。为了参与未来最激动人心的业务，你将需要建立哪些新的核心竞争力？

你的核心竞争力越独特，越有防御力，就越有价值。

你如何加强你的核心竞争力，从而建立价值？

何时使用

在公司战略中使用它，思考公司中心可以做些什么来为业务单位增值。中心应如何帮助建立核心竞争力，并确保其在所有业务单位广泛应用？

何时应该谨慎

迈克尔·波特是许多认为企业价值在于业务层（"公司不参与竞争，业务单位才参与竞争"）的人中的一个，公司的角色仅仅是资源分配者。

哈默尔和普拉哈拉德可能会回应说，成功的公司在所有业务单位中都利用了它们的核心竞争力，但他们的模型在业务单位层面也同样适用。

对核心竞争力模型的其他批判认为，确定什么是核心竞争力本身就很困难。不同于有形资产，它很难衡量，而管理者可能会为了自己的目的而夸大企业的价值。这一批评同样适用于吸引力/优势矩阵（见工具31），并表明一定程度的客观监督，以及严格的客户调查和标杆管理练习，可能有利于模型的应用。这就不会使它失效。

工具63 战略价值资源（科利斯和蒙哥马利）

工具介绍

波特＋哈默尔和普拉哈拉德＝科利斯和蒙哥马利？

戴维·科利斯（David Collis）和辛西娅·蒙哥马利（Cynthia Montgomery）着手把总体上相互竞争的公司战略的两种观点结合起来。一种是聚焦于外部环境的行业/市场定位观，受到波特、通用电气/麦肯锡、波士顿咨询集团等的支持；另一种是资源基础观，受到哈默尔和普拉哈拉德、格兰特、巴尼、凯等的拥护。

他们引入了战略价值资源的概念，并对其进行了定义，即只有在行业/市场环境中得到战略上认可的资源，才有价值。战略价值资源这一概念混合了上面提到的两种不同观点。

他们关注三种类型的资源：

- 物质资源——例如厂房和设备。
- 无形资源——例如品牌。
- 组织能力——根植于公司的惯例、流程和文化中。

他们以玛莎百货为例，认为该公司拥有的战略价值资源包括：

- 物质资源——不动产。
- 无形资源——品牌声誉、员工忠诚度。
- 组织能力——供应链、管理判断。

资源或能力的价值是由稀缺性、专属性和需求三种基本市场力量之间的动态相互作用决定的。

他们强调，不能孤立地评价一种资源，因为它的价值来自市场力量的相互作用。"在特定行业或特定时间有价值的资源，在不同行业或时间背景下可能没有相同的价值"，这也正是资源基础观备受批评的地方。

一种资源是否具有战略价值，需要通过五个对其价值的外部市场检验（见图8-6）。

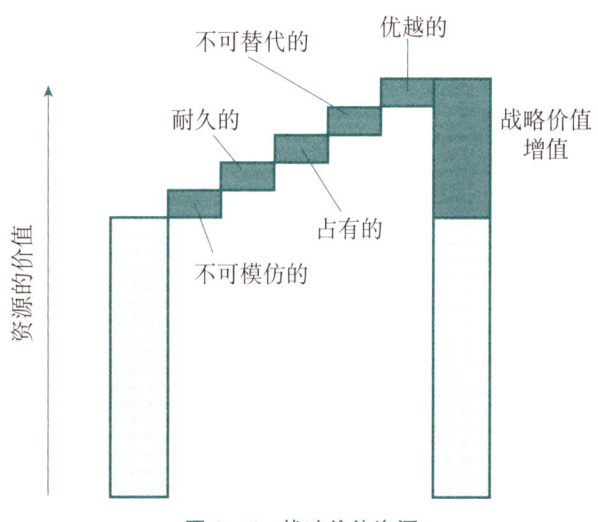

图 8-6　战略价值资源

资料来源：Adapted from David J. Collis and Cynthia A. Montgomery, 'Competing on Resources: Strategy in the 1990s', *Harvard Business Review*, 1995, reprinted as *Competing on Resources*, July 2008.

不可模仿性检验：它是否很难复制？他们确定了四个阻止模仿的因素（物理独特性、路径依赖性、因果模糊性和经济威慑性），这类似于巴尼提出的 VRIN 模型，其中 I 是难以模仿性（见工具 64）。

耐久性检验：它能持续多长时间？他们给出的例子是永葆青春的迪士尼品牌。在沃尔特·迪士尼（Walt Disney）去世后，这个品牌已经持续了几十年。

占有性检验：谁捕获了资源创造的价值？他们给出了杠杆化收购企业的例子。在这些企业中，当高管辞职创办自己的基金时，联系人名单中的关键资源往往会溜出企业的大门。

可替代性检验：一种独特的资源能被不同的资源所超越吗？这也是巴尼 VRIN 模型中的一个属性。

竞争优越性检验：谁的资源更好？"竞争不应该是针对公司哪项活动完成得最好的内部评估，而应该是针对公司在哪些方面比竞争对手做得更好所进行的苛刻的外部评估，或者用'独特竞争力'这个词更合适。"

科利斯和蒙哥马利有效地对战略的资源基础学派做了一个波特式的行业分析！

如何使用

使用科利斯和蒙哥马利的指导原则，确定哪些资源具有战略价值。在竞争中，哪些资源是最不可模仿的、耐久的、可占有的、不可替代的、优越的？

然后运用工具28中描述的方法：

(1) 识别战略价值资源。

(2) 对它们进行评价：

- 评估它们的相对重要性；
- 评估你的相对强项；
- 把以上两项结合在一起进行评价。

(3) 开发战略启示。

科利斯和蒙哥马利建议，为了获得可持续竞争优势，你的企业需要对战略价值资源进行投资，大概有三种方式：

- 投资已有的战略价值资源——例如，迪士尼对动画持续投资。
- 杠杆化利用已有的战略价值资源——例如，迪士尼利用它的品牌名称进入零售和出版领域。
- 升级应有的战略价值资源——例如，英特尔利用"内置英特尔"实现消费者品牌创建。

何时使用

结论如下：

无论一个公司是否在基于核心竞争力建立战略，是否在开发一个学习型组织，是否在转型过程中，这些概念都可以解释为要去建立一组独特的资源和能力。然而，要完成这些工作，必须以敏锐的眼光来观察动态的行业情景和竞争状况，并对这些资源进行严格的市场测试。将两种关于能力和竞争的深刻见解结合在一起的战略，代表了一种超越管理潮流的长久性逻辑。

何时应该谨慎

针对战略开发的资源基础观的主要批评并不适用于这一工具。但是，战略家还是能够明智地选择，一方面着眼于外部，进行波特式的行业/市场分析，另一方面着眼于内部/外部，进行科利斯和蒙哥马利式的资源分析。

工具 64 战略独特资源（巴尼）

工具介绍

乔布斯说："我们拥有的最宝贵的资源是时间。"

你的企业最宝贵的资源是什么，最具战略意义的资源是什么？它们是有价值的、稀缺的、难以模仿的和不可替代的吗？

战略的资源基础观最初是伊迪斯·彭罗斯（Edith Penrose）在1954年提出的，但在40年后被重新发现，并在20世纪90年代被广泛采用。杰恩·巴尼（Jay Barney）是最早的主要倡导者之一。

资源基础观关注企业内部的竞争力，而不是企业的外部定位，这决定了可持续竞争优势。这是一个由内而外而不是由外而内的视角，它更多的是一种由供给驱动而不是由需求驱动的观点。

巴尼认为，要建立可持续竞争优势，企业的资源必须拥有四种属性：有价值的、稀缺的、难以模仿的和不可替代的（见图8-7）。

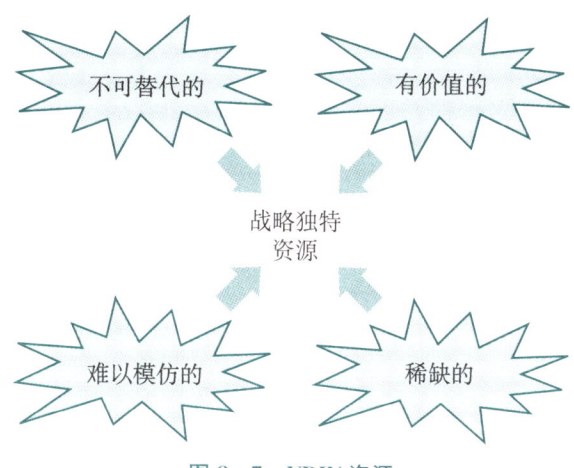

图 8-7 VRIN 资源

资料来源：Adapted from Jay Barney, 'Firm Resources and Competitive Advantage', *Journal of Management* 17, 1991.

（1）有价值的（valuable）——它们必须具有明显的价值，能够提升竞争地位并且/或者促进利用市场机会（或减轻市场风险）。

（2）稀缺的（rare）——大多数竞争对手都不具备；只有少数企业拥有或你的企业独有；如果太多竞争者拥有这种资源，竞争优势就无法持续。

（3）难以模仿的（inimitable）——不能被竞争对手轻易模仿，否则竞争优势是不可持续的。模仿的障碍包括：

● 独特的地理位置——例如，意大利北部的弗留利地区的圣达涅莱，独特的气候条件塑造了独特的深色、甜味熏火腿。

● 路径依赖——企业因其独特的历史和经验而获得的资源，不容易或根本无法复制。

● 因果模糊——对于竞争对手来说，资源与可持续竞争优势之间的联系并不明显，它们不确定应该尝试模仿哪种资源。在维珍集团的许多业务中，竞争者都面临这种困难。

● 社会复杂性——企业的资源是通过复杂的社会互动创造出来的。这一互动可能发生在企业内部、管理者和员工之间，或者发生在企业与客户、供应商和其他利益相关者之间。

（4）不可替代的（non-substitutable）——必须不容易替代；即使这种资源是稀有的或难以模仿的，如果它能被一种或多或少能达到相同目的的资源所替代，那么可持续的竞争地位就会受到侵蚀，产品价格就会下降。

巴尼认为，一家企业只有拥有符合所有这四种属性的资源，才能建立可持续的竞争优势。任何一种属性的缺失将使这种资源失去可持续性。

如何使用

将巴尼的VRIN模型与工具28中格兰特的资源基础战略开发方法结合在一起，总结如下：

（1）确定你的战略独特资源。

（2）利用VRIN模型进行评价：

- 评估它们的相对重要性；
- 评估你的企业的相对强项；
- 将以上两项结合在一起进行评价。

（3）开发战略启示。

原则上，你的企业应该投资于 VRIN 资源，以获得和捍卫可持续的竞争优势。

何时使用

在公司战略或业务战略中使用它，从而帮助评估哪些资源是真正具有战略意义的和值得重点投资的。

何时应该谨慎

批评家们对 VRIN 分类中 V 部分的重复性提出了质疑。"如果资源有价值，资源就可以为股东创造价值"。这句话的确是一种重复，但是用"如果资源能增强竞争地位"来替代"如果资源有价值"，就没那么重复了。

另一些人声称，很难想象和找到同时符合四种属性的资源，而且该模型几乎没有说明资源和能力如何随时间而变化。

这里的主要批评适用于所有战略开发的资源基础观。他们认为，无论竞争强度如何，拥有正确资源的企业在任何给定的行业中都能取得成功。市场需求可能下降，竞争对手可能打价格战，加之高壁垒限制了退出，来自外国的潜在进入者正跃跃欲试，那么拥有 VRIN 资源的企业还能盈利吗？不太可能。

在做出战略结论之前，最好把着眼于内部的资源基础观与着眼于外部的、波特式的行业/市场观结合起来。

工具 65　独特能力（凯）

工具介绍

你企业的声誉能带来竞争优势吗？它是可持续的和独有的吗？它的关系网又是怎样的呢？企业的创新能力如何？

约翰·凯（John Kay）是资源基础学派的坚定拥护者。他认为，公司的成功是建立在它们独特的能力之上的。具有独特能力的公司拥有其他公司无法复制的特质，即使其他公司意识到这些特质带来的好处，也无法复制它们。

业务战略包括识别企业的能力，整合一系列互补的资产和能力，最大化并捍卫由此产生的回报。

在他看来，这种独特能力是成功的必要条件，但并非充分条件。它还必须是：

- 可持续的——可防御的、持久的。

- 可占有的——主要对企业有利，而不是对可以离开公司的员工，也不是对可以在其他地方购物的客户有利。

独特能力来自三个方面（见图 8-8）：

图 8-8　独特能力

资料来源：Adapted from John Kay, *Foundations of Corporate Success: How Business Strategies Add Value*, Oxford, 1995.

- 创新——无论是在产品方面、生产方面还是在流程方面，企业的创新都应该面向创造可持续的、专属的独特能力。
- 架构——架构是指企业内部、员工和管理人员之间以及企业外部与客户、供应商、联盟伙伴、政府甚至竞争对手之间的关系网络；架构不是通过聚集非凡的人来创造非凡的组织，而是让普通人以非凡的方式表现。
- 声誉——由于长期利用其独特的能力，也可能是由于架构或创新，企业在市场上的地位会得到提升，顾客会产生一种信任感，从而使企业获得定期的回头客业务，并可能收取溢价。

独特能力可能包括多年开发和磨炼出来并嵌入企业的技能或流程、知识管理、专利或版权、客户和供应商关系、形象以及品牌。

你需要调动企业的独特能力来开发可持续竞争优势。但是，如果企业不具备在其市场中取得成功所需要的独特能力呢？如果它们真是独特的，那么它们可能是不可复制的，这可能是行业结构、历史导致的，也可能是巴尼所谓的"因果模糊"的结果（见工具64）。

如果所需要的能力确实是不可复制的，那么你最好在那些能发挥企业独特能力的市场上竞争，而不是针对你渴望得到的市场和独特能力。

如何使用

使用凯的定义将企业的独特能力进行分类，然后再应用工具28中格兰特的资源基础战略开发方法。具体总结如下：

（1）确定独特能力。

（2）评价独特能力：

- 评估它们的相对重要性；
- 评估企业的相对强项；
- 将以上两项结合在一起进行评价。

（3）开发战略启示。

原则上，你应该投资于你企业的独特能力，以获得可持续的竞争优势。

何时使用

在公司战略或业务战略中使用它,从而确定你企业的哪些能力是真正独特的和值得重点投资的。

何时应该谨慎

同样,针对战略开发的资源基础观的主要批评,在这里也适用,具体见前面的工具。在得出战略结论之前,最好把着眼于内部的资源基础观与着眼于外部的、波特式的行业/市场观结合起来。

工具66　独特竞争力（斯诺和赫比尼亚克）

工具介绍

你的战略有攻击性吗？你是前瞻者、防御者、分析者还是反应者？你确实是其中一个，并取得了成功吗？

在哈默尔和普拉哈拉德研究核心竞争力的十年前，查尔斯·斯诺（Charles Snow）和劳伦斯·赫比尼亚克（Lawrence Hrebiniak）研究了企业的独特竞争力，以及它们与战略和组织绩效的关系。

实际上，"独特竞争力"一词，最早是由社会学家菲利普·塞尔兹尼克（Philip Selznick）在1957年提出的。这个词被定义为"与竞争对手相比，一个组织做得特别出色的那些事情"。这个定义到现在仍然成立。

斯诺和赫比尼亚克关注的是塑料、半导体、汽车和航空运输四类行业中企业高管的看法。他们发现，这些管理者觉察到了四种战略类型，按攻击性和积极主动的程度对其分类，可分为前瞻者、防御者、分析者和反应者（见图8-9）。

他们认为，在一个特定的行业内，几种战略都是潜在可行的，但要实现高绩效，战略必须有相关的独特竞争力作为支撑。

如何使用

以下这些战略，哪一个最符合你的公司？

1. 前瞻者战略

这是四种战略中最具攻击性的战略。你将不断寻求开发新产品，进入新市场，并利用机会，但是通常很少进行调研或分析。你倾向于在产品生命周期的初创阶段或发展阶段进行经营。你的目标是取得先行优势。你企业的营销方式通常是充满攻击性的，广告占销售额的比例较高，业务单位拥有自主权。

2. 防御者战略

你不会攻击性地追逐新的市场，希望在稳定成熟的市场中寻求并占有

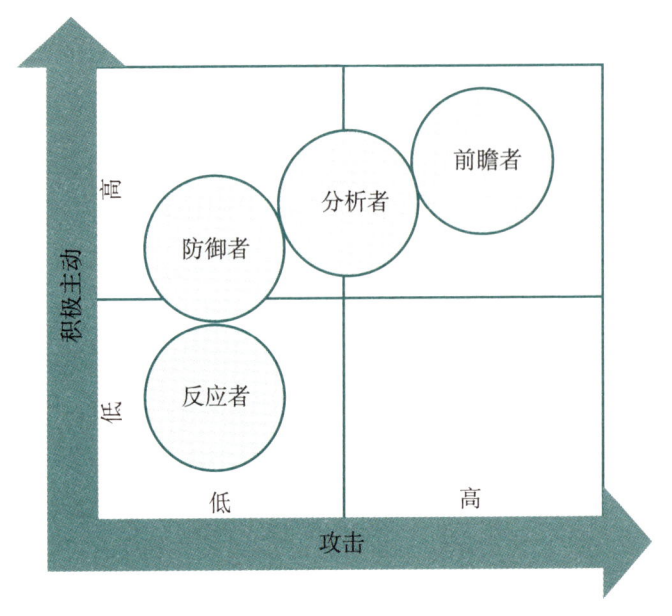

图 8-9 积极的和主动的策略

资料来源：Adapted from Charles C. Snow and Lawrence G. Hrebiniak, 'Strategy, Distinctive Competence, and Organizational Performance', *Administrative Science Quarterly*, June 1980.

份额。你的企业远离变化，产品范围有限，市场范围也很窄。你的营销是防御性的，广告支出占销售额的比例较低，业务单位几乎没有自主权。

3. 分析者战略

你既不是前瞻者，也不是防御者，就像大多数企业一样，介于两者之间。与前瞻者相比，你承担的风险更小，犯的错误也更少，但对稳定和成熟的关注程度要低于防御者。你在现有核心竞争力的相邻领域进行扩张。企业的研发部门更关注开发新产品而不是研究，因此企业更倾向于对现有产品进行改进，而不是对其进行彻底的重新设计。你逐步扩大市场，而不是冒险进入新的市场。你倾向于有一个平衡的产品组合。

4. 反应者战略

你没有积极主动的战略，只是对发生的宏观经济事件或者微观经济事件做出反应。你的战略没有方向，这可能是由于高层的表述不清晰、组织与战略不协调，或者对变化的反应不充分。在四种战略中，这种战略的效果最差。

要成功执行这些战略，企业需要具备以下独特竞争力：

- 前瞻者——综合管理能力、产品研发能力、营销能力和基础工程能力。
- 防御者——综合管理能力、财务管理能力、生产能力和应用工程能力。
- 分析者——综合管理能力、生产能力、应用工程能力、营销/销售能力。
- 反应者——没有明显的模式（尽管采用反应者战略的管理者通常认为自己拥有与防御者相同的独特能力）。

这些独特竞争力与你的企业匹配吗？

何时使用

利用它来获得你对企业的战略和资源的不同视角。

何时应该谨慎

这在很大程度上是一项学术研究，它运用了复杂的统计相关性。四个行业中被分析的独特竞争力，是相当宽泛的，如综合管理，或财务管理和研发。要想真正有用，可能需要做进一步的分解，如产品的上市速度。

对前瞻者、分析者等的分类，以及与它们相关的独特能力，可能会为你的战略提供一个有启发性的视角。

工具 67　动态能力（蒂斯、皮萨诺和苏安）

工具介绍

你的企业的能力是动态的吗？在快速变化的时代，它们的反应如何？

1997 年，由戴维·蒂斯（David Teece）、加里·皮萨诺（Gary Pisano）和埃米·苏安（Amy Shuen）组成的伯克利团队指出，巴尼基于 VRIN 模型（工具 64）的资源基础观有一个弱点，它本质上是一种静态分析。

他们旨在说明，在技术迅速变化的环境中，企业如何通过开发、维持和更新企业竞争所需要的动态能力来实现和维持竞争优势。

首先，他们认为，企业的竞争优势取决于这些动态能力（见图 8-10）：

- 独特的流程——协调和整合的方式。
- 一揽子资产——尤其是企业难以交易的知识和互补性资产。
- 路径依赖——无论是采纳还是继承。

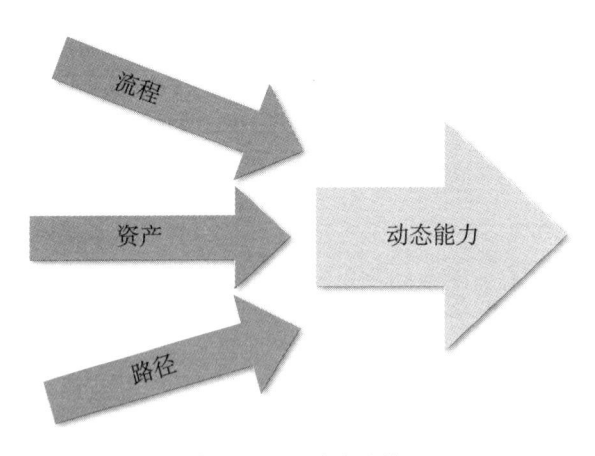

图 8-10　动态功能

资料来源：Adapted from David J. Teece, Gary Pisano and Amy Shuen, 'Dynamic Capabilities and Strategic Management', *Strategic Management Journal* (18) 7, 1997.

一个企业的组织和管理过程需要实现三个功能：

- 协调和整合内外部资源，为模仿设置障碍。

- 实施组织学习，从实验、经验和内部传播中获益。
- 在组织、文化和技术上，酌情对企业进行重组和转型。

其次，他们认为，企业的一揽子资产包括技术、财务、声誉、结构、制度和市场（结构）资产，以及知识和声誉资产，决定了其在任何时候的竞争优势。

最后，路径依赖在很大程度上决定了一个企业在其行业领域中可以实际移动的位置。"历史很重要"，因为企业的知识、经验、固定资产等，不能在短期内改变，从而缩小了企业的选择范围。特别是，企业在创新和技术方面的经验、专长和流程极大地影响了战略选择。

企业竞争优势被侵蚀的程度取决于市场需求的稳定性和这些动态能力的可持续性，而这又取决于可复制性（内部扩张）和可模仿性（竞争者复制）的强弱。

他们认为，在技术快速变革的体制下，持续的价值创造在很大程度上取决于对企业内部的技术、组织和管理流程。识别新的机会，并通过有效组织抓住机会，应该比使竞争者失去平衡、增加对手的成本和阻止新进入者的"战略制定"更有价值。

如何使用

考虑你企业的独特能力在多大程度上是动态的，或者可以是动态的，然后再次应用工具28：

（1）识别动态能力。

（2）评价动态能力：

- 评估它们的相对重要性。
- 评估你企业的相对优势。
- 把以上两项结合在一起进行评价。

（3）开发战略启示。

原则上，企业应该投资于自身独特的、动态的能力，以获得可持续的竞争优势。

何时使用

在公司战略或业务战略中使用它,从而确定企业的哪些能力是真正独特的和动态的,并且应该得到重点投资。

何时应该谨慎

这些学者是资源基础学派的坚定支持者。同样,企业最好把这种着眼于内部的资源基础观与着眼于外部的、波特式的行业/市场观相结合,然后才能做出战略结论。

工具 68　刻意战略和自发战略（明茨伯格）

工具介绍

在至少六七个工具中，我们阐述了战略的资源基础学派的主要支持者，现在我们转向一位反传统者——麦吉尔大学的亨利·明茨伯格（Henry Mintzberg）。

所有这些战略制定工作都是在浪费时间吗？更糟糕的是，这会导致错误的行为吗？

战略计划工作是否限制性太强，结构太复杂，分析性太强，集中性太强，过于依赖聪明但是从未接触过一线的人？

由直线经理来执行战略，当他们看到事件逐渐显现时做出反应，承担风险，测试市场，探索机会，难道这样不行吗？

明茨伯格说，战略应该是刻意的，同样也是自发的（见图8-11）。战略计划工作仍然是有用的，但必须是更加去中心化的和更加基于直觉的。

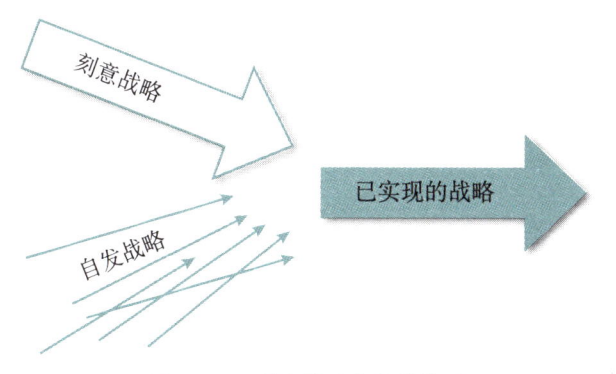

图 8-11　刻意战略和自发战略

资料来源：Adapted with the permission of Free Press, a Division of Simon & Schuster, Inc., from The Rise and Fall of Strategic Planning by Henry Mintzberg. Copyright © 1994 by Henry Mintzberg. All rights reserved.

管理者比战略家做得更好。在成熟行业，五年计划可能会在一年内过时；在科技行业，可能墨迹未干，就已经过时。

行业界限变得更加多变，价值链更加分散和共享，"黑天鹅"事件（见工具87）更频繁地导致计划偏离轨道。行业分析可能是多余的，甚至具有误导性。

企业需要敏捷的步伐和战略上的灵活性。与科层结构正相反，组织结构需要变成"灵活性结构"——责任线扁平，决策分散，实行小团队式的项目工作，并有适当的联络机制。

随着时间的推移，意图与变化的现实会发生冲突，战略将会自发产生，以应对变化的现实。

这就是自发战略。这在实践中是行之有效的办法。

如何使用

不管本书提到的必要工具是什么，从需求预测的 HOOF 方法（见第3章）到太阳云朵图（见第9章），再到波特的五力模型（见第4章）、竞争矩阵（见第5～7章）和资源基础观（见第8章），让我们继续前进。

但要始终意识到战略柔性的必要性。听取直线经理的意见，把他们纳入战略过程，鼓励他们思考事态发展对战略的影响。注意自发战略。

在你前进的过程中，要根据需要调整和修正战略。只要有一个合理的理由，就可以这样做。

何时使用

在你的市场上，你看到的变化越多，战略就演变得越多。但这是否会导致一系列刻意战略，或者转向自发战略，取决于组织文化。

何时应该谨慎

自发战略不能代替刻意战略。极端地说，自发战略相当于没有战略，只是凭感觉行事。

产业边界可以变得流动，价值链可以变得不那么僵化。但这并不是什么新鲜事，而且这些变化大多需要时间。未来的市场环境是可以预见的，你的战略可以是刻意的。

黑天鹅事件的确存在。近年来，我们经历了欧债危机、银行业崩溃、福岛核事故、美国墨西哥湾原油泄漏事件、卡特里娜飓风和"9·11"事件。这些事件确实摧毁了许多公司的战略计划。

但情况一直如此。例如拉美主权债务危机、航运债务危机、杠杆收购债务危机、东南亚金融危机，以及早些年的互联网泡沫破灭，或者更久远的南海泡沫事件。

战略并不是一成不变的，它会做出反应并不断演变。

阅读明茨伯格的书，会有一种耳目一新的感觉。在《战略反击》(Strategy Bites Back) 的封底上他说："战略是至关重要的，我们都知道。但为什么它如此重要却又那么乏味、无创意、无聊呢？枯燥的战略书只会造就枯燥的战略家，而这些战略家所制定的战略也会失败。现在，这本书就是一味解药。"

如果你受到了鼓舞，让企业的战略自发产生吧！

马克·马莱茨（Mark Maletz）和尼汀·诺瑞亚（Nitin Nohria）在2001年有关"空白"的研究中沿用了与明茨伯格类似的思路。"空白"指的是"公司中的一块大的并且未被占领的地方。在这个地方，规则粗略、权力模糊、预算缺失、战略不明确，常常发生创业活动，这有助于组织的重塑和更新"。他们描述了高级管理人员应该如何通过抛弃传统计划工作、组织工作和控制技术，来培育空白项目。实际上，这即是让战略自发产生。

工具 69　整合思维（马丁）

工具介绍

斯科特·菲茨杰拉德（F. Scott Fitzgerald）认为："艺术家是一个在头脑中同时持有两种对立观点，但仍然拥有正常行事能力的人。"

一个富有创造力、有进取心的商人也是如此吗？罗杰·马丁（Roger Martin）在《整合思维》（*The Opposable Mind*）一书中，将整合思维定义为"建设性地承认对立观点之间的冲突，不是选择一个牺牲另一个，而是以一个新的想法——既容纳了两种观点的元素又优于任何一种观点，创造性地解决冲突"。

整合思维既是一种思维方式，又是一种解决问题的方法论和教学法。整合思维认为，我们的想法，即我们对周围世界的解释和归纳，只讲述了故事的一部分。整合思维要求我们去思考，面对同样的情况，别人是如何解释的，这种解释可能与我们自己的看法相冲突。

整合思维者从多个角度考虑对立模式的内在价值。他们理解这些观点之间的冲突，并根据他们现在的不同看法，重新定义要解决的问题。他们探索各种可能性，迭代原型解决方案，调动思维工具，引导思考者取得新的成果。

马丁基于他的整合思维经验揭露了"战略的大谎言"。他喜欢战略，但不喜欢战略计划工作，主要是因为在大多数情况下，战略计划工作：

● 列出了一份简要的计划清单，其中"有一项内容用于市场营销，有一项内容用于制造，还有一项内容用于财务，这是一群人围坐在一起做出的妥协清单"。

● 过于成本驱动，对销售和选择不够重视，然而正是它们"迫使客户购买你的产品"。

● 反映了公司战略中资源基础学派的流行（见工具 62～工具 67），它创造了一种思维方式，即"很容易思考对能力的投资，但能力只有在客户重视的情况下才有价值，因此，这是没有帮助的"。

- 误读了明茨伯格所谓的自发战略（见工具 68），认为因为未来是不确定的，所以要放弃提前计划；"一直等下去，直到下一步该做什么变得非常清楚，就像等待戈多一样"。

马丁说，你不需要一个 100 页的战略计划。你应该让它保持简洁，并记住战略是关于选择的，特别是以下五个选择（见图 8-12）：

- 我们获胜的愿望是什么？
- 我们在哪里竞争？
- 我们如何取胜？
- 必须具备哪些能力？
- 需要什么管理系统？

有关战略的五个关键问题

○ 我们获胜的愿望是什么？ ○ 我们在哪里竞争？ ○ 我们如何取胜？ ○ 必须具备哪些能力？ ○ 需要什么管理系统？

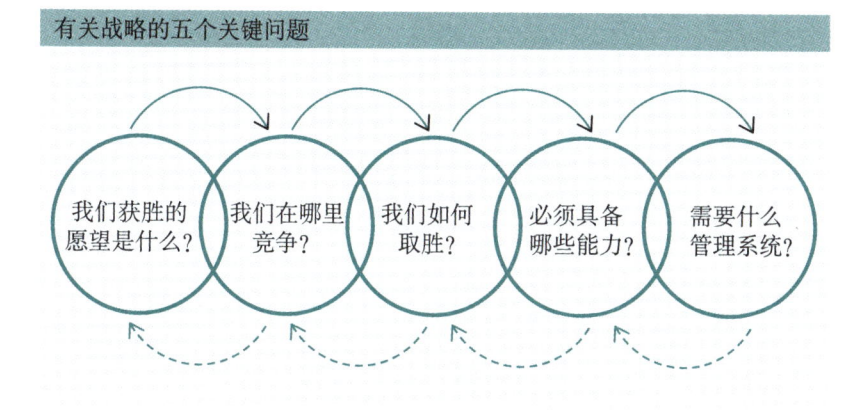

图 8-12　应用于战略的整合思维

资料来源：Adapted from Roger L. Martin, *The Big Lies of Strategy*, *Rotman Management*, Fall 2018 issue, University of Toronto's Rotman School of Management.

马丁认为，没有什么理由使战略必须长篇大论，一页纸足够。"如果你不做这五个选择，再多的数字运算和预测也无济于事。只有做了这些，顾客才会发现自己不得不给你钱；如果他们不这样做，你就一无所获。"

如何使用

马丁建议使用三条额外原则来帮助你做出上述五个选择：

- 做出有效的选择；
- 接受不完美；
- 保持逻辑清晰。

首先，做出有效的选择。如果某个选择的对立面显而易见是愚蠢的，那么它根本就不构成一个真正的选择。例如，"以客户为中心"的反面即忽视客户显然是愚蠢的，那么"以客户为中心"就根本无需选择。

以一种特定的、不同于竞争对手的方式来定义客户服务，那才是真正的选择。

其次，接受这样一个事实：战略永远不可能是完美的。你应该想象未来的可能性，做出你认为最有说服力的选择。有时你是对的，有时是错的。这就是战略的本质，因为这就是生活的本质。未来必将与过去不同。

最后，使你的战略逻辑清晰。扪心自问，要想让这个战略变得伟大，有十件事必须是正确的。你的回答可能是这样的："产品必须在 X 之前准备好上市；客户必须表现得像 Y；竞争对手不能做 Z。"

然后，你可以评估在"必须是正确的"那些事情中，哪些是最令人担忧的，想办法解决它们。

何时使用

回到整合思维的定义上，在战略开发过程中，当我们做出每一个战略选择时，都要认识到形成一个新想法的可能性，这一新想法包含了两种对立观点的元素。

何时应该谨慎

与许多战略工具一样，略懂皮毛的学习可能是一件危险的事情。在开始战略开发的整合思维之前，最好深入了解一下这个概念。

工具70 做内行的事（彼得斯和沃特曼）

工具介绍

"我相信，在任何领域取得卓越成功的真正道路都是精通这一行。我不相信个人资源的分散，根据我的经验，我几乎没有遇到过一个从事很多行业但还能赚大钱的人。"说这话的人是钢铁大王安德鲁·卡耐基。

汤姆·彼得斯（Tom Peters）和罗伯特·沃特曼（Robert Waterman）在1982年——就在我进入商学院之前——出版了《追求卓越》（*In Search of Excellence*）一书。它立刻引起了轰动，成为一本必读书，也是许多小组会议上激烈辩论的话题。

多年来，这本书的影响已经消退，这主要是由于一些本应"优秀"的研究案例（如达美航空（Delta Airlines）、DEC公司（Digital Equipment）、伊士曼柯达（Eastman Kodak）和凯马特（K-Mart））的业绩出现下滑。但它的影响至今仍能被感受到，这不仅因为它的销量超过了历史上几乎任何一本商业图书，而且因为书中描述的成功所必需的一到两个元素确实长寿。

这本书的作者是麦肯锡的顾问，他们的任务是周游世界，与表现最好的公司的高管交谈，通过了解公司的组织结构和人员配备来寻找成功的诀窍。他们做到了，并将诀窍出版成书。

他们确定了成功组织的八个原则（见图8-13）：

- 崇尚行动——积极的决策、"开始行动"、自主的任务小组。
- 贴近客户——向企业所服务的人员学习，以客户满意为重，再接再厉。
- 自主创新——鼓励冒险和创新，培育"冠军"。
- 注重人才的培养——尊重员工、保持激励。
- 重视价值观——将公司的价值观渗透到整个企业，管理层要率先垂范。

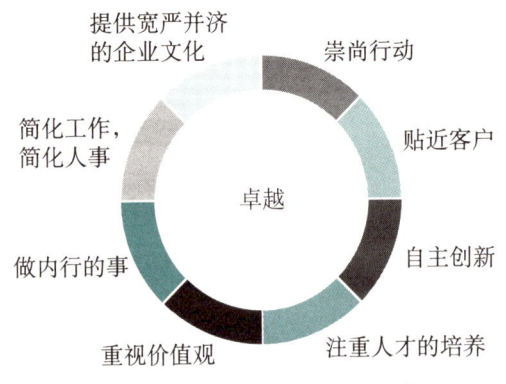

图 8-13　公司卓越的八项原则

资料来源：Adapted from Tom Peters and Robert H. Waterman, Jr, *In Search of Excellence: Lessons from America's Best Run Companies*, Profile, 1982.

- 做内行的事——专注于公司熟悉的和做得最好的领域。
- 简化工作，简化人事——组织结构和管理系统简单，总部人员最少，将权力分散到各业务单位。
- 提倡宽严并济的企业文化——车间拥有自主权，但总部进行中央控制和指导，以随时应对变化。

其中，第六条"做内行的事"，被证明与这本书的关系最密切。

它不是什么新鲜事了（参考上面安德鲁·卡耐基（Andrew Carnegie）的语录，事实上这也不是最新的说法，见工具71），但最近才被人信奉。它为这个时代现行的主流战略提供了一个对立面。在金融工程师和精打细算的会计看来，从事多元化经营的企业集团在短期内能成功，但从长远看是不成功的。

它与伊戈尔·安索夫的产品/市场矩阵（见工具30）的逻辑相呼应。冒险进入新产品和新市场是风险最大的战略选择。

回想过去，一些公司一定希望自己坚持了做内行的事，例如曾经的新媒体巨头美国在线（AOL），它在与传统媒体公司时代华纳合并后，结局悲惨。

坚持做内行的事并取得成功的公司比比皆是，从英特尔到路易·威登（LVMH），从宝马到宜家。

如何使用

如果你企业的战略是把一个新产品推向新市场，不管是通过有机的方式，还是通过收购，都要非常仔细地考虑。

你在资源和（或）能力方面有哪些可转移的强项？

风险和机会的平衡点在哪里（见工具83）？

如果你的企业坚持做内行的事的话，会不会以更低的风险获得更好的回报？

何时使用

永远记住文首的格言。

何时应该谨慎

当新事业所需要的能力或者资源远离本行时，要保持警惕。

工具 71　利用核心业务创造利润（祖克）

工具介绍

17 世纪的哲学家托马斯·霍布斯（Thomas Hobbes）说："好奇心是心灵的欲望。"

但是，你的企业是不是像一只过度好奇的猫，已经离家太远了？

克里斯·祖克（Chris Zook）认为，大多数增长战略之所以无法带来价值，是因为它们过于冒险了。在明确界定的核心业务中建立影响力，是永恒的战略准则，并仍然是竞争优势的关键来源，是实现成功扩张最可行的平台。

成功的公司以 F - E - R 循环开展经营：

- 聚焦（focus）于、理解并充分发挥核心业务的潜力。
- 扩展（expand）进入核心业务周围的相邻业务。
- 重新确定（redefine）核心业务，以应对市场动荡。

这些是管理咨询公司贝恩的管理顾问，经过对 2 000 多家公司的调研，对 100 多名首席执行官进行采访后得出的结论，并在祖克 2001 年出版的《回归核心》（*Profit from the Core*）一书中得到了总结。

换句话说，正如前面的工具所建议的——做内行的事。

如何使用

首先，你需要识别企业的核心业务。考虑一下企业的关键资产，包括最有可能从中实现盈利的客户、最具战略意义的能力、最关键的产品供应、最重要的渠道和其他任何关键的战略资产，如专利或品牌名称。

现在考虑一下这三种战略增长备选方案（见图 8 - 14）。

1. 加强和保卫核心业务

确定业务边界，确认差异化的来源，并评估核心业务是否在发挥或接近发挥全部潜力。

聚焦 → 扩展 → 重新确定

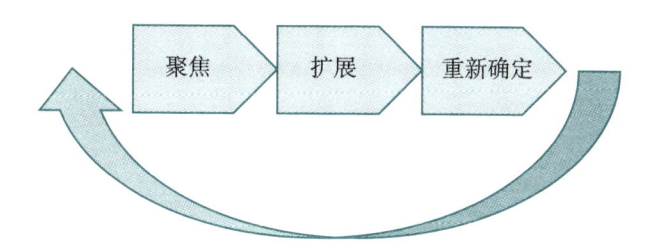

图 8-14　利用核心业务创造利润：F-E-R 循环

资料来源：Chris Zook, *Profit from the Core*, Harvard Business School Press, 2001.

2. 通过相邻业务实现增长

考虑扩展到相邻业务，利用并最好加强你在已盈利的核心业务上的强项。

3. 重新确定你的核心业务

考虑一下你是否需要重新确定核心业务，现在是恰当的时机吗？什么方法最有效？从过去的成功或失败中可以学到什么？

在确定相邻业务时要小心。祖克强调，与其他增长战略不同的是，为了在新的领域建立竞争优势，相邻业务扩张战略利用了现有的客户关系、技术或核心业务技能。

下面是一个描绘相邻业务机会的流程实例：

● 根据经济性、相对竞争强项，以及相邻业务增长机会的丰富程度，将核心业务从最强到最弱进行排序。

● 更详细地开发相邻业务，考虑一下新产品、新市场、新业务、新能力或纵向整合，见图 8-15。

● 根据规模、可转移优势的强项、竞争激烈程度、对核心业务的重要性（进攻性或防御性）、与长期战略的一致性和实施能力，对相邻业务机会进行排序。

● 开发一系列行动或者开发一些情景。

● 拟订实施计划。

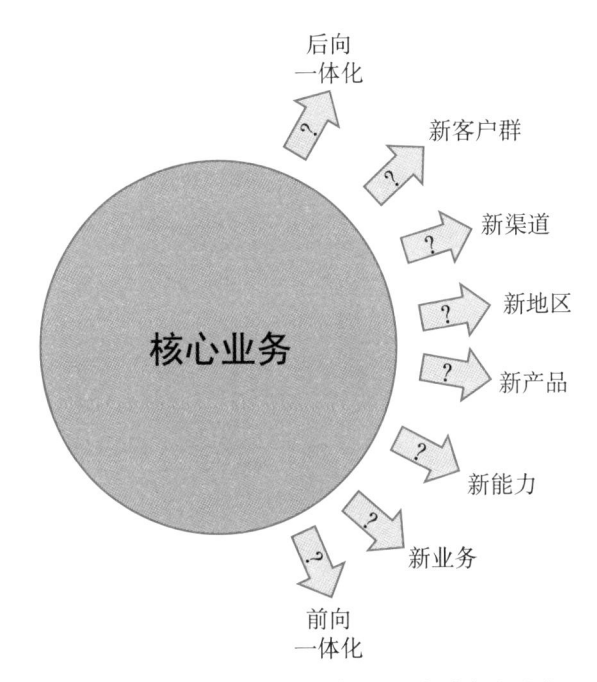

图 8-15 利用核心业务创造利润：探索相邻业务

资料来源：Chris Zook，*Profit from the Core*，Harvard Business Press，2001.

何时使用

一旦你发现战略远远偏离了核心业务，请想一想祖克的 F-E-R 循环，考虑一下你是否需要偏离聚焦阶段，或处于重新确定阶段，或者，如果你现在处于扩展阶段，是否可以利用更多相邻业务的机会。

何时应该谨慎

这是一种基于研究而获得的明确结论。任性的多元化，以及远离企业核心业务或核心能力开展经营，都是极其危险的。

工具 72　市场驱动型组织（达伊）

工具介绍

"业务的真正目的是创造并留住客户，而不是让你赚钱"或"仅仅满足客户是不够的，你必须取悦他们"。

这是泰德·莱维特（Ted Levitt）和菲利普·科特勒（Philip Kotler）分别说过的话，但提出创造市场驱动型组织所需能力这一框架的是乔治·达伊（George Day）（见《市场驱动型组织：理解、吸引和留住有价值的客户》，*The Market Driven Organization*：*Understanding*，*Attracting*，*and Keeping Valuable Customers*，2007）。这很像同时期的科利斯和蒙哥马利的成果（见工具 63），而达伊将战略的资源基础观和波特的战略定位观相融合。

达伊认为，必须"以对行业结构、目标客户群的需求、所寻求的位置优势和环境趋势的共同理解为指导"，来选择性地培养企业的核心竞争力或独特能力。

若想关注存在于企业外部的客观因素，有两种能力特别重要（见图 8-16）：

● 市场感知能力——企业如何监测和发现行业或市场趋势、客户行为和客户偏好的明显变化，并预测客户对具体营销行动的反应。广义的营销行动涉及 4P（产品、渠道、价格、促销，见工具 51）。

● 客户联系能力——为了实现协同的客户关系所需的技能、能力和流程，从而使单个客户的需求在整个组织内迅速显现，并有明确的流程来处理这些需求。

然后，他借鉴全面质量管理（TQM），阐述了创建一个市场驱动型组织的过程，总结如下：

● 诊断企业现有能力。
● 预测对市场导向型能力的未来需求。

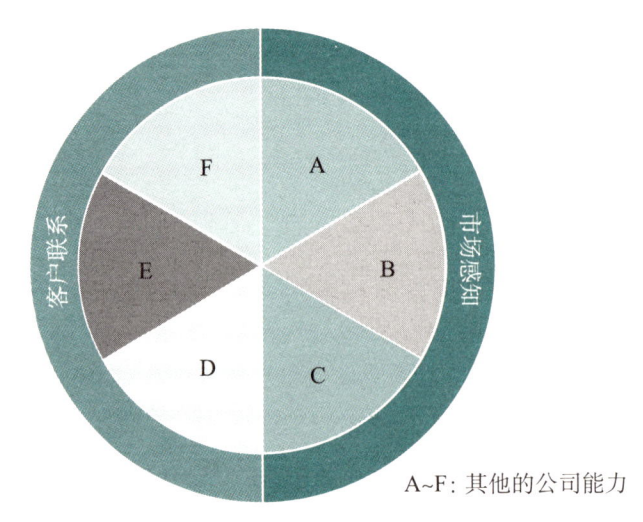

图 8-16　市场驱动型组织的能力

A~F：其他的公司能力

资料来源：Adapted from George S. Day, *The Market Driven Organization: Understanding, Attracting, and Keeping Valuable Customers*, Simon and Schuster, 2007.

- 自下而上重新设计相关流程。
- 由高级管理人员自上而下指导，确保重新设计的目的是将客户需求放在首位。
- 利用 IT 技术，特别是客户关系管理（CRM）工具。
- 监控绩效改进目标的进展情况。

然而，仅凭市场感知能力和客户联系能力不足以独自去创建一个市场驱动型组织。客户联系能力的特点是：

- 市场驱动能力。
- 市场驱动文化——使得能力可以在价值观、信念和员工行为完全符合市场和客户导向的环境中得到培养。
- 市场驱动架构（或组织结构和系统）——具有支持市场和客户导向的控制、激励、刺激措施和决策过程。

在 2007 年的书中，达伊进一步探讨了后两个主题，他引用沃尔玛、维珍航空、迪士尼和吉列（Gillette）等公司的例子，说明它们对客户和市场的深入了解是如何赋予它们可持续竞争优势的。他还用 IBM 失去计算机市场的领导地位，摩托罗拉在从模拟移动通信系统向数字移动通信系统转变的过程中遭遇挫折等广为人知的例子来说明企业未能迎合市场需求导致的后果。

如何使用

如果你觉得你企业的市场驱动程度还不足，那么达伊的书中所附带的路线图、调查表和工具包，能帮助你更好地建立市场驱动型组织。

何时使用

利用它使自己的企业成为一个市场驱动型组织。

何时应该谨慎

成为一个市场驱动型组织不会一蹴而就。这可能需要一个完整的变革管理过程。

许多研究都是事后进行的，如维珍集团之所以成功是因为它是一个市场驱动型组织。小部分研究是事前研究，如一家公司以前是产品驱动型组织，但经过三年的变革计划后，现在更受市场驱动，这一点在业绩改善中得到了体现。

达伊意识到了这一点，并以欧洲隧道公司（Eurotunnel）和西尔斯（Sears）等案例研究作为指导。

工具 73　价值信条（特里西和威瑟姆）

工具介绍

你的企业的产品在行业中领先吗？如果不是，它深受客户喜爱吗？如果这两个都不是，那你的企业在运营方面很卓越吗？

迈克尔·特里西（Michael Treacy）和弗雷德·威瑟姆（Fred Wiersema）提出了这样一个问题：戴尔是如何从零开始战胜康柏（Compaq）的？客户是如何抛弃其他DIY连锁店蜂拥至家得宝（Home Depot）的？新兴的耐克是如何超越阿迪达斯的？

在上述三个案例中，答案都是一样的。在另外37个案例中，他们研究了公司卓越与成功的秘诀。取胜的公司通常有以下特征：

- 在所属市场上，对价值进行了重新定义。
- 建立了强大的交付系统。
- 提高了客户期望，使得竞争对手无法企及。

也许，这些见解没有什么革命性。但是他们发现，客户定义价值的方式是新的。过去，是产品和价格的结合。现在，客户的价值概念已经扩展，包括便利性、售后服务和可靠性。

那么，要想成功，公司是否需要提供这些价值元素中的每一个？特里西和威瑟姆并不这样认为。他们认为公司通过提供三个"价值信条"中的一个就可以取得成功：

- 运营卓越——为客户提供可靠的产品（或服务），经济高效地交付产品并将不方便降到最低程度，如戴尔模式。短期来看，比价网（gocompare.com）或莱斯维茨（Laithwaites）做得也不错。
- 客户亲密——精准地细分和选择目标市场，很好并及时地理解特定客户的需求，提供定制的产品，这可能要归功于达伊的市场感知和客户联系能力（见工具72），如家得宝、宜家或宠物在家。
- 产品领先——向客户提供领先的产品，从而提高产品的使用率，获得溢价，使得竞争者的产品被淘汰，如耐克、苹果或谷歌。

追求运营卓越的公司致力于在价格和交付方面领先。它们针对价值链内部环节之间的每个联系，发现并利用每个机会来降低成本。它们采用的是波特基本战略中的成本领先战略（见工具39），但重点在于交货的便利性和价格。

追求客户亲密的企业不断地重塑产品，以满足客户不断变化的、越来越被精确界定的需求。这一过程可能成本很高，但企业认为这是对客户忠诚的长期投资。这属于波特基本战略中的差异化战略的一个方面。

追求产品领先的企业则是完美的创新者，创造出了源源不断的增强型产品。它们必须不断地创造产品，将其商业化，并在竞争对手采取行动之前占据市场。这是波特差异化战略的另一个方面。

对于这三个价值信条，公司都需要达到行业的基本标准。但那些只在一个方面（很少是两个方面）表现出色的企业，能够获得可持续的竞争优势，因为它们把运营模式的所有方面，包括系统、流程、文化、刺激措施都结合起来，以传递特定的价值信条。

缺乏价值信条的竞争者将发现很难跟上。价值信条明确的公司，只需要稍微调整其模式，就可以保持领先地位，而它的竞争对手则不得不经历一次完整的业务转型，才能达到相同的水平。低成本航空公司的出现对传统航空公司造成了破坏。有些公司倒闭了，有些公司合并了，但所有的幸存者都必须重新设计它们的模式，不仅是在需求定价方面，而且要在所有配套的运营系统方面。尽管如此，它们仍然无法像新兴竞争对手那样精干、灵活和低成本。

特里西和威瑟姆观察到，尽管处于不同行业，但遵循相同价值信条的公司有着相似的特征。因此，沃尔玛和联邦快递的业务系统是相似的，因为它们都追求运营卓越的信条。它们的员工离开一家公司去另一家会觉得很自在。然而，如果该员工加入了追求产品领先信条的脸书公司就不是这样了。

如何使用

在你的行业中，实现运营卓越所需的关键成功因素是什么（见工具22）？它们各自的权重又是多少呢？

在 5 分量表范围内，你会如何评价你的企业？

考虑到权重，你的企业如何评价运营卓越的价值信条？

再用同样的方法，对客户亲密度做出评价。然后，对产品领先做出评价。

绘制如图 8-17 所示的图。依据你的评分画出相应的三角形。在这个例子中，公司在运营卓越方面表现最好（4 分），在客户亲密方面表现较差（约为 3 分），在产品领先方面表现最差（1 分）。

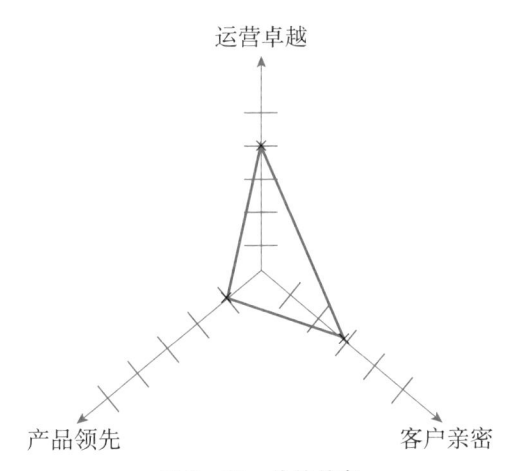

图 8-17 价值信条

资料来源：Adapted from Michael Treacy and Fred Wiersema, 'Customer Intimacy and Value Discipline', *Harvard Business Review*, January 1993.

从你的图中来看，你是否清楚应该投资哪个价值信条？答案应该是三角形最尖的角。

如何评价你的竞争对手？它们的三角形看起来怎么样？

如果你的图形看起来像一个等边三角形，你可能会有麻烦。当面对一个低成本的竞争对手、一个对客户更敏感的竞争对手、一个产品领先的竞争对手，或者三者兼而有之的竞争对手时，你的企业将无法与它们竞争。

如果你的竞争对手的图形是一个等边三角形，它们可能容易受到你的攻击。

如果你的某个竞争对手的图形有一个非常尖的三角，它可能是令人生畏的，特别是如果它的主要价值信条和你的一样。你应该考虑是通过投资来巩固你在那个领域的地位，还是应该将精力转向另一个领域。

不给予应有的关注和讨论，这些评级是无法轻易得出的。你可以选择在两三次的研讨会中与高级经理讨论这些问题。

何时使用

它提供了一个与标准的波特基本战略不同的视角。当你觉得需要新的见解时就使用它。

何时应该谨慎

不要专注于一种价值信条而忽略了其他信条。在每个方面，你的企业都需要达到行业的基本水平，并在某个方面做到顶尖。

或者，你需要在两个领域处于顶尖位置。上面提到过的脸书，无论从何种定义来看，它都已经取得了产品领先地位，在发展过程中击败了聚友网（MySpace）之类的竞争者。但它也会声称它与顾客的亲密程度非常高。考虑到它能直接接触到数百万用户，特别是年轻用户的眼睛、思想，也许还有灵魂，它的观点是有道理的，对于一些观察家来说也是如此。

工具 74　颠覆性技术（克里斯坦森）

工具介绍

伟大的公司会因为做对每件事而失败！

克莱顿·克里斯坦森（Clayton Christensen）说：一切都很顺利，然后就出现了一种新技术，这种技术通常水平较低，似乎产品的质量在倒退，因此常常遭到企业和客户的抵制和蔑视，然后一切都被颠覆了。

克里斯坦森在1997年出版的《创新者的窘境：领先企业如何被新兴企业颠覆？》（*The Innovator's Dilemma：When New Technologies Cause Great Firms to Fail?*）一书在商业领域引起轰动。每个人都知道大企业可能被新技术击倒，但这项研究表明，许多大企业在战略上或管理上并没有做错任何事，却遭遇这样悲惨的下场。它们做了应该做的事情，只是没有意识到正是它们的成功和能力阻碍了自身去适应变化的市场和技术。

他提出了两种类型的技术：持续性技术和颠覆性技术。老牌公司善于跟上前者的步伐，对后者就不那么在行了。持续性技术是一种增强现有产品的技术，通常会提高产品性能和客户利益。成功的老牌公司拥有完善的流程，能使它们在这些技术上处于领先地位，从而保证持续的产品改进和持续的客户满意度。

颠覆性技术是从根本上改变收益/价格算法的技术。通常情况下，它生产的产品的质量或性能明显偏低（尽管通常更小、更简单和/或更方便），至少在短期内是这样。由于产品价格如此之低，以至于客户会重新思考购买该类产品的理由，或者吸引新的客户进入市场。

例子比比皆是。铁路运输生产者输给了轿车制造商，法赛特（Facit）输给了佳能，奥利维蒂（Olivetti）输给了阿姆斯特拉德（Amstrad），协和式飞机输给了喷气式飞机，大型电脑输给了微型台式电脑，微型台式电脑输给了笔记本电脑，笔记本电脑又输给了平板电脑/智能手机，胶印机输给了数码打印机，百科全书输给了维基百科，音乐公司和CD生产商输给了苹果的 iTunes。

克里斯坦森对硬盘行业进行了深入研究，发现老牌公司的产品往往落后于新来者两年左右，新来者带着新一代的、通常更小的产品进入市场。希捷（Seagate）是 5.25 英寸磁盘的领导者，随后发明了 3.5 英寸磁盘，但是它发现客户安于现状，对新产品没什么兴趣。希捷的一些员工离职组建了自己的初创公司，生产小型磁盘，而希捷则继续大举投资于大型磁盘，并改善了性能和销售。随着时间的推移，新的小型磁盘的性能有所改进，并开始在笔记本电脑和 PC 市场上取代大型磁盘。希捷则姗姗来迟，从未达到它在大型磁盘市场所享有的市场份额。

这项研究中有两点很有启发性，且并不局限于磁盘：

● 技术变革的障碍既来自大客户，也来自大生产商自身。通常客户说的就是生产商想听的，这样它们就可以继续做它们正在做的事情。

● 颠覆性技术往往是由新来者向市场推广的，不受旧技术、旧流程、旧定位、旧销售宣传语的限制，更重要的是，如上所述，不受老客户的老思维的限制。

颠覆性技术之所以成功，是因为它们的潜入细无声。由于产品性能低劣，这些产品刚开始对高端市场没有吸引力。其他属性，如体积、简单性或便利性，使它们能够在市场中占据一席之地，而提高性能或者因经验曲线引发的成本降低，使它们开始获得市场份额（见工具 40）。很快它们就主宰了市场，见图 8-18。

这就是克里斯坦森所说的"创新者的窘境"。在什么阶段，创新者必须克服企业内外部对劣质产品的文化偏见，特别是来自客户的偏见，并开始一项投资计划，以确保用新产品替代企业的现有产品，而不是让新来者做同样的事情？

想想剃须刀片的例子吧。全球市场领导者吉列公司推出的 Trac Ⅱ 双层刀片剃须刀最终蚕食了其生产了几十年的双刃安全剃须刀。后来，Mach 3 三层刀片剃须刀对 Trac Ⅱ 也做了同样的事。如果吉列没有这样做，一个竞争对手或新进入者可能会利用颠覆性技术这样做。

图 8-18 颠覆性技术

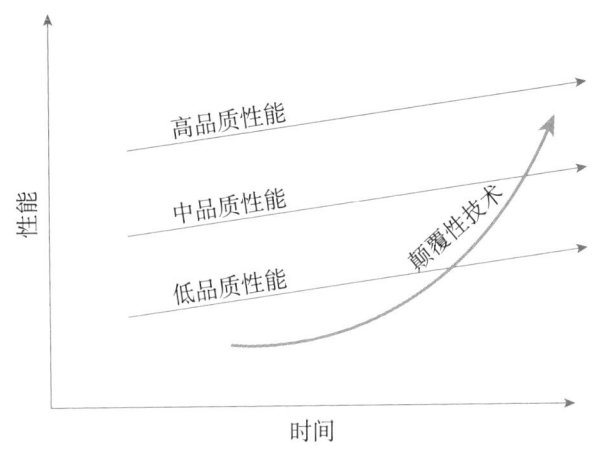

资料来源：Adapted from Clayton M. Christensen, *The Innovator's Dilemma*: *When New Technologies Cause Great Firms to Fail*, Harvard Business School Press, 1997.

创新者的窘境普遍存在于电子商务领域。尽管现有的零售商在价值链中享有巨大的优势，但占据市场主导地位的却是那些后起之秀，如亚马逊、比价网和火车票务网（Trainline）。只有在少数领域，"砖块加鼠标"的模式才起到了作用，如涉及新鲜、冷藏和冷冻食品供应链的食品零售业，涉及稳定性和安全性的银行业，以及以 BBC 为代表的信息行业。

如何使用

解决创新者的窘境问题，说起来容易做起来难。你所面临的挑战是找出那些新兴技术，这些技术可能会威胁你的市场份额，甚至取代你当前的持续性技术。

根据克里斯坦森的说法，问题在于"对于不存在的市场，没有办法分析"。在某种程度上，这是对的。但有一种方法适用于任何新企业，这就是进行试销。克里斯坦森建议另一种方法，即发现驱动的计划工作，在这种方法中，你通过干中学，即通过对战略和计划工作的实时调整来学习（见麦克格兰斯的发现驱动型增长，工具 46）。你应该建立一个小的、有创造力的团队，大胆、不惧怕失败，并准备好与更自由思考的客户在一系列假设情景下进行接触。

你还应该考虑成立一个完全独立的公司，负责利用新技术，其实是与你公司的持续性技术进行竞争。

这将是一个为了颠覆而成立的公司。

何时使用

当你怀疑即将出现的新技术可能具有颠覆性时，就使用它。

何时应该谨慎

保持在可能性的范围内，否则你会浪费资源去追求那些极不可能成为颠覆性技术的替代技术。

但要小心否认颠覆性。戴维·吉尔伯特（David Guillebaud）在他的重要著作《否认颠覆：为何企业无视眼前的颠覆性威胁》（*Disruption Denial：Why Companies Are Ignoring the Disruptive Threats that Are Staring Them in the Face*）中，分析了为何在克里斯坦森的书出版 20 年后，企业仍不愿采取行动，以防止或至少减轻颠覆性对未来的影响。

他提出了一种"停滞困境"，即首席执行官和董事会对于颠覆性技术的态度是"何必烦恼？"或者"世事难料"。他将此归因于：

● 租赁陷阱——首席执行官并不实际上拥有公司，而只是"租用"了那个位置，租期通常是 4～5 年，他们认为颠覆性技术是遥远的，在他们的任期内不太可能发生，所以为什么不让继任者来为公司和客户处理潜在的混乱呢？

● 衡量陷阱——首席执行官的薪酬主要与实现短期业绩目标挂钩。

● 估值陷阱——战略决策通常会以 3～5 年的时间为框架，在最后标注一个最终价值，很可能没有考虑到未来可能出现的颠覆。

● 制度态度陷阱——根深蒂固的传统观念是组织行为、有限次序和沟通方式共同造成的，对其进行挑战极其困难。

然而，吉尔伯特阐述了如何实现一种接受颠覆性技术的状态，以及如何构建一个数字时代下的颠覆型组织。

工具75　区块链技术（泰普斯科特）

工具介绍

正当我们中的一些人终于掌握了 Web 2.0 的诀窍时，Web 3.0 出现了，而且是革命性的。

这就是区块链技术，它是比特币等加密货币的缩影。比特币在早期表现良好，单位价值稳健地从 2010 年中期的 5 美分上升到 2012 年末的 10 美元左右。

但到了 2017 年，它的价值飙升，在 2018 年初达到了逾 2 万美元的峰值。2018 年晚些时候，这一数字回落至年初的三分之一，尽管如此，投资者仍然相信加密货币及作为其支撑的区块链技术将会继续存在。

处于思考下一次数字革命最前沿的是唐·泰普斯科特（Don Tapscott），他位列"思想者 50 人"榜单，是排名第二位的世界管理思想者（相对于罗杰·马丁，见工具 69）和排名第一位的数字思想者。他因与他人合著的《维基经济学：大规模协作如何改变一切》（*Wikinomics*：*How Mass Collaboration Changes Everything*）和《宏观维基经济学：重启商业和世界》（*MacroWikinomics*：*Rebooting Business and the World*）而闻名，他对数字问题的思考是与时俱进的。他在 2016 年首次出版、2018 年更新的《区块链革命：比特币底层技术如何改变货币、商业和世界》（*Blockchain Revolution*：*How the Technology Behind Bitcoin and Other Cryptocurrencies is Changing the World*）一书，被克里斯坦森（见工具 74）描述为，"这本书从字面上论述了在下一场技术驱动的颠覆中如何生存和发展"。

比特币的发明者，一个化名为中本聪（Satoshi Nakamoto）的个人或团体，不仅发明了一种货币，而且发明了一种技术——区块链。

区块链是一个借助互联网收集信息而形成的公共账本。它既不是一家公司，也不是一款应用程序，而是一种在互联网上记录数据的全新方式。

想象一个电子表格在计算机网络中复制了数千次，并定期更新。这就是一个区块链，它可以是全球的。信息作为一个共享网络而存在，并不断地被协调一致。不存在一个由一家公司或一家机构所拥有的中央数据库。所有数据都是公开的和可验证的，由数千台完全分散的计算机托管，所有人都可以访问。

这些数据是透明的，几乎不会被黑客破坏，改变区块链上的任何单位信息都需要巨大的计算能力来覆盖整个网络。

正是因为信息被打包成块，而且块与块相连，所以存储在区块链上的信息才如此值得信赖。一旦信息被记录在一个数据块中，它就不可能在不改变它后面的每个块的情况下被改变，这样就不可能在网络上的其他参与者看不到它的情况下被改变。

简而言之，它是一个安全、开放、分布式的总账，所有信息都有记录/有时间标记，透明且分散。那些通过提供计算能力来帮助执行交易和维护这种分类账的人，可以从他们的服务中获得诸如比特币之类的支付，就像银行可能会从支付中收取佣金一样。

每台连接到网络的计算机都是一个"节点"（见图8-19），有助于管理网络。

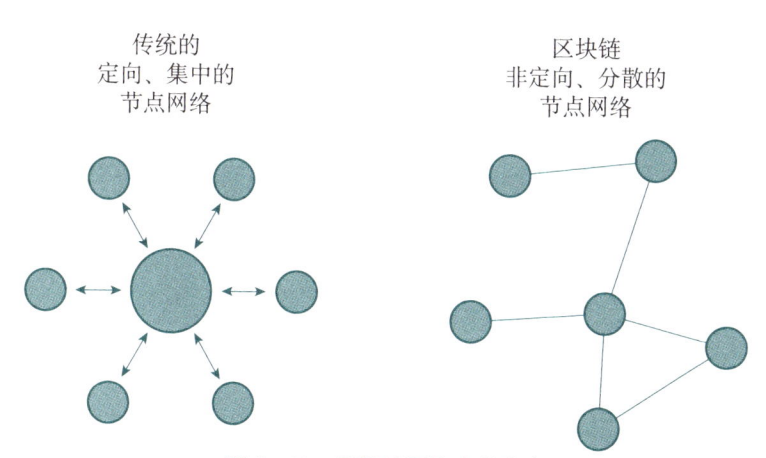

图8-19 区块链网络中的节点

令泰普斯科特感到兴奋的是区块链技术扩展到比特币以外的潜力："它是一种不受腐蚀的经济交易数字账本，不仅可以记录金融交易，还可以记录几乎所有有价值的东西。"

他和其他人看到了区块链技术在许多领域的巨大潜力，它在每个领域中都可以有效地剔除中间商，例如：

- 汇款——在这个规模达 0.5 万亿美元的市场上，资金转账可以在几个小时内而不是几天内完成，而且手续费也大大降低。
- 智能合约，如衍生品——以太坊（Ethereum）是一个开源区块链项目，专门开发用于实现智能合约。
- 众筹——区块链可以把这个新兴行业带到一个新的高度。
- 股票交易——纳斯达克宣布开发一个区块链试点项目，用于爱沙尼亚股票市场的代理投票业务。
- 共享经济——区块链为爱彼迎和优步等公司的非中介化提供了潜力；巴比特（Open Bazaar）已经通过点对点提供了绕过 eBay 的可能性。
- 权利——区块链可以帮助作者、音乐家、艺术家等要求其作品的所有权，并获得其价值的公平份额。
- 土地登记——特别是在土地权利脆弱和可转让的发展中国家，也可以这样做。

2015 年，世界经济论坛（World Economic Forum）全球议程理事会"软件与社会的未来"议题组针对 800 名信息和通信领域的高管/专家进行了一项调查。超过一半的受访者预测，到 2025 年，全球 GDP 的 10％将来自区块链技术，广义上它被定义为"一种取代了为金融、合同和投票活动提供信任需求的第三方机构的新兴技术"。

如何使用

区块链技术会改变你的行业吗？

问自己这些问题：

- 我们业务的哪些领域，如合同、知识产权、交易等，可以有效地部署区块链技术？
- 在这个领域，我们的竞争对手正在采取一些行动吗？

- 我们的供应商是否正在采取行动，并要求我们进行调整以保持竞争力？
- 我们的客户是否正在采取行动，并要求我们采取行动以谋求生存？
- 我们的业务是否会受到利用区块链技术、不受传统系统和流程阻碍的新进入者的影响？若受到影响，我们是否会被颠覆？

在图 8-20 中，将区块链技术应用于迈克尔·波特的五力模型（见工具 20），可以帮助我们正确看待机会和威胁。

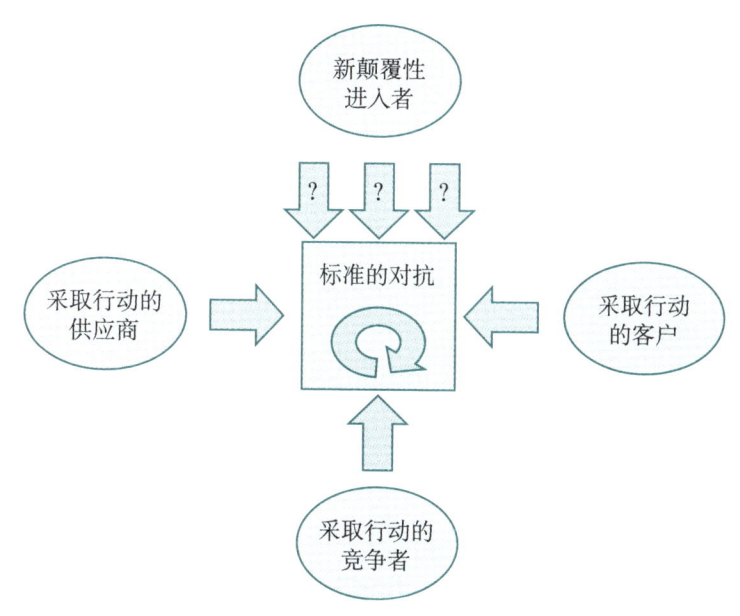

图 8-20 行业竞争中的区块链

资料来源：Based on Don Tapscott，*Blockchain Revolution：How the Technology behind Bitcoin and Other Cryptocurrencies is Changing the World*. Penguin Random House，2016.

何时使用

越快越好。

何时应该谨慎

在区块链中，时机可能很重要。在任何必要的变革中，领先于该领域是否有优势？在供应商和客户与你做生意之前，是否存在投资风险？先解决初期的问题会不会更明智一些？想想马克德斯和他的后发制人（工具 44）。

工具 76　合作竞争（布兰登伯格和内勒巴夫）

工具介绍

"对大多数企业而言，只有在同行其他企业也成功的情况下，自己才能真正获得成功。这是共同成功，而不是相互毁灭。这是双赢。这既是战争，也是和平。"

亚当·布兰登伯格（Adam Brandenburger）和巴里·内勒巴夫（Barry Nalebuff）亦认同此观点。假设让你放弃与业内对手的激烈竞争，通过与对方开展合法的合作，以对你有利的方式改变行业竞争压力，这种做法不值得一试吗？

你是否觉得理论上可行，但是实践中这种机会很渺茫？我们在工具 25 中介绍过布兰登伯格和内勒巴夫，他们把互补品作为第六种力量，添加到波特的五力模型中。在 1996 年出版的《合作竞争》（Co-opetition）一书中，他们利用博弈论建立了一个战略框架。

博弈论产生于 20 世纪 50 年代，它是解决决策过程中理性参与者心理上、社会上和经济上的互动和反应的数学方法。

博弈论中最知名的博弈是囚徒困境。两名囚徒被捕，但警方没有证据，所以必须依靠其供词将两人定罪。由于每一种行为都可能导致被判刑，每个囚徒单独且理性地认罪才能保障自身利益。然而，保持沉默显然能保障他们的共同利益，个人的和合并的刑期也许会更短。在此悖论中，非理性至关重要。

这种困境适用于各种情况。如果美国和苏联在军备竞赛上都不投入一分钱，更别说上万亿美元，那经济、社会、政治都将获益无穷。如果美国人都不持枪，现状将更好。如果主要大国维持自由贸易政策，而不是建立贸易保护主义壁垒，那么大萧条也许只是一场普通的经济衰退。

在商界，这种困境在市场营销中最明显，无论是价格折扣还是广告。无论是可口可乐或百事可乐进行多大程度的宣传，在其他条件相同的情况下，它们的市场份额往往保持稳定。一方采取行动，另一方绝对会采取反应措施。正如囚徒困境中，两人如果都保持沉默，情况就会更好。

如何使用

他们通过PARTS系统（见图8-21）把合作竞争理论应用于日常业务中：

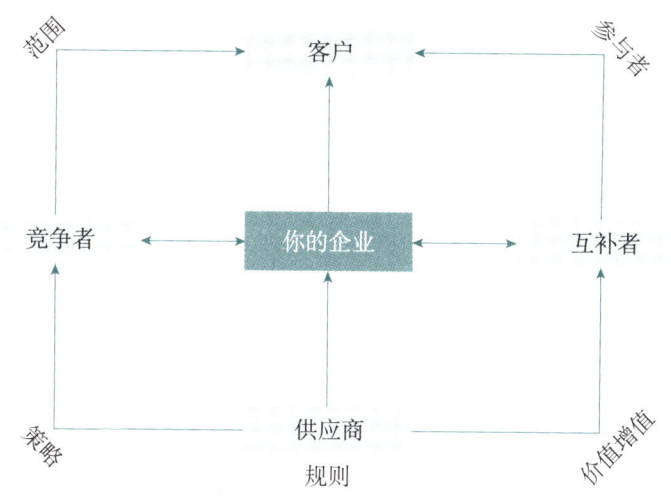

图 8-21　价值网、合作竞争与 PARTS

资料来源：Adapted from Adam M. Brandenburger and Barry J. Nalebuff, Co-opetition, Doubleday, 1996.

● 参与者——你的价值网中的每个主要参与者——客户、供应商、竞争者和互补者之间存在哪些合作和竞争机会？你能引入新的参与者吗？你的竞争者能做到吗？如果做到了，会对你造成何种影响？

● 价值增值——你的价值增值是什么？如何提高该增值，例如，通过建立忠诚？你的价值网中的其他参与者能增加何种价值？谁有能力做到？

● 规则——哪种规则对你有利？哪种规则妨碍了你？哪种新规则能帮到你？你希望和客户、供应商签订哪种合同？你有足够的能力来推行这些规则吗？其他参与者会推翻你的规则吗？

● 策略——其他参与者如何看待博弈？你如何影响他们的看法，以使其对你有利？你应该让你的价值网透明还是不透明？

● 范围——你是否应该将你的价值网与其他的价值网相连（或切断）？这种做法如何创造价值？

有条理地、定期地处理这些 PARTS 问题，你就有机会改变自己的价值网，使其成为你的优势。

何时使用

当通过结构性框架去思考合作竞争的方式，有助于改变游戏规则以使其对你有利时，那么去使用它吧。

何时应该谨慎

布兰登伯格和内勒巴夫认为合作竞争是一种"革命性的思维模式"。这个说法有点夸张，因为在每个行业协会中，行业参与者之间的合作要素已经存在了几十年。就像战略联盟，从基本的独家供应商协议到合资企业，早在 20 世纪 90 年代就出现了。但是，他们给出的一个有用框架和一组清单，提供了振奋人心的视角。

工具 77 增长和危机（格林纳）

工具介绍

美国作家赛珍珠（Pearl S. Buck）说过："增长本身就包含了幸福的萌芽。"

组织也许能在不同的增长阶段顺利前行，但也可能在此过程中发现棘手的转折点。

早在1972年，拉里·格林纳（Larry Greiner）就把增长划分为普通增长阶段和转折点，他强调转折点是潜在的危机，见图8-22。

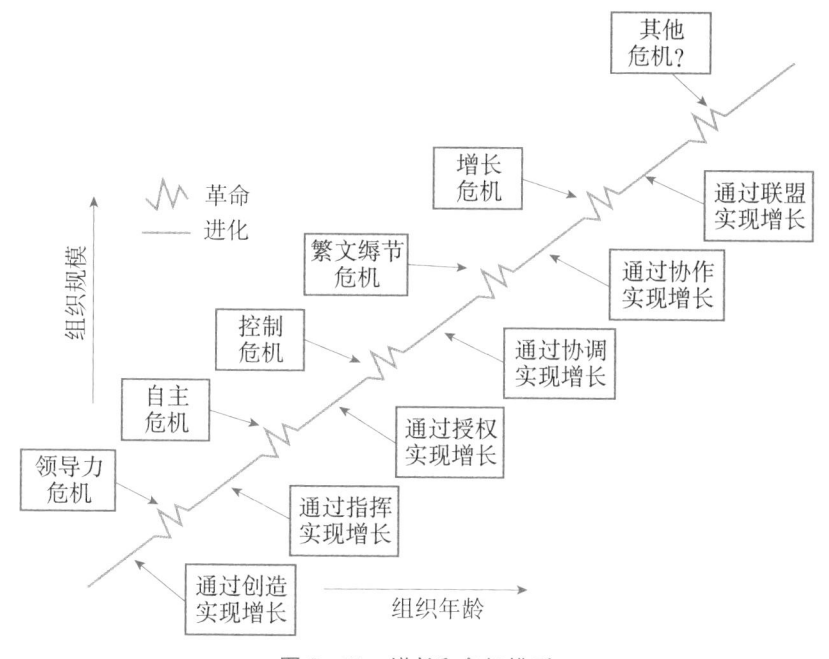

图 8-22 增长和危机模型

资料来源：Adapted from Larry E. Greiner, 'Evolution and Revolution as Organizations Grow', *Harvard Business Review*, Jul-Aug 1972 and May-Jun 1988.

一个组织通常会经历六个增长阶段：

（1）创造——在创始人的创造力和灵感的驱动下，企业致力于为客户创造出独特的价值主张，通过鼓励创新精神、协调员工士气，以实现企业的生存和繁荣。但是，这也会导致领导力危机，即创始人发现成立公司所需的亲自操作技能与管理企业所需的组织技能、授权技能并不相同。

（2）指挥——招募职业经理人，采用战略、计划工作、财务控制，立足于更加长期的视野。但是，这也会导致自主危机，即经理人要求获得更大份额的决策权和报酬，他们认为，这在很大程度上是由于他们的努力。

（3）授权——通过分权拓宽组织结构。增加新部门，如销售和市场营销，并可能出现新的业务部门和中层管理人员。但是，这也会导致控制危机，即在更为复杂的组织中，上级的指示不能被下级严格执行，职能部门或业务部门的管理人员做出自主决策，导致失控。

（4）协调——更强调报告和沟通，通常采用复杂的管理信息系统，将原本独立的业务团队进行整合。但是，这也会导致繁文缛节危机，即组织通过增设额外的管理层来处理信息流，致使官僚风气更加严重。

（5）协作——这场危机是通过报告渠道的去层级化和再人性化来解决的，这一过程将导致更扁平的组织结构、更多的协作、更多的信任和对中层管理人员更大的认同，薪酬体系也将与实现共同的组织目标相协调。但是，这也会导致增长危机，因为现在很难用这种更具协作性的结构来实现增长目标，同时又不会使其过载。

（6）联盟——通过正式的和非正式的合并、收购和联盟，寻求受限制的有机的增长方案。格林纳在1988年的修订版中增加的第六个阶段，或许反映了20世纪80年代中后期蓬勃发展的并购市场，这部分是由杠杆收购驱动的，这无疑将导致另一个危机，或许是债务危机。

如何使用

你的企业处于哪一个增长阶段？它正处于还是即将面临格林纳所说的危机之一？你能够顺利渡过该危机，发展到下一个阶段吗？

有没有预警信号？程序是否妨碍了一线员工的工作？员工们是否总把会议室塞得满满当当，而不是和客户在一起？员工们是否觉得他们对企增长的贡献得到了足够的报酬？离开企业的人很多吗？

思考一下在责任分担、授权、专业化、沟通、激励和刺激等方面需要采取哪些措施。认真想想行政程序，它应该有助于而不是阻碍增长。

何时使用

当你的企业在增长过程中接近一个自然的转折点时，使用它。这个转折点会成为危机吗？

何时应该谨慎

格林纳提出的模型对企业的增长路径进行了概括和简化。你只需寻找适合自身情况的因素即可。但也要意识到，每个阶段的持续时间和所经历的危机的强度将因企业而异，这在很大程度上取决于领导者的能力和组织的柔性，而且某些增长阶段可能会反复。

工具78　好战略和坏战略（鲁梅尔特）

工具介绍

"对于许多商界和教育界的从业人士以及政府的公务人员来说，'战略'一词已然成为他们的口头禅。一个可以代表任何东西的概念已经失去其真正价值。"

这句话出自理查德·鲁梅尔特（Richard Rumelt）2011年的畅销书《好战略，坏战略》（*Good Strategy，Bad Strategy*）。

他认为坏战略往往呈现在冗长的PPT中，尽管它总是满怀热情、坚定地传达着愿景、使命、长期目标和具体目标。但是它的基础并不牢靠，对员工和投资者来说都只是一种宣传工具。它的长期目标和可以达成的现实毫无关系。

坏战略通常表现出以下四个特征中的一个：

伪装——用深奥难懂的行话来迷惑读者或听众，发言人表现出一种"我最懂"的感觉。

任性——对挑战定义不清，因此无法正确评估战略。

欲望——把演讲词的内容作为长期目标，没有应对挑战的计划。

模糊——无法达成针对关键问题的目标（"一团糟"）或目标不切实际（"异想天开"）。

好的战略扎根于诊断。对未来的业务挑战、缺点和所有问题进行透彻的分析，设计指导性政策（"对诊断中发现的障碍进行处理的方法"），这将创造和维持竞争优势，并将该政策转化为具体和连贯的行动。

以下三方面（见图8-23）体现了好战略的"内核"。

除此之外，一个好战略要发挥作用，需要"利用影响力"并将其应用于能够起最大作用的地方。鲁梅尔特详细阐述了九种影响力来源，虽然不详尽，却是最基本的。

- 发挥杠杆的作用——将活动和精力引到关键目标上去，以到达临界

图 8-23　好战略的内核

资料来源：Adapted from Richard P. Rumelt, *Good Strategy, Bad Strategy: The Difference and Why It Matters*, Profile, 2011.

点，从而得到一连串有利的结果。

- 最接近的目标——具有挑战性但可实现的目标（例如：工具 8 提到的 SMART 目标）。
- 链式系统——如果你的链条中有一个环节非常薄弱，以至于它的断裂会毁掉整个企业，那么在这个环节被修复之前，加强其他环节是没有意义的。例如，1986 年挑战者号航天飞机上助推器的 O 型环发生故障。
- 运用设计思维——构建密切的用户体验，以推动产品开发、工程、制造和销售。
- 专注——确定你的竞争优势，不要偏离到看起来有吸引力，但你的优势微不足道的领域（正如工具 70 提到的做内行的事）。
- 增长——这应该是对竞争优势、创新或效率的奖励，而不是对通过华而不实的、破坏价值的合并和收购进行的金融工程的奖励（工具 59）。
- 发挥优势——深化、拓展、强化优势（正如工具 71 提到的利用核心业务创造利润）。
- 动态视角——驾驭任何外生的新浪潮，无论是技术的、自然环境的，还是社会文化的。
- 惯性与无序——利用竞争对手的任何组织缺陷。这种缺陷在市场领导者身上更容易出现，在必要时革新自己的组织，以击退这种攻击。

如何使用

学习了《好战略，坏战略》后，你将能避免许多坏战略的陷阱。你的战略可以鲁梅尔特的诊断为基础，如微观经济分析（第 3 章和第 4 章）、竞争分析（第 5 章和第 6 章）以及风险分析（第 9 章）。

这本书通俗易懂，书中充满了很多生动有趣的例子。

何时使用

为了帮助你进行战略性思考，你可以在闲暇时阅读，并好好享受。

何时应该谨慎

有自我反省的成分，在一些例子中，好战略给出了明智的建议。还有太多的例子，有时很难看出其提出的观点是什么，以及它在总体方案中的位置。

但是在这类题材的书中，这也很正常。继续读下去，你会发现既出人意料又具启发意义的战略场景。

工具 79　快速/前进（伯金肖和瑞德斯卓）

工具介绍

你的企业可能是"指数型世界中的线性组织"吗？

你的企业是否陷入了大数据和高级分析的泥潭？它是否受到无休止的辩论和高级分析的折磨？作为个体，你是否经历过信息过载？

朱利安·伯金肖（Julian Birkenshaw）和乔纳斯·瑞德斯卓（Jonas Ridderstrale）在他们的《快速前行：公司如何适应未来》（Fast/Forward: Make Your Company Fit for the Future）一书中承认，在大数据世界中，企业需要在分析上保持领先。但是，由于信息不再是一种稀缺资源，只需单击鼠标即可使用，因此其产生领先优势的范围正在缩小。

这不是什么新鲜事，只是更极端了。正如赫伯特·西蒙（Herbert Simon）几十年前所写的："在一个信息丰富的世界里，大量的信息意味着其他东西的匮乏，即信息所消耗的一切都是稀缺的。信息所消耗的东西是显而易见的，它消耗了接收者的注意力。因此，大量的信息造成了注意力的匮乏。"

为了在指数型的世界中保持快速发展，管理人员需要采用一种快速/前进的方法：既强调严谨的分析，也强调果断的行动；既强调理性的分析，也强调情感的反应。

未来的赢家不会是拥有最大处理能力和最聪明数据科学家的企业，而是那些由于具有强大的果断行动的能力而能够更快地前进的企业。它们将有能力迅速识别并寻求新的机会。

亚马逊是表现最佳的快速/前进公司，其首席执行官杰夫·贝索斯（Jeff Bezos）说："有些决策是可以通过分析做出的，这些是最好的决策！它们是基于事实的决策。遗憾的是，还有其他一系列决策，最终你不能把它归结为数学问题。"因此，亚马逊虽然冒险，但成功地进入了电子书和亚马逊网络服务领域。

但是，它们还需要为员工和客户开发情感信念并创造意义，即价值感。

考虑一下三星或丰田这类技术成熟的品牌与苹果或宝马这类更感性、更有抱负的品牌之间的区别。两者都能成功，但哪一个能获得价格溢价和更高的利润呢？

如何使用

在这个不断发展的信息时代，成功企业的特征是将果断行动和情感信念相结合。可以把成功的公式概括为快速/前进：

- 快速意味着警觉、敏捷、勇于尝试，有果断行动的能力；
- 前进意味着积极主动，探索并寻求建立情感联系。

应该将快速/前进方法应用于管理的每个主要方面——战略、组织和领导力。

1. 战略

经典的战略方法是思考一系列决策：我们想要实现什么？我们在哪里开展经营活动？我们怎样才能赢？这种逻辑在相对稳定的环境中可能是有效的，但在复杂、瞬息万变的世界中，它可能太慢，而且过于程式化。伯金肖和瑞德斯卓改变了这种方法，开发了一个反向系列模型。在这个模型中，基于与客户互动的见解推动了这一过程。

基石是公司的总体目的，公司由此开发一组战略重点（在哪里开展经营和如何开展经营），及一组财务目标。快速/前进方法是一组相互关联的活动：

- 试验——与客户合作，尝试新想法，寻求联系，建立简单的原型。
- 收集洞察——仔细地从试验中收集数据，查看哪些有效，哪些无效；这可能是一种定量活动，或者是一种定性和直觉活动，具体取决于你与客户的情感联系。
- 构建意义——估算一下新洞察与战略重点的联系；看看其他机会是

否与战略更加匹配。

- 修正——是否需要战略反思？是否为指导行动提供了更好的基础，即战略是否需要更加具体？

这四项活动构成了一个循环（见图8-24），推动这一循环的速度取决于你的企业所在行业的变化步伐。

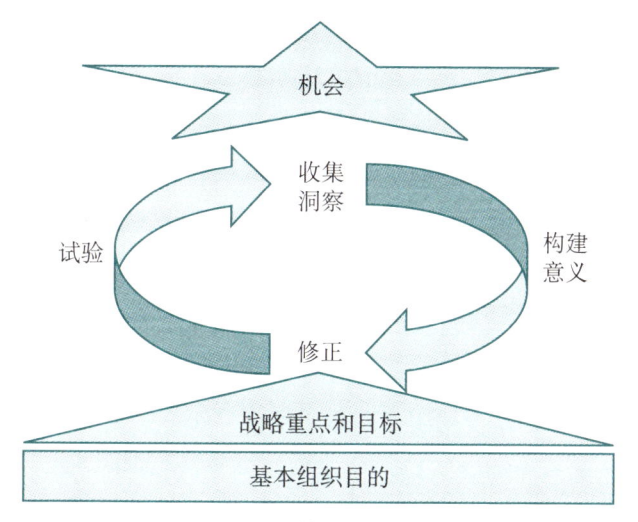

图8-24 快速/前进战略

资料来源：Adapted from Julian Birkinshaw and Jonas Ridderstrale, *Fast/Forward: Make Your Company Fit for the Future*, Stanford Business Books, 2017.

2. 组织

工业时代默认的管理模式是科层制，即通过标准化的规则和程序来协调活动，个人的正式等级地位是重要的。

在当今的信息时代，典型的组织结构是精英管理，即通过注重自身利益的各方的相互调整来协调活动，个人的知识和专长才是最重要的。

最适合快速/前进方法的模式是临时委员会。在这种模式中，围绕着外部机会，对活动进行协调，个体的行动才是最重要的，尤其是在情感信念的支持下。

伯金肖和瑞德斯卓以总部位于阿姆斯特丹的银行业巨头荷兰国际集团（ING）为例。过去十年，管理层已开始实施一项宏大的转型计划，首先清理内部流程，然后战略性地推进数字银行业务。根据"敏捷"原则，该公司重组了总部的3 500名员工，使每个人都处于一个专注服务特定用户需求的9人"分队"中，每个人可以自由地打造自己的工作流程和物理空间。它以行动为中心，柔性并且节奏快，在客户满意度和员工参与度方面均获得了回报。

3. 领导力

当使用科层制或临时委员会的工作方式时，领导者能够以传统的、自上而下的方式工作。但如果你的企业的业务要建立在果断行动和情感信念的基础上，员工就需要创业的手段、动机和机会，无论机会出现在什么地方，都要去追求。

领导者需要明确方向，建立一个安全的工作环境，让员工可以尝试自己的想法，并提供资源支持他们。领导者应该做到双管齐下，既要在今天交付成果，又要对下一步的行动进行探索和投资。

伯金肖和瑞德斯卓要感谢"临时委员会"和"敏捷管理"相关领域中的有影响力的其他思想家，包括史蒂芬·丹宁（Stephen Denning）。他在2018年出版的《敏捷的艺术：聪明的公司如何改变工作的完成方式》（*The Art of Agile：How Smart Companies are Transforming the Way Work Gets Done*）一书中，提到了"敏捷"的最新思想。

史蒂芬·丹宁提供了"敏捷"的三个法则：

● 小型团队法则——小型跨职能的自治团队以短周期进行迭代式工作，以获得客户的快速反馈，并在充满易变性、不确定性、复杂性和模糊性的世界中运作。

● 客户法则——企业需要加快决策过程，以应对新的客户需求。

● 网络法则——让敏捷团队在科层制组织中工作是不够的，因为团队最终还是会被扼杀；整个组织必须转变为一个敏捷的环境。

他还阐述了爱彼迎、亚马逊、脸书、谷歌、萨博（Saab）、三星、声田（Spotify）、特斯拉和优步等公司是如何凭借"敏捷"取得成功的。

何时使用

再问一次,你的企业可能是"指数型世界中的线性组织"吗?

何时应该谨慎

并不是所有以果断行动和情感反应开始的新事业都会成功。

工具 80　创新热点（格拉顿）

工具介绍

2007 年，琳达·格拉顿（Linda Gratton）的《创新热点：为什么有些公司充满活力和创新，而另一些公司却没有》（*Innovation Hot Spots: Why Some Companies Buzz with Energy and Innovation... and Others Don't*）一书出版。在书中，琳达·格拉顿好奇，为什么有些公司如此生机勃勃，充满活力、创新能力和创造力。为什么这些现象在一些公司和团队中出现，而在另一些公司和团队中却没有出现？你如何才能避免公司出现大冻结，如何鼓励创造力、行动和活力？

格拉顿说，当你处于热点时，你总是能知道。你会感到精力充沛，充满活力，空气中也充满了各种创意和活跃的创造力。热点是指在一些公司和团队中的特定时间和空间，出人意料的合作和协同蓬勃发展，创造了巨大的能量、生产力和兴奋感。

格拉顿向阿迪达斯、联合利华、英国石油以及高盛等 57 家公司提出了问题，探讨了有利于形成热点的条件和环境。她发现培养热点需要具备四种基本元素：

- 合作的心态——通过互助和共治的文化来培养。
- 跨越边界的能力——与小组以外有新想法的人一起工作。
- 集体点燃目的——通过愿景、挑战或任务，聚集能量，并且不让它消散。
- 实现生产能力——需要沟通、化解冲突和团队合作的技能。

她将此表述为图 8-25 中的公式，以表明前三种元素中的每一种对其他元素都有乘数效应，缺少其中一种元素将对热点的势能产生重大影响。这种潜在能量转化为生产能量，即创新和价值创造，取决于处于新兴热点区域的人的生产能力。

格拉顿认为，领导者在培育热点方面的角色不是指导和控制，而是协调人、流程建立者和网络创造者。

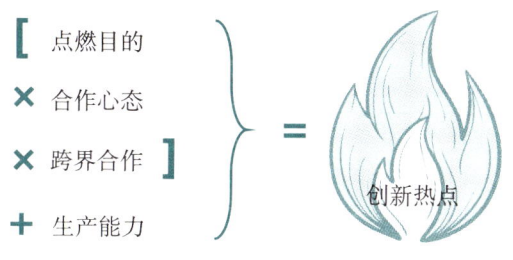

[点燃目的 × 合作心态 × 跨界合作] + 生产能力 = 创新热点

图 8-25　创新热点

资料来源：Adapted from Linda Gratton，*Innovation Hot Spots：Why Some Companies Buzz with Energy and Innovation…and Others Don't*，FT Prentice Hall，2007.

如何使用

你的企业是否像竞争对手一样具有创新精神？你的企业应该具有创新精神吗？如何才能创造更多的想法和活跃的创造力，从而变得更加创新？要想解决这些问题，请遵循格拉顿的方法。

何时使用

当你需要使企业更具创新精神时，就使用这个工具。

何时应该谨慎

这个过程不可能一朝一夕就实现。格拉顿的做法可能代表了你的企业的文化转变。步伐要轻盈而坚定。

工具 81 变革的八个步骤（科特）

工具介绍

杰克·韦尔奇警告说："在你不得不变革之前，进行变革。"

但是，彼得·德鲁克更为谨慎地表示："公司文化就像乡村文化。永远不要试图去改变。相反，试着管理你已有的东西。"

这不是一本关于战略实施的书，更不是一本关于变革管理复杂性的书，但一个不可回避的事实是，战略制定与最终实施一样，都是价值得以提升的过程。

因此，战略必须具备可实施性。实施就可能需要变革。约翰·科特（John Kotter）是一位公认的变革管理大师。

1996年，他提出了领导变革的"八步法"，步骤如图8-26所示。

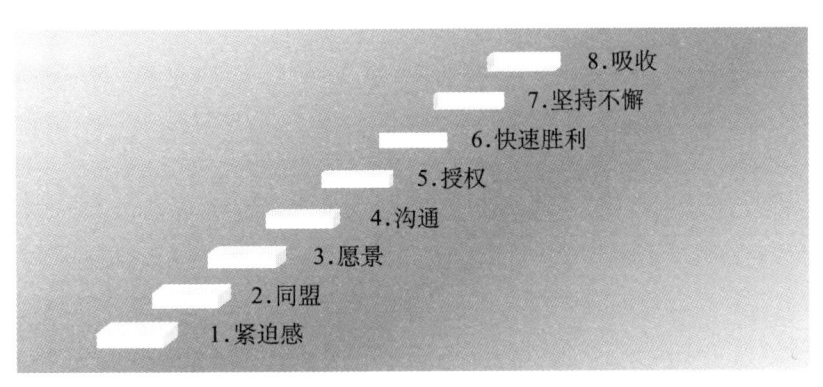

图 8-26 领导变革的八步流程

资料来源：Adapted from John P. Kotter, *Leading Change*, Harvard Business School Press, 1996.

- 建立紧迫感——考察市场和竞争现实，识别并讨论危机、潜在危机或重大机会。
- 建立指导同盟——组建一个有足够影响力的小组去领导变革，并鼓励这个小组作为团队开展工作。
- 开发变革愿景——创造一个愿景，以帮助指导变革工作，并为实现该愿景开发战略。

- 沟通愿景以获取支持——尽一切可能沟通这个新的愿景和战略，并以指导同盟为榜样培养新的行为。
- 授权广泛的行动——消除变革的障碍，改革严重损害愿景的系统或结构，鼓励冒险和非传统的想法、活动和行动。
- 创造短期效益——制订明显的绩效改善计划，实施绩效改善，认可并奖励参与改善的员工。
- 坚持不懈——利用逐渐提升的信任度，改变与愿景不协调的系统、结构和政策，同时聘用、晋升和发展能够实现愿景的员工，并最终通过新项目、主题和变革推动者来重振这一进程。
- 将变革融入企业文化——明确新行为与组织成功之间的联系，并开发出确保领导力得以发展和传承的方法。

如何使用

请按照上述步骤使用该工具。阅读其他关于变革管理过程的重要思想家的著作，比如库尔特·卢因（Kurt Lewin）的组织变革模型（解冻—变革—重新冻结，unfreeze-change-refreeze）或伊丽莎白·库伯勒-罗斯（Elisabeth Kubler-Ross）的变革曲线。根据你的企业的情况适当地调整这些理论，并系统地应用它们。

何时使用

在制定战略时，考虑一下你可能需要做些什么，以便于通过变革管理程序来实施战略。

何时应该谨慎

每个变革管理情境都不相同。你需要根据实际情况调整这一模型和其他模型。

第 9 章
应对风险和机会

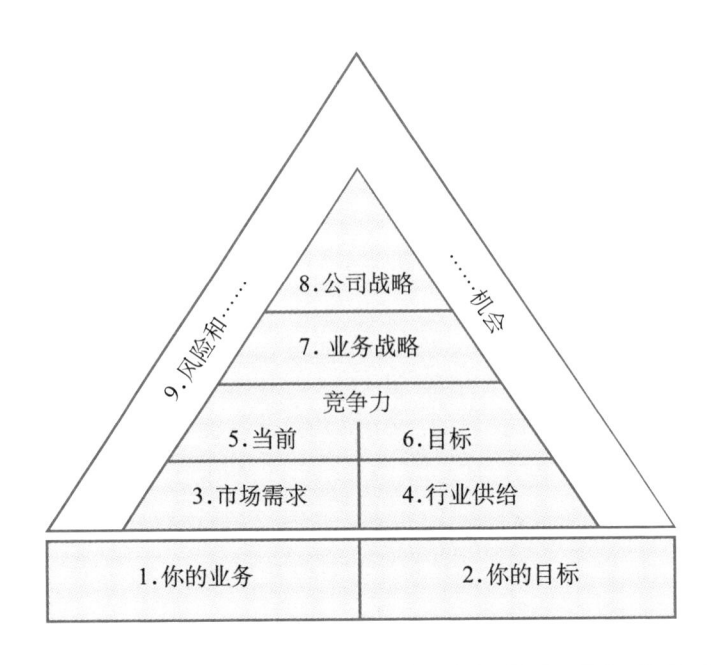

```
         8.公司战略
      7.业务战略
        竞争力
   5.当前    6.目标
  3.市场需求  4.行业供给
  1.你的业务   2.你的目标
```

9.风险和…… ……机会

必要工具

工具 82　战略尽职调查和市场环境计划评审（埃文斯）

工具 83　太阳云朵图（埃文斯）

有用工具

工具 84　综合风险指数和 5×5 风险矩阵

工具 85　风险管理矩阵

工具 86　期望值和敏感性分析

工具 87　黑天鹅（塔勒布）

工具 88　战略赌注（伯格曼和格鲁夫）

概　述

老普林尼（Pliny the Elder）说道："在这些事情上，我们唯一确定的就是没有什么是确定的。"

从古至今，这一点就没有发生任何变化。

许多管理者都把不确定性这一概念视为一个黑箱。他们知道有那么多大部头书籍讨论过风险理论和风险测量，但它们却被数学的神秘所包裹着，让人眼花缭乱。

管理者可能会觉得，只有火箭科学家才能理解风险，因为火箭发生事故的后果是极其严重的。与这些科学家相比，管理者则不必如此费心。他们可以按照自己认为正确的战略行事，风险自然就会化解。

有一个折中的办法。除了直觉和复杂的数学计算之外，还存在一些简单的工具，它们可以真正帮助管理者做出明智、全面的决策。

首先是战略尽职调查，它是一个风险管理过程，通常用于筛选潜在收购对象，但也可以很容易地用于筛选战略开发过程输出的结果。战略尽职调查的主要结果是市场环境计划评审以及太阳云朵图，这些必要工具可以对自发产生的战略进行质量监控。

其他的有用工具包括综合风险指数（或 5×5 风险矩阵），这个工具可以代替太阳云朵图，是一种简单、定量但缺乏可视化效果的方法；风险管理矩阵，一种实用的风险管理架构，也是期望值和敏感性分析的基准/原型。最后还包括纳西姆·塔勒布的黑天鹅、伯格曼和格鲁夫的战略赌注，它们都做出了振奋人心的贡献。

工具 82　战略尽职调查和市场环境计划评审（埃文斯）

工具介绍

战略开发和战略尽职调查就像豆荚里的两颗豌豆。它们依靠同样的营养，即市场需求、行业供给和竞争优势。

它们是彼此的镜像。在战略开发中，你把微观经济和竞争信息收集起来，并想出一种创造可持续竞争优势的方法。在战略尽职调查中，你要在同样的微观经济和竞争信息的环境下评审该战略。

战略尽职调查（strategic due diligence，SDD）主要用于合并和收购（见工具 59）。如果收购方没有对目标公司面临的市场、行业、竞争风险和机会进行全面评估，就有可能为获得控制权付出高昂的代价。尽职调查不当的惩罚可能是灾难性的。苏格兰皇家银行（RBS）当时的股东都认为收购荷兰银行（ABN AMRO）是个好主意；劳埃德信托储蓄银行（Lloyds TSB）当时的股东也认为收购哈里法克斯银行（HBoS）的主意棒极了。

战略尽职调查也可以建设性地用于检查战略开发过程。如果把战略开发过程视为一个一次性的、定制的、非常大的资本设备的制造车间，战略尽职调查就是质量控制环节，负责确认输出的产品是否遵循了预期要求。

这里的设备，即战略，应该适合于特定的目的。它应该是市场愿意为之付费的，并可以在竞争中脱颖而出。否则，就应该将其重新提交给车间进行最后的调整。

用战略尽职调查微调你的战略！

如何使用

简单地说，战略尽职调查为一个基本问题和一个附加问题寻求答案。

基本问题是，一家企业能否在未来几年内实现计划？附加问题是，实现计划的机会是否大于无法实现计划的风险？

你可以使用工具 83 来处理附加问题。要解决基本问题，需要使用"市场环境计划评审"工具来评估你的战略。

在整个战略开发过程中,你一直被敦促在企业开展经营的微观经济环境下制定战略。现在是时候看你做得怎么样了。

从企业的收入预测开始。你需要检查这些收入预测是否符合你对市场需求增长和未来竞争地位的假设。

如表 9-1 所示,为每个业务单位编制一个表,至少有 8 列或者 14 列(除非你觉得太多的列会让你混淆,否则最好是 14 列,额外的 6 列以斜体字表示),如下所示:

(1) 主要产品/市场细分。

销售

(2) 最近一年的销售情况,可能还包括:

a. 明年的销售预算;

b. 去年的销售额;

c. 前年的销售额;

d. 过去三年的销售增长(%/年);

e. 过去三年的市场需求增长(以名义价值计算)。

市场需求

(3) 对未来三年以名义价值计算的市场需求增长进行预测(请注意,由于你是按特定的细分市场进行预测,因此无需加总,第 4 列也是如此)。

(4) 对未来三年公司在该细分市场的平均竞争地位进行评级(0~5),或本列的当前评级以及未来三年的可能评级(用于表示战略的影响)。

销售预测

(5) 企业未来三年的计划销售额。

(6) 企业未来三年的计划销售增长率。

投资者视角

(7) 完成的可能性有多大?从投资者视角审视动态市场环境中的销售计划(以及企业完成最后一行总销售额的可能性有多大)。

(8) 企业更有可能完成的销售额——决定了投资者愿意提供的融

资额。

你已经从上至下评估了企业自发产生的战略和计划,这就是投资者所做的战略尽职调查。

表 9-1　市场环境的收入评审

产品/市场细分	销售额	市场需求增长（%/年）	竞争地位（0~5）	销售计划	计划收入增长（%/年）	完成的可能性有多大？	可能的销售额
	今年	未来三年	未来三年	三年内	未来三年		三年内
(1)	(2)	(3)	(4)	(5)	(6)	(7)	(8)
A							
B							
C							
其他							
总计							

你的投资者将寻找不一致之处。一般而言,针对每个细分的销售预测在以下方面应该是一致的:

- 销售增长记录。
- 市场需求前景。
- 现在和未来几年的竞争地位。

针对任何不一致之处都需要给出合理的理由。

如果企业在某一细分的业绩良好,竞争地位强,而且还在不断增强,那么在其他条件不变的情况下,投资者就会期望企业的销售预测超过市场需求,从而获得更大的市场份额。

但是,如果企业的业绩不佳和/或竞争地位目前只能维持不变,并且销售预测仍超过市场需求,企业的投资者将会担心这种明显的不一致,并想知道原因。

为增强企业竞争地位而设计的战略能否支持这一预测？这个战略是否强健？

市场环境计划评审的第二个要素与利润率有关。绘制一个11列的表

（见表 9-2），如下：

（1）相同的产品/细分市场。

利润

（2）最近一年的销售额。

（3）最近一年的利润率（最好是边际利润率，但如果无法获得此类数据，则可以使用毛利率）。

（4）最近一年的利润——边际利润（或毛利润）＝列（2）×列（3）。

表 9-2 市场环境的利润率评审

细分市场	销售额	利润率（%）	利润	竞争强度（低/中/高）		计划利润率（%）	完成的可能性有多大？	可能的利润率	可能的销售额	可能的利润
	今年	今年	今年	现在	未来三年	三年内		三年内	三年内	三年内
	（2）	（3）	（4）	（5）	（6）	（7）	（8）	（9）	（10）	（11）
（1）										
A										
B										
C										
其他										
总计										

行业竞争

（5）针对这个细分目前的竞争强度（低/中/高），用波特的五力模型（见工具 20）来分析。

（6）未来三年的竞争强度是会增强、减弱还是保持不变。

利润预测

（7）未来三年的计划利润率。

投资者视角

（8）完成的可能性有多大？从投资者的角度考虑动态行业竞争下的计划利润率（以及实现最后一行整体利润率的可能性有多大）。

（9）企业更有可能的利润率——决定了投资者准备提供的融资额。

（10）企业可能的销售额——来自表 9-1。

(11) 企业可能的利润——列（9）×列（10）。

同样，通过投资者视角看问题，寻找一致性。如果预测竞争强度几乎没有变化，利润率又保持稳定，那么两者是一致的。如果在竞争日趋缓和的行业中，预测公司的利润率不断上升，这也是一致的。

但如果你的预测显示，在竞争愈发激烈的行业中，利润率会上升，这表明两者是不一致的。这不一定是错误的，但确实需要给出合理的解释。绩效改善的原因有很多，可能包括：

- 采购改善；
- 利用率提升；
- 生产率提高；
- 产品线合理化；
- 规模经济（工具 23）；
- 经验曲线效应（工具 40）；
- 业务流程重组（工具 56）；
- 外包（工具 57）；
- "勒紧腰带"。

但是，它们必须是连贯的、一致的和令人信服的。

何时使用

当你需要微调企业的战略时，就可以使用战略尽职调查和市场环境计划评审。其目的应该是，让战略表现得足够合理，经得起高度勤勉的私募股权客户聘请的专业战略尽职调查机构的交叉询问。

何时应该谨慎

英国《金融时报》（*Financial Times*）的《商业计划书撰写指南》（*Essential Guide to Writing a Business Plan*）详细列出了一些相当荒谬但却很常见的性格特征，要予以警惕：

- 梦想家——他们的销售预测与市场需求没有关联；

- 独行者——他们认为没有重大竞争；
- 魔术师——他们的销售预测令人信服，但他们声称可以通过稳定的成本基础实现销售预测，从而得到荒谬的利润率；
- 大男子主义——炫耀他的"曲棍球棒"预测；
- 欺骗者——他们的销售量和成本预测是令人信服的，但其定价假设是白日做梦。

使你的战略成为一个合理的战略，并确保业务计划具有财务吸引力。

工具83　太阳云朵图（埃文斯）

工具介绍

约翰·F. 肯尼迪（John F. Kennedy）曾说："在汉语中，'危机'一词由两个字组成，一个代表危险，另一个代表机会。"

风险和机会是同一枚硬币的两面。它们在太阳云朵图中被巧妙地放在一起。

上一个工具中的战略尽职调查旨在解决在满足你的计划时涉及的风险和机会的平衡问题。风险和机会主要存在于四个方面：

- 需求风险——未来市场需求的风险如何？
- 竞争风险——未来竞争强度的风险如何？
- 竞争地位风险——企业未来竞争地位的风险如何？
- 业务计划风险——企业计划的风险如何？

如图9-1所示，风险和机会的每个区域将构成一块风险拼图。战略尽职调查旨在整合四块拼图，并评估风险与机会的整体平衡。

图9-1　战略尽职调查风险拼图

你可以随时为企业的风险分析收集"原材料"：

- 之前你对市场需求进行了预测（见第 3 章）；使这些预测不能实现的主要风险是什么？使这些预测超额实现的机会是什么？这些风险和机会发生的可能性有多大？如果发生，它们将产生多大的影响？
- 对之前发现的行业竞争的主要风险和机会，重复上述过程（见第 4 章）。
- 对与公司竞争地位相关的主要风险和机会，进行同样的做法（见第 5 章）。
- 公司的新战略及其实施情况（见第 6～8 章）。

现在，你已经准备好了这些关键风险和机会，以便在太阳云朵图中进行评估。

如何使用

我于 20 世纪 90 年代初首次创建了太阳云朵图（见图 9-2）。此后，我看到咨询业中的竞争对手在报告中以各种形式复制了它。

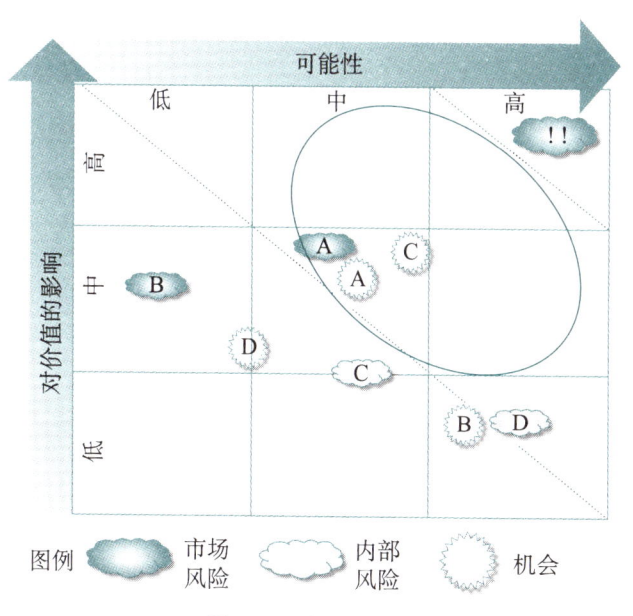

图 9-2 太阳云朵图

太阳云朵图一直被使用的原因是它确实有效。它成功地将所有主要战略问题的相对重要性总结在一张图上。它以图的方式形象化地展示了机会是否超过了风险。简言之，用一张图，就可以告诉你企业的战略是否可行。

图9-2迫使你从两个角度来看待每一个风险（和机会）。它发生的可能性有多大？如果发生，会对企业价值产生多大的影响？你不需要测量对价值影响的具体数值，相反，你只需要知道每个问题对企业价值影响的相对估计值。

在图中，风险被表示为云朵，机会被表示为太阳。对于每一个风险（和机会），你需要同时考虑发生的可能性和影响，并把它放在图中适当的位置。

太阳云朵图可以告诉你影响战略是否得到支持的两个主要方面：是否存在一些意想不到的风险（或机会），风险和机会的总体平衡是否有利。

1. 异常风险

看一下图表的右上角。那里有一片雷雨云，还有两个感叹号。这个风险发生的可能性很高，影响又很大。这是引起轰动的风险。如果存在这样的雷雨云，你的战略就无法获得支持。

一块云朵越接近雷雨云，消息就越糟糕。悬停在对角线上的风险（从左上角到右下角）是可以处理的，只要它们能被机会平衡。但是，当一个云朵开始向雷雨云靠近（例如，机会C所在的地方）时，你就应该开始担心了。

2. 平衡

一般来说，不存在引起轰动的风险。太阳云朵图的主要目的是展示风险和机会的平衡。机会是否大于风险？从整体来看，太阳的位置是否比云朵的位置更有利？还是云朵遮住了太阳？

评估太阳云朵图的方法是先看一下对角线以上和雷雨云方向的大致区域，即图9-2中黑色曲线所覆盖的区域。这里的任何风险（或机会）都值得注意：至少，它很有可能发生，并且发生后会产生一定的影响。

对角线以下的风险和机会就不那么重要了。要么它们发生的可能性较小或中等,要么产生的影响较小或中等。或者它们发生的可能性和影响都不够大,不需要给予重点关注。

查看一下图表中黑色曲线区域的太阳和云朵。越接近雷雨云的太阳和云朵,越重要。如果太阳的位置比云朵的位置更好,那么企业战略是可以获得支持的。

在图 9-2 中,对角线上方有两个云朵和两个太阳。但是风险 D 处在黑色曲线之外。位置最好的是机会 B。风险 A 和机会 A 或多或少相互平衡,其他风险和机会也是如此。业务 B 似乎比较特殊,机会似乎超过了风险。这项业务看起来可以获得支持。

太阳云朵图的一个优点是可以动态化。如果图中所示的风险和机会的平衡是不利的,你就可以采取措施,图中会清楚地显示这一点。

对于每种风险,都有使其降低的因素。许多因素,包括那些与市场需求和竞争有关的内容(图 9-2 中的雷雨云),都是无法控制的。然而,那些与企业竞争地位有关的,都在你的影响力范围内。实际上,它们可能确实是你自发产生的战略中的一个组成部分。

同样地,企业战略可能会增加获得图表上一个关键机会的可能性,从而使太阳向右移动。

在太阳云朵图中,可以用箭头和标记表示风险降低或机会增强。它们会告诉你企业要达成什么目标。你的战略应该可以促进风险和机会实现整体平衡。

何时使用

太阳云朵图可用于许多情况,如收购、联盟和投资之类交易中的战略尽职调查,项目评估,战略评审,甚至职业发展和变更。

何时应该谨慎

如果你的太阳云朵图最初没有那么大的意义,请不要担心。随着进一步的思考和讨论，该图会发生变化。可以说，它最大的优点就是激发讨论。它可以促进对战略的修正。

记住，在这个图中，你不能得到精确的结果。当然，你也不需要这样。它是风险和机会的图示，旨在让你感受到战略中风险和机会的平衡。

你可能会问，对于出现的可能性极小，但后果却十分严重的风险，该如何应对？这张图也涉及了这些问题。2001年秋天，我和同事就是否支持一家公司从事机场运营向客户提供咨询。在工作一周后，我们制作了一份中期报告和第一张太阳云朵图。在左上角的方框中，我们写上了"重大航空事故"的风险。我们想到严重的空难有可能导致一架普通飞机长时间停飞。这似乎不太可能发生，但是如果发生，则会产生极大的影响。仅仅几天后"9·11"事件便发生了。我们从来没有想到会发生如此毁灭性、不可思议的灾难，但至少我们提醒了客户有关航空业的极端风险。最终，这笔交易被重新谈判并成功达成。

工具 84　综合风险指数和 5×5 风险矩阵

工具介绍

你可能会问，在太阳云朵图之前，有哪些类似的工具。

有许多其他的风险评估工具，它们本身都有用，但效果可能相对较差：

- 大多数工具关注风险，而非机会，因此可能呈现不平衡的情况。
- 大多数工具都没有那么明显的视觉效果，因此对于忙碌的管理者不太有吸引力，更不用说对他们的老板、银行家或投资者了。

综合风险指数和 5×5 风险矩阵是简单、有效且应用广泛的工具。

如何使用

正如你在制作太阳云朵图时所做的那样，将你在战略开发过程中识别出的所有主要风险，如市场风险、竞争风险、竞争地位风险、战略风险或运营风险等，集中起来。

与前面一样，针对每个风险，评估它们发生的可能性以及一旦发生对价值的影响。不过这一次需要给每个风险分配一个数字等级，如下所示。

发生的可能性

（1）最不可能的、极少发生的风险。

（2）不太可能但可以想象到的风险。

（3）较可能发生的风险。

（4）很可能发生的风险。

（5）最有可能发生，虽然不确定何时，但在不久的将来肯定会发生。

对价值的影响（或者经常导致的后果）

（1）低——影响可忽略不计。

（2）中低——影响很小。

（3）中等——影响适中。

(4) 中高——影响重大。

(5) 高——影响严重。

将发生的可能性的等级与对价值影响的等级相乘，得到一个综合风险指数。

现在，你可以根据风险的综合评分对风险进行分类，例如：

1~8：小风险。

9~16：中等风险。

20~25：大风险。

大风险至少应被定义为发生的可能性较大和影响严重（4，5）的风险，或者最有可能发生和影响重大（5，4）的风险，如果它们是企业无法应对的市场风险，则表明企业战略应该终止，你离开这个市场。

如果这些大风险是企业能够控制的内部风险，那么你的战略应该包括减轻这些风险的方法，这样它才能获得信任。

但是，正如5×5风险矩阵所描绘的那样，你最好的选择可能是避免如此大的风险并退出该业务。在图9-3的例子中，"大风险"不仅包括综合得分为20分和25分的风险，还包括得分为15分和16分，甚至10分的风险，这类风险不大，但后果严重。这是航空业或航天业的典型矩阵。

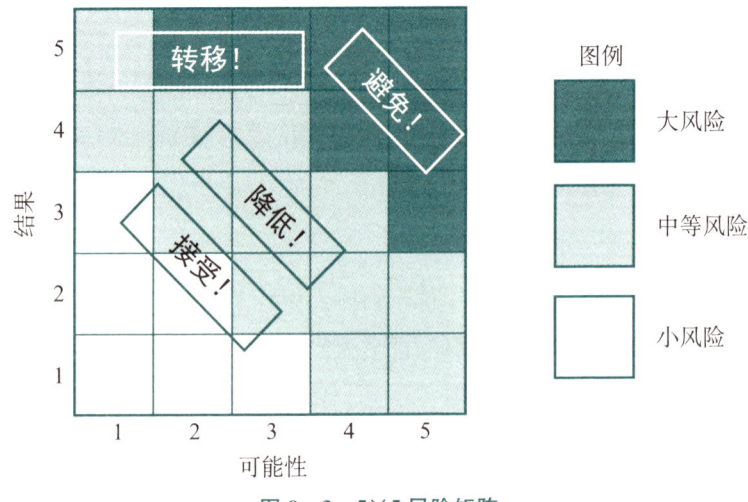

图 9 - 3　5×5 风险矩阵

如图9-3所示，管理风险的四种基本战略是：
- 在可能的情况下，避免大风险；
- 在无法避免的情况下，把大风险转移给保险公司。
- 降低中等风险。
- 接受小风险，与之共存，同时考虑如何以低成本的方式进一步减轻风险。

何时使用

综合风险指数无处不在，不仅在业务领域，而且在风险评估的各个领域，从项目管理到监狱管理，从空间站到医疗保健。我曾是一所中学的校长，我们把这个指数应用于学校管理的各个方面，不仅包括庞贝古城之旅或康沃尔橄榄球之旅——这些明显涉及健康和安全的领域，还包括资金风险、信息安全风险和声誉风险等领域。针对每一种风险，我们评估了应该采用四种战略中的哪一种：终止（避免）、转移（给政府或保险公司）、处理（降低、减轻）或容忍（接受）。

何时应该谨慎

请注意，不要让风险评估沦落为一个勾选练习，切忌一页又一页地罗列所有可能的风险。

不要让这个练习折磨你。与许多风险评估和管理相关的练习中的麻烦在于它们可能不平衡。太阳云朵图的美妙之处在于，它承认风险，接受与风险共存，并用机会平衡风险。综合风险指数没有这样的平衡，也不探讨机会，它全部展示风险。它可能是一种持续的悲观情绪，不看好任何战略能够达成一致或获得资金，更不用说实施了。

工具 85　风险管理矩阵

工具介绍

美国投资者沃伦·巴菲特表示："风险来自你不了解自己正在做什么。"

风险管理矩阵是太阳云朵图的另一个替代方案。不过，与工具 84 的综合风险指数一样，它只关注风险而非机会。

该工具强调风险管理，即"针对风险，清楚你在做什么"。它要求你不仅要根据风险发生的可能性和对价值的影响，而且要通过可管理性来考虑每一项风险。

如何使用

把战略开发过程中识别出的所有主要风险汇总起来，就像你在太阳云朵图中所做的那样，按照发生的可能性和对价值的影响给它们评级。

现在，根据可管理性对风险进行评级，如下所示：

- 零——这种风险是不可管理的，完全超出了你的控制范围，包括所有的市场需求和行业供给风险，以及其他针对你企业的但你无法应对的风险。你不能影响事件发生的可能性，但可以减轻影响（因此，由于关键人员的流失、火灾或极端天气造成的财产损失可以通过保险降到最低）。
- 低——这种风险很难管理。例如，竞争报复。
- 中——这种风险可以管理。例如，客户对发布的新产品的反应（可以根据需要重新开发）。
- 高——这种风险易于管理。例如，客户对新营销方案的反应（可以根据需要重新定向）。

将风险绘制在显示可管理性和对价值的影响的矩阵图上，圆圈的大小表示事件发生的可能性，见图 9-4。

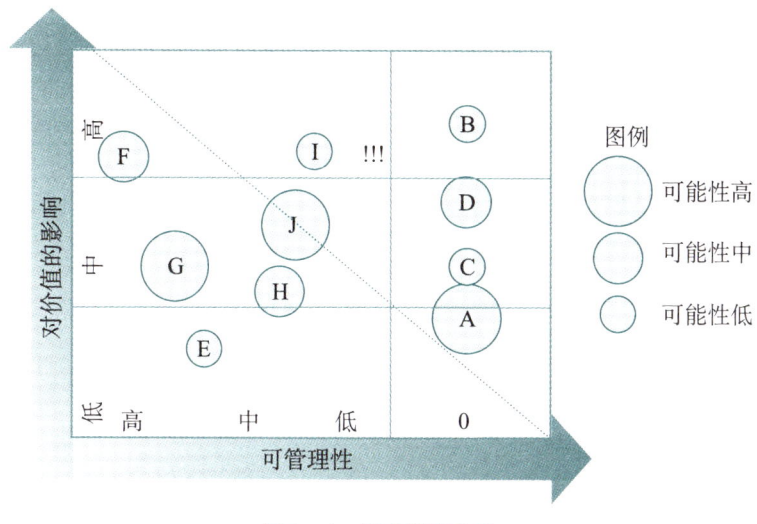

图 9-4　风险管理矩阵

幸运的话，你的圆圈将主要位于对角线以下。在右上角不会有大的圆圈。

现在看看你能做些什么来改善风险管理矩阵的整体定位。你可以采取什么步骤来转移哪些无法管理的风险，或者增强某些风险的可管理性？

何时使用

使用该工具作为行动的号召。迫使自己更努力地思考管理风险、转移风险和减轻风险，以及这些步骤如何使你的战略更加合理。

何时应该谨慎

再次重申，与综合风险指数（见工具 84）一样，这完全是关于风险管理的，不同于更加平衡的太阳云朵图中机会可以补偿风险，风险管理矩阵的使用过程可能会使你陷入消极状态。

工具86 期望值和敏感性分析

工具介绍

期望值这个概念在17世纪中期的帕斯卡（Pascal）、费马（Fermat）和惠更斯（Huygens）时代就已经存在了。它在今天同样被广泛使用。

其背后的原理是，未来收益应该与获得它的机会成正比。因此，对你而言，今天一项业务的实际价值应该是订单的名义价值乘以赢得订单的概率。

这个概念在预测中十分有用，特别是如果你的业务是一个有零散的大批量订单的大型业务。例如，汽车零部件（供应商要么在一个可以持续数年的项目中赢得一席之地，要么不能）、资本设备、外包或管理咨询服务。

可以赋予每个预期订单相应的权重，并将所得期望值相加，从而得出整体期望值的总和。

该总和成为订单预测的基准，你可以对其进行敏感性测试。

举个例子可能对我们有所帮助。

如何使用

假设你的公司在未来三年中拥有总计1 000件产品的现有订单和10个潜在的新订单（范围为30～300件），见图9-5。

预测未来订单的一种常见方法是考虑不同的情况：在最不利情况下，只能得到最有可能得到的订单；另一个极端是最有利情况，可以得到所有订单。对两种情况折中便可得到基准情况。

因此，在这个例子中，不利情况是（例如，只获得了概率大于50%的新订单）企业第3年的总订单是1 490件。有利情况是企业第3年的总订单是2 000件，所以基准情况下，企业的总订单是1 745件（取中间值）。

但这大大高估了公司未来可能的订单数量。企业最大的一个订单为300件，获得该订单的概率只有10%。尽管在不利情况下未计算该订单，

订单	第1年	第2年	第3年	概率	不利情况 第3年	期望值 第3年
现有订单	1 000	1 050	1 100	%	1 100	1 100
新订单						
A	40	40	40	90%	40	36
B	50	50	50	80%	50	40
C	30	30	30	45%		13.5
D	80	80	80	20%		16
E		180	180	60%	180	108
F		30	30	55%	30	16.5
G		40	40	40%		16
H			60	30%		18
I			90	70%	90	63
J			300	10%		30
总计	1 200	1 500	2 000		1 490	1 457

图9-5 期望值

但在计算有利情况时包含了它，因此基准情况中包含了该订单的一部分，隐含概率为50%，但实际上它的概率仅有10%。企业的第二大订单是180件，在不利和有利两种情况下均可能发生，因此计算基准情况时将其100%包含了进去，而该订单实际的发生概率仅为60%。

就未来的计划工作而言，更明智的做法是对每个新订单应用单独的概率以获得期望值，期望值的总和应该是一个更有用、更可靠的基准情况，在这种情况下，公司第3年的订单是1 457件。

这是进行敏感性测试的基础。敏感性分析是另一个经过时间检验的工具，用于测试投入的不确定性，分析其变化（通常幅度为5%～10%）对产出的影响。

在本案例中，确定了基准情况后，可以进行适当的敏感性测试：

● 订单E发生——第3年的订单总期望值为1 529件（请注意，基准情况仅增加了72件，即180件×(100%－60%)）。

● 订单E不发生——1 349件。

● 订单J发生——1 727件。

● 订单J不发生——1 427件。

- 订单 E 及订单 J 发生——1 799 件。
- 订单 E 和订单 J 不发生——1 319 件。

这些敏感性测试对销售、损益和现金流的影响可以被衡量，通过在企业的运营中建立适当的灵活性，以便能够妥善地应对每一个结果。

最常见的敏感性测试类型来自改变关键参数，例如：

- 销售额预测上升/下降 5%~10%。
- 单位价格预测上升/下降 2%~3%。
- 劳动力成本上升 5%。
- 资本支出上升 10%。

同样，可以评估这些不同投入对关键财务和运营产出的影响，以及对采取的适当行动的影响。

何时使用

当发生与否对业务有重大影响时，最适合使用期望值分析。对消费品或服务业务来说，由于客户数量众多，期望值的作用较小，但还是可以用于收入方面，以促进单个细分方案取得成功，或者可以用于大型项目的成本端，如租赁续期。

无论是否采用期望值分析，所有投资评价均应采用敏感性分析。

何时应该谨慎

注意个体的概率。过分夸大期望是人类的天性。过度乐观可能有助于激励团队，但对业务规划毫无帮助。

还要注意，不要毫无意义地进行敏感性分析。你制定一套财务预测，做出你认为最有可能发生的假设，当分析结束时，自动将电子表格中的资本支出增加 10% 或将价格降低 5%。

更有意义的可能是研究特定事件的影响，而不是任意数据百分比的变化。例如，英国脱欧对你业务计划中一项主要的资本设备的到岸价格的影响，由于英镑可能贬值和 WTO 关税的征收，价格可能会上升 17%。

工具 87　黑天鹅（塔勒布）

工具介绍

"像黑天鹅一样罕见"，是中世纪的一句俗语。

这意味着正在讨论的事情是不可能的，因为大家都知道天鹅是白色的，而且只有白色。17世纪末期，在澳大利亚发现了黑天鹅，这句话的意思就完全不同了，用来表示一种原本以为不可能发生，后来被证明有可能发生的事情。

纳西姆·尼古拉斯·塔勒布（Nassim Nicholas Taleb）用"黑天鹅"一词来表示一种非常罕见的事件——影响重大而极不可能发生，导致人们选择忽视。人们通常不去刻意想它。

然而，当这样的事件发生时，人们才发现事发前已经有明显征兆。

塔勒布规定了黑天鹅事件的三个特征。它们是：

- 极其罕见，在当时看起来极不可能，甚至绝不可能发生，它们是概率分布正态曲线中的极端异常值。
- 影响巨大。
- 事后来看，可以理解和解释。

因此，2008年的金融危机是一个黑天鹅事件（见图9-6）。由于存在次级抵押贷款证券化这种复杂的金融工具，全球的银行突然间失去流动性。然而，事后看来有征兆表明灾难是不可避免的。互联网泡沫，甚至"9·11"事件，也是黑天鹅事件。

根据塔勒布的观点，我们生活在"平均斯坦"（mediocristan）的世界中，在那里很少发生罕见事件；但是我们应该生活在"极端斯坦"（extremistan）的世界中，在那里不可预测的事件可能而且确实会不时发生，并带来灾难性的后果。

我们的计划中一般不会包括黑天鹅事件。它们并没有被纳入商人、金融家、经济学家或政界人士的预测模型里。

但这种事件可以而且应该得到考虑和管理。

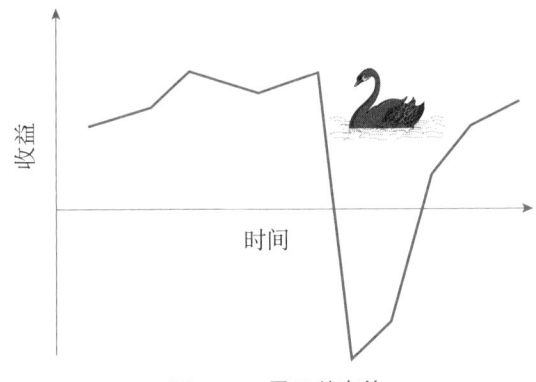

图 9-6　黑天鹅事件

资料来源：Adapted from Nassim Nicholas Taleb, *Fooled by Randomness：The Hidden Role of Chance in Life and in the Markets*，Allen Lane，2002.

如何使用

拿出工具 83 中的太阳云朵图。你在左上角放置了哪些风险？是否有黑天鹅事件？这些黑天鹅事件是否最不可能发生但后果却极具破坏性，且回想起来在理性上可以理解？

如果有，那么你可以采取哪些步骤来管理这种黑天鹅事件的风险？使用工具 85 风险管理矩阵，你应该在下列范围内做出选择：

- 完全避免风险，或许可以退出某个细分市场。
- 将风险部分转移或全部转移给保险公司。
- 通过应急计划来减轻风险。

如果你选择刻意不去考虑黑天鹅风险，那你就要靠运气了。

何时使用

在有关黑天鹅的讨论中，几乎没有什么新的东西是以前关于风险管理的书籍中没有涉及的。新出现的是一些吸引人的术语和对华尔街的指责，尤其是那些被轻率地忽视了的、极不可能、影响巨大的风险，这些风险虽事后可以理解，但为时已晚，灾难已经发生。

何时应该谨慎

不要把所有低概率、高影响的风险都归为黑天鹅，否则你早上就永远无法起床。

工具 88　战略赌注（伯格曼和格鲁夫）

工具介绍

核科学家欧内斯特·卢瑟福（Ernest Rutherford）调侃道："在科学领域，即使赔率超过1 012∶1，你也不能打赌说某件事绝对不会发生。"

你可能会觉得这样的赔率没有吸引力，这取决于你的赌注是不是一个战略赌注。

斯坦福大学教授罗伯特·伯格曼（Robert Burgelman）和英特尔前首席执行官安德鲁·格鲁夫（Andrew Grove）主要基于英特尔的演变，就战略动态性进行了长时间的研究。他们区分了自主战略和诱导战略，前者指首席执行官有充裕的时间、灵活性和自主权，后者指首席执行官需要对市场变化做出快速反应。

他们总结道，企业的长寿，特别是高科技行业的企业，取决于对自主战略和诱导战略的过程周期与战略动态的不同形式进行的匹配，警觉的战略领导者的作用就是在这些周期内适当平衡诱导战略和自主战略。

此外，在自主战略开发中，高层管理者的关键战略角色是了解企业正在做出的根本性的战略赌注。

这取决于两个因素：
- 机会被验证的程度（通过确定战略背景的过程）。
- 一旦项目充分扩产后失败，可用现金储备以保护企业免受灾难的程度。

他们确定了四种战略赌注的情况（见9-7）：
- "安全赌注"——机会已被验证，而且现金储备充足。
- "等待下注"——机会尚未被验证，但现金储备充足。
- "赌公司"——机会已被验证，但现金储备不足，需要从权益或债务中补充。
- "绝望赌注"——机会尚未被验证，而且现金储备不足。

如何使用

太阳云朵图（工具83）中的 y 轴考察了对价值的影响，或对贴现现金

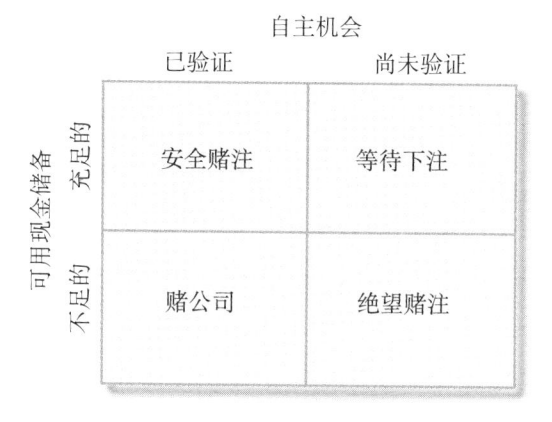

```
                      自主机会
            已验证            尚未验证
         ┌──────────┬──────────┐
      充  │          │          │
      足  │  安全赌注 │  等待下注 │
  可  的  │          │          │
  用     ├──────────┼──────────┤
  现     │          │          │
  金  不  │          │          │
  储  足  │   赌公司  │  绝望赌注 │
  备  的  │          │          │
         └──────────┴──────────┘
```

图 9-7　战略赌注

资料来源：Adapted from Robert A. Burgelman and Andrew S. Grove, 'Let Chaos Reign, then Rein in Chaos-Repeatedly: Managing Strategic Dynamics for Corporate Longevity', *Strategic Management Journal* 28, 2007.

流的影响。但这意味着存在一个净值，即战略风险和机会的贴现现金流入减去它们的贴现现金流出。

如果现金流入被高估了怎么办？如果净现金流出超过了可用现金储备怎么办？然后，假设你已经尽了最大努力去验证这个机会，而不是冒险进入"绝望赌注"的黑暗深渊，那么你就是处在"赌公司"的情况。

你需要非常谨慎地进行敏感性分析。

何时使用

明智的做法是，不仅要考虑投资机会的潜在净利益，还要考虑总成本。成本是不可避免的，利益则并非如此。

何时应该谨慎

如果投资成本过高，利益不能按计划获得，则公司将会处于危险的境地，那么在验证过程中要格外小心。

结　论

最后，请铭记迈克尔·波特的一句告诫："没有战略的公司愿意尝试任何事情。"

你的公司不会是这样的公司。遵循这本书，你的公司就会有方向。你只会尝试那些与你的战略相一致的事情。

在本书的引言部分，我提出过这个问题：作为一位管理者或者企业家，你是否觉得拟定一个战略的想法会令人生畏？

你现在已经读过本书了，战略并没有那么可怕，对吧？

只要你遵循战略金字塔这个流程，至少使用每个金字塔建筑模块中的必要工具，你就能得到一个战略。

更重要的是，这个战略一定是稳健的，能够通过董事会的审查，甚至能够经受外部投资者的质疑。

而且，万一会议结束后董事长把你拉到一边，询问你是如何制定出这样一个令人赞叹的战略的，你可以告诉他本书中所讲述的秘诀。

制定一个能够获得财务支持的制胜战略，而非一个平淡无奇的战略，关键在于以下三个方面：

- 熟悉微观经济环境；
- 创造可持续的竞争优势；
- 微调风险和机会的平衡。

好好享受这一过程，祝你好运！

附 录
有用的统计和流程工具包

附录 A 使用移动平均平滑

工具介绍

罗南·基廷（Ronan Keating）感慨道："生活就像过山车，只要坐上去就行了。"人生如此，市场或许也是如此。你只要坐上去就行了。

如果市场一直上下波动，没有表现出一致的趋势，那么对于需求预测的 HOOF 方法（见工具 18），要特别当心其中的步骤 H（评估历史增长率）。

消除市场波动的最好方法是在二维坐标系中画一个图，并通过这些点绘制一条最佳拟合线。

你可能对图形不太熟悉，尤其是关于对数变化的图形。一种简单的、非图形化的替代方法是将数据转换为移动平均值。这使得年度波动变得平滑，从而使你更容易理解和计算趋势增长率。

如何使用

获取一组市场数据并应用这些步骤。

- 观察周期的长度，并选择适当的平滑时间段，通常为三年。
- 取任何给定年份该时间段内的年平均值（如果周期为三年，则取给定年份及其上一年和下一年的平均值）。
- 计算恰当的起点和终点之间的复合增长率，以确定趋势。

表 A-1 中的例子可能有帮助，它来自我几年前做的一项工作。

表 A-1 使用移动平均平滑

	2000 年	2001 年	2002 年	2003 年	2004 年	2005 年	2006 年	2007 年
实际需求（百万英镑）	1 426	1 223	1 150	1 201	1 387	1 452	1 582	1 555
实际变化率	—	−17%	−6%	4%	15%	5%	9%	−2%
平滑后的需求（百万英镑）	—	1 283	1 191	1 246	1 347	1 474	1 530	—
隐含变化率	—	—	−7%	5%	8%	9%	4%	—

如果我们忽略这段时期中间发生的所有事情，只考虑从 2000 年起到 2007 年之间的增长，那么总体增长率为 5.4%，或者年均复合增长率为 0.75%。

但 2000 年是互联网繁荣的顶峰，因此以此为基准年将会低估这些年间的增长趋势。同样地，如果我们以 2002 年的低谷为基准年，就会高估增长趋势。因此，我们将上述数据转换为三年移动平均值，即将每年的数值、前一年的数值和下一年的数值的总和除以 3。

这起到了平滑年度波动的作用，我们能够看到一个更清晰的模式。以 2001 年为起点，以 2006 年为终点，此时的总体增长率为 19%，或年均增长率为 3.6%（平滑后的 5 年，而不是实际的 7 年）。小数点后一位表示虚假精度（spurious accuracy），但是年均增长在 3.5%±0.5% 的范围内，这样的结论似乎反映了这个市场在 21 世纪初的增长趋势。

何时使用

当历史的市场规模数据存在起伏或者显示不规律的模式时，就可以使用它。

何时应该谨慎

不要盲目地计算数字，试着去了解每一年发生了什么从而导致了如此不规律的数字。这将帮助你避免陷入选择繁荣（或萧条）年份作为起点，选择萧条（或繁荣）年份作为终点的陷阱。选择从繁荣到繁荣，从萧条到萧条，从平均时期到平均时期，应该能给出相似的答案，但是把它们混在一起可能会产生严重的误导（这是政客们非常喜欢的诡计！）。

附录 B 需求预测的问卷调查方法

工具介绍

戴维·莱特曼（David Letterman）调侃道："《今日美国》（USA Today）公布了一项新的问卷调查结果：四分之三的人口占总人口的75%。"

实际中，问卷调查当然比这更有用，有一些基于问卷调查的方法能用来预测需求，你可能会发现它们与你的战略开发过程有关：

- 客户意向问卷调查。
- 销售人员估计方法。
- 德尔菲法。
- 试销。

下面对每个工具做简要介绍。

如何使用

1. 客户意向问卷调查

你可以从每个主要产品/市场细分中挑选一个具有代表性的客户样本，然后打电话给他们。询问他们在未来的12个月内和24个月内打算购买的产品数量，不只是从你这里，而是包括所有有竞争力的供应商（见图B-1）。

你的调查还要包括客户对采购标准的看法，以及他们根据这些标准对你的企业和你的竞争对手的表现的评价（见附录F）。

但你不应该期望有意外的结果。你可能会和采购部门的人交谈，而他们可能对接下来几年的销售目标知之甚少。你很可能会被介绍给销售部门的人。你与销售人员的关系不会像与采购人员的关系那样熟悉，所以你可能不会从讨论中得到什么。

或者，你可以进行额外的调查，将销售人员定位成你的客户。不过，即使这能使你对他们有些许了解，也很难深入，结果可能令人失望，而且可能无法证明进行单独调查是合理的。

在开始进行调查时，就要抱着有限的期望，把这些问题附加到对客户采购人员的调查中。这是战略开发过程中必不可少的部分，而不是可有可无的。

☑ 非常强劲的增长
☐ 强劲的增长
☐ 缓慢的增长
☐ 需求持平
☐ 需求下降

图 B-1　客户意向问卷调查

2. 销售人员估计方法

这是一种对预测收入很有效的方法，但对预测市场需求未必有效。本质上，你可以在会议室或通过在线的方式召集一群关键的销售人员，让他们讨论市场需求的发展方向。你担任协调人员，收集并汇总小组的意见。

销售人员与客户关系密切，在预测来自客户的销售量方面常常有先见之明。

但有些人视野不够开阔，无法将市场视为一个整体。这一整体不仅包括其客户，还包括所有供应商的所有客户。这些人一生中的大部分时间都只是和"几棵树"在一起，导致只见树木，不见森林。

但这种方法有助于你了解你的销售团队的能力。这可能值得一试，因为这样做不会有什么损失。

3. 德尔菲法

德尔菲法是对独立的、知情的观点进行结构化分析的方法。你可以给一群有声望的，甚至是专家级的行业观察者发邮件或写信，就市场需求前景向他们提出一些措辞谨慎的问题。

你整理这些答复，但不透露这些行业观察者的姓名，然后将调查结果的摘要返回给观察者。他们看到别人的观点,可以选择坚持自己最初的答案,或者基于适当的理由修改自己的答案。

对这些总结进行相应的修改,你就得到了一个需求预测。

你可以选择将最终总结的草稿发送给这些行业观察者,邀请他们进行最后一轮修改,或者你可能认为不值得花费时间和精力去做进一步迭代。

4. 试销

试销最适合推出一个新产品,或者冒险进入一个新产品/市场细分时使用。

你的产品或服务可能是全新的,旨在向客户交付以前无法实现的利益。

你怎样才能使你的老板相信,你的产品能够以那个价格卖出?你需要证据。

你可以做一些试销。如果你的企业是 B2B 模式,那就给潜在的公司购买者打电话并安排会议,解释你的产品能为客户带来的利益,以及为何要求这样的价格。

记录这些会议并分析结果。写一份报告,从讨论中得出关键结论,每个结论都要有详细的证据支持,无论是来自具体客户的评论、媒体引用的第三方评论,还是从网络上挖掘的数据。将它们整理成一份简短、清晰的市场研究报告,作为战略报告的附录。

如果你的企业提供的是 B2C 模式的产品或服务,请在商业街上进行测试。根据你的目标客户,站在阿斯达(Asda)或维特罗斯(Waitrose)门外,取出你的记录板,与他人交流。如果你提供的是一种产品,展示给他们看;如果是一项服务,要清晰且迅速地解释它的好处。

再次,整理回复,分析它们,得出有力的结论,用例证和数据加以支持,并将市场研究报告粘贴在附录中。

现在,基于这些反馈,对你的潜在市场规模进行估计。想象一下,你的产品或服务有很多供应商,而且整个国家都知道它的存在。那么潜在市场规模有多大?这与你将提供的产品或服务的市场规模相比有何不同?你的估计有意义吗？

何时使用

当你认为征求他人的意见会提高需求预测的 HOOF 方法（见工具 18）的严谨性时，就使用它们。

何时应该谨慎

见上文。这四种调查方法都有其局限性。

附录 C　需求预测的统计方法

工具介绍

基本的统计工具能帮助你预测市场需求，主要的和最简单的方法包括：

- 趋势预测。
- 回归分析。
- 气压法（NBER）。

本书不是关于统计理论的，下面仅简要介绍这些工具。

如何使用

1. 趋势预测

这种方法首先要根据图表上的点来生成一条最佳拟合线。过程如下：

- 列出每年的市场需求数据。
- 在二维坐标系中绘图，x 轴为时间，y 轴为需求。
- 根据这些点直观地做一条最佳拟合线。
- 测量直线的斜率，它等于年均增长率。

这是推导复合增长率的另一种方法，能得出和附录 A 中介绍的移动平均法类似的结果，即对历史市场需求增长的估计。

接下来谨慎地进行趋势预测。沿着最佳拟合线，看看它在未来几年对应该 x 轴的什么值，即未来几年的市场需求数字，但是作为预测，它们可能毫无意义。

这种方法假设未来的需求将受到与过去完全相同的影响，这往往是不切实际的。因此最好使用这种方法计算历史增长率，使用 HOOF 方法进行预测，HOOF 方法旨在应对需求驱动因素不断变化的现实问题。

2. 回归分析

这是一个统计工具，可帮助你了解市场需求这个因变量将如何随着自变量如国内生产总值（GDP）或工程产出的变化而变化。过程如下（见图C-1）：

- 列出每年的市场需求数据。
- 列出自变量，例如每年的GDP。
- 在坐标轴上绘图，x轴为GDP，y轴为需求。
- 通过这些点直观地做一条最佳拟合线（用于线性回归）。
- 当$x=0$时，测量直线的斜率（m）和与y轴的交点（c），需求和GDP的关系就是标准方程$y=mx+c$。

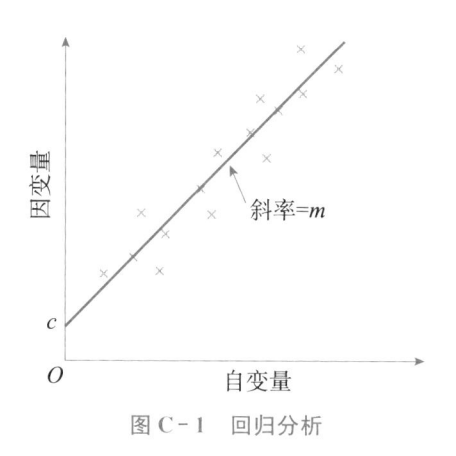

图C-1 回归分析

同样，在使用回归分析进行预测时，你需要格外小心。过去显而易见的关系在未来可能不会保持稳固。其他驱动因素在将来可能会发挥更大的作用。与趋势预测一样，使用回归分析确定历史关系更安全，用HOOF方法进行预测。然而这个历史关系纯粹是统计上的，不能提供因果关系的证据。

3. 气压法（NBER）

这是美国国家经济研究局（NBER）开发的一种预测方法。气压法可用于以下市场需求预测：

- 确定一组影响你的市场需求的经济指标。
- 将每个指标转换为相关指数的时间序列。
- 根据每个指标对市场需求的影响赋予权重。

- 开发一个综合指数。
- 根据你的市场过去的需求指数，追踪该综合指数过去的表现。
- 预测综合指数。
- 得出关于你的市场需求的预测。

气压法也允许将时间因素纳入其中。具体指标可分为：

- 领先指标——领先于其他指标的指标（如新订单领先于销售额）。
- 一致指标——随经济活动而迅速变化的指标。
- 滞后指标——在一段时间之后才会变化的指标（如短期贷款额滞后于利率变动）。

与趋势预测或回归分析相比，气压法是一种更精确的工具，并且结合了 HOOF 方法的一些优点。但是，相对于 HOOF 方法，它有一些缺点：

- 有些人发现很难对指数进行数学运算，更不用说加权、滞后和组合它们了。
- 与过去相比，未来可能有不同的权重（可能有不同的滞后）。
- 最重要的是，许多驱动因素不能轻易转化为指标，例如意识或时尚。

何时使用

当你认为用 HOOF 方法预测市场需求（特别是过去的增长率）会从更严格的计算中获益时，请使用统计方法，特别是在计算过去的增长率时。

何时应该谨慎

如上所述，在没有明确理由的情况下，注意不要假定过去观察到的趋势、回归关系或气压法在未来仍然适用。你可能需要将你所选择的统计方法与 HOOF 方法相结合。

附录 D 十字图、蛛网图、梳状图和 Marimekko 图

工具介绍

你会带哪三样东西去荒岛？十字镐、蜘蛛和梳子怎么样？

我也不知道它们有没有用，但以这些东西的名称命名的三个图表是合适的工具，可用于展示关键成功因素，以及企业在这些成功因素上的得分。

每个工具也可用于显示客户的采购标准或基本的产品属性。同样，也能显示企业在这些方面的得分。

十字图（更正式地称为多维尺度）考虑了两个属性，并比较了企业的产品及竞争对手的产品在各个方面的得分。

蛛网图（也称雷达图或网络图）考虑了所有相关的属性，并将企业的产品与同类产品中最好的进行比较。

梳状图（也称战略画布）以不同方式展示了蛛网图的数据，但为强调每个属性的相关性提供了更大的空间。

最后，Marimekko 图（Mekko 图或面积图）在此值得一提，因为它在描述市场份额的具体关键成功因素方面很有用。

如何使用

图 D-1 中的十字图以肯尼亚野生动物园的旅游产品为例，基于刺激和安全两个属性，对肯尼亚野生动物园旅游产品与其他竞争性的度假目的地进行了比较。

在蛛网图中，可以对更多产品属性进行评分。图 D-2 显示了肯尼亚野生动物园旅游产品的属性中哪些相对较强（例如，刺激），哪些相对较弱（安全）。

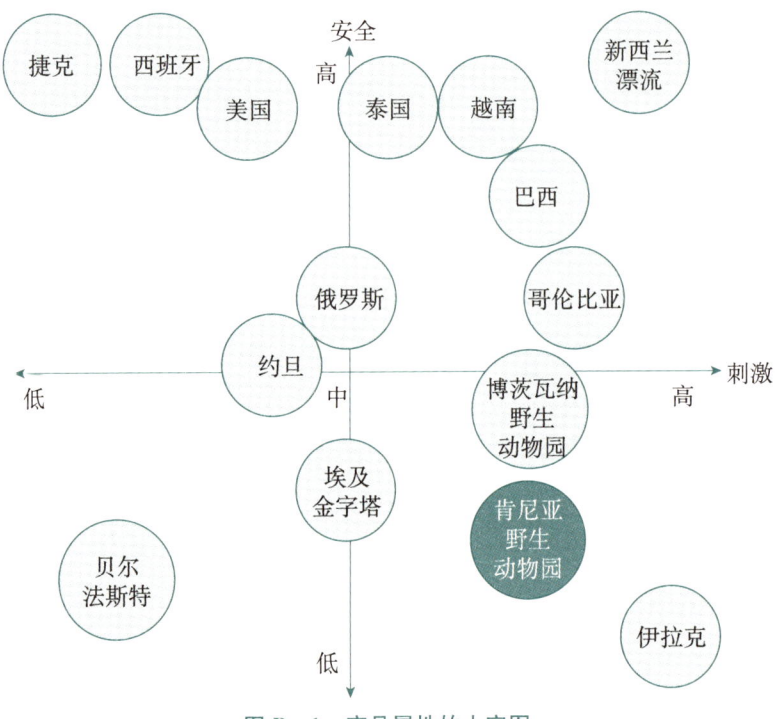

图 D-1　产品属性的十字图

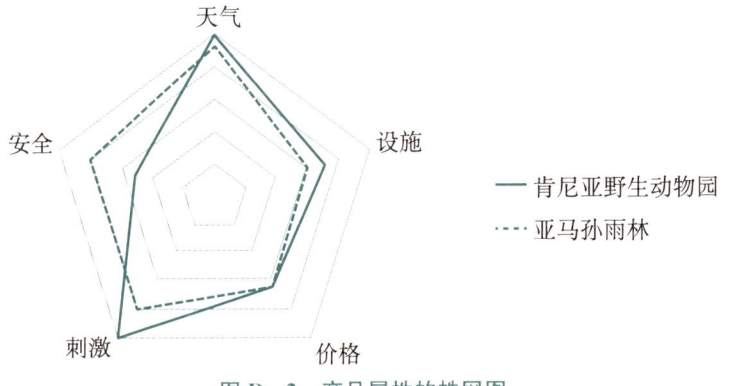

图 D-2　产品属性的蛛网图

梳状图是描述蛛网图数据的另一种方式，它很容易通过添加"梳齿"突出每个产品属性对客户的重要性。图 D-3 强调了安全属性，这是许多游客最关心的一个问题。在经历了绑架事件后，肯尼亚野生动物园在安全上的得分明显低于亚马孙雨林。

图 D-3 产品属性的梳状图

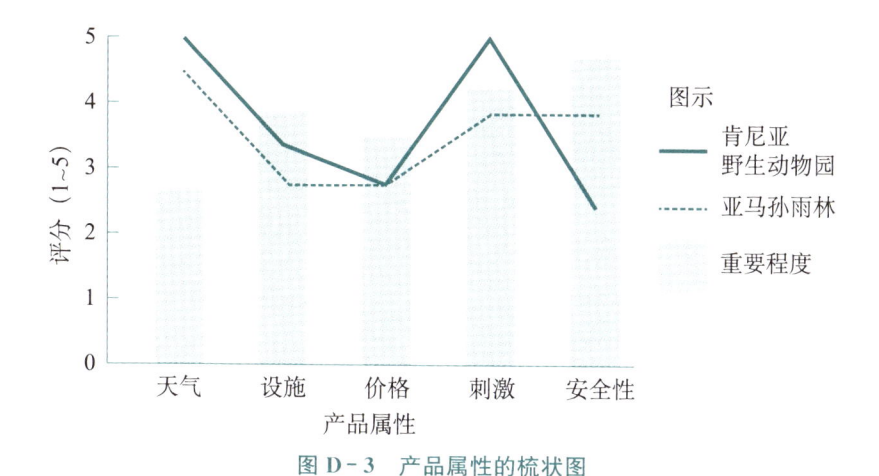

最后，Marimekko 图是一个极佳的图，同时考虑了市场规模和市场份额，展示了公司在市场中的地位。图 D-4 展示了一个探险旅游市场的简单例子，该市场有两个参与者、三个细分，即肯尼亚野生动物园、亚马孙雨林和婆罗洲猩猩。阴影区域显示了你公司的市场地位，无阴影区域则代表你的竞争对手的市场地位。图中显示的是在肯尼亚野生动物园旅游这一较大市场中你的公司占有较大份额。

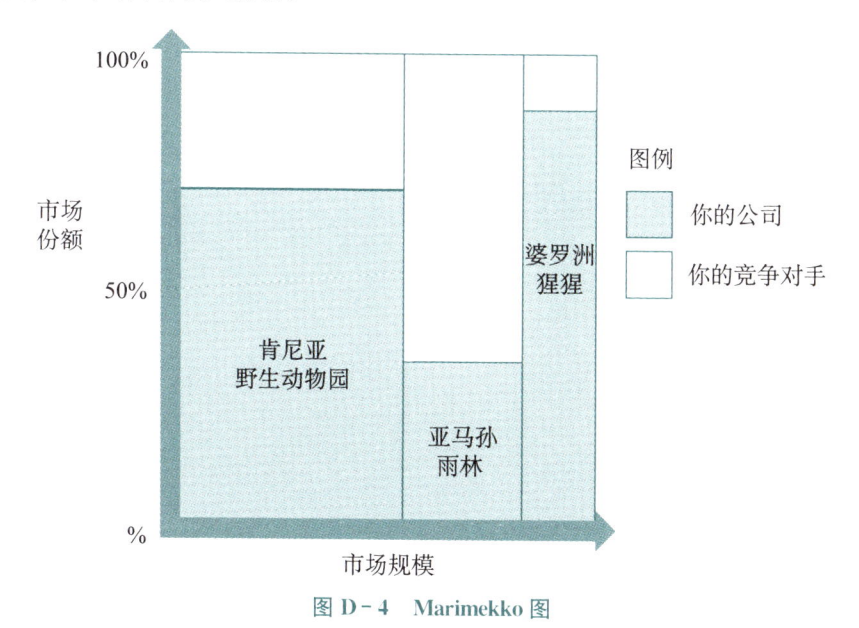

图 D-4　Marimekko 图

何时使用

你可以使用这些工具来对产品属性进行评价和比较,但是它们也可以用于评估客户采购标准(见工具 21)或找出关键成功因素(见工具 22)。

何时应该谨慎

图表的可靠程度将取决于输入其中的数据。

附录 E　标杆管理

工具介绍

标杆管理（benchmarking）是根据同行业或者其他行业的最佳实践，对企业运营、系统和流程的关键指标进行测量的一种系统方法。

它是一个极有价值的工具，可精确地找出企业的强项和弱项，从而服务于战略开发。

20 世纪 80 年代末，人们越来越意识到，西方公司正被东亚的公司赶超，这表现在一些关键运营领域，不仅在大家熟知的准时采购制等领域，甚至在客户服务方面，于是标杆管理应运而生。

如何使用

早期的先驱人物罗伯特·坎普（Robert Camp）确定了标杆管理过程的如下四个阶段和十个步骤（见图 E-1）：

（1）计划。
- 确认哪些参数需要标杆管理。
- 寻找用于比较的公司。
- 设置数据收集方法。

（2）分析。
- 确定当前的竞争差距。
- 预测未来的绩效水平。

（3）整合。
- 沟通标杆调查发现。
- 建立职能目标。

（4）行动。
- 开发行动计划。

- 监控进度。
- 重新校准。

4. 行动
- 开发计划
- 监控进度
- 重新校准

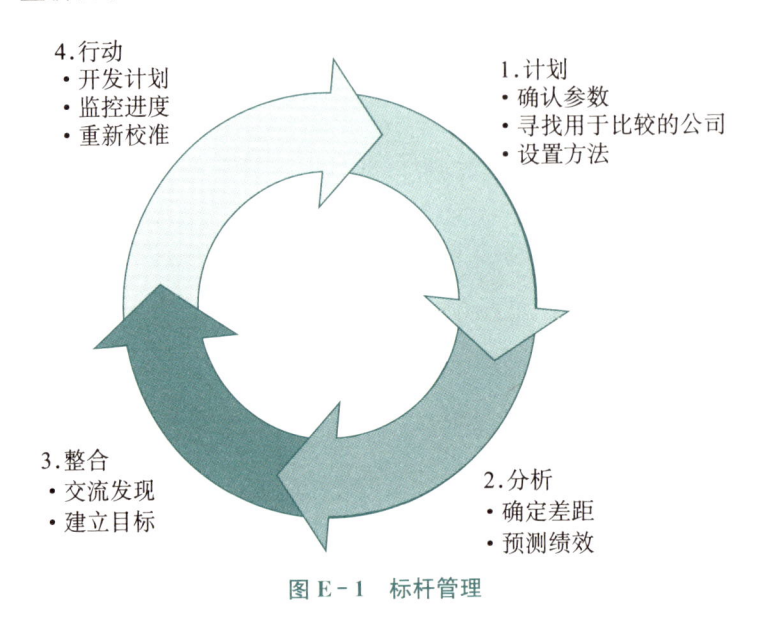

1. 计划
- 确认参数
- 寻找用于比较的公司
- 设置方法

3. 整合
- 交流发现
- 建立目标

2. 分析
- 确定差距
- 预测绩效

图 E-1　标杆管理

其中第 2 步"寻找用于比较的公司"是关键，实际上它包括两个子步骤：

- 确定使用直接可比工艺流程的其他行业。
- 对于这些行业和你所属的行业，无论处于哪个国家，确定在这些工艺流程中做得最好的，即领导者。

坎普本人曾是施乐公司（Xerox）的物流工程师，与日本企业相比，施乐在流程上存在缺陷，导致其在 80 年代市场份额不断下降。坎普鼓励各部门在任何地方寻找最佳实践，包括邮购服装公司里昂·比恩（L. L. Bean）在客户响应方面的最佳实践。

标杆管理的另一个例子可以在航空业中找到。一家航空公司发现，飞机在航班之间的例行维护，如加油、清洁和轮胎检查，耗时太长，花费太高。标杆管理显示，该航空公司在这类业务中的周转效率实际上是最高的，但还是不如赛车比赛中的效率高，而赛车比赛中的监测站使用类似的流程。该航空公司详细研究了赛车比赛中维修点的周转流程，并根据自己的周转情况进行了调整,从而大大缩短了飞机的周转时间。

何时使用

当你在战略开发中需要深入到具体的运营过程中,以确定自己的竞争地位,确定你的企业与行业内外的同伴之间的差距,以及评估应在多大程度上缩小这一差距时,就可以使用该工具。

何时应该谨慎

它可能有其局限性。罗伯特·卡普兰警告称,企业的差异化产出是内部支持和共享服务所提供的,忽视这些将是危险的。最好将标杆管理用于商品化的流程或服务上。

附录 F 结构化访谈

工具介绍

沃尔特·迪士尼建议："把你所做的事情做到极致，这样游客就会想再来看看，还会带着他们的朋友来。"你的客户会向他们的同事和朋友推荐你的企业吗？问他们！如果不会，为什么呢？在工具 27 评价竞争地位中，建议针对客户和供应商采用结构化访谈计划。这是最有条理和具有潜在启发性的方式，有助于你获得所需信息，了解你的企业的竞争地位。

如何使用

对客户进行结构化访谈的方法如下（见图 F-1）：

- 选择有代表性的受访者范围。
- 准备好你的故事。
- 准备一份简明的问卷。
- 通过电子邮件、电话或面对面的方式对他们进行访谈。
- 感谢他们并给他们一些反馈。

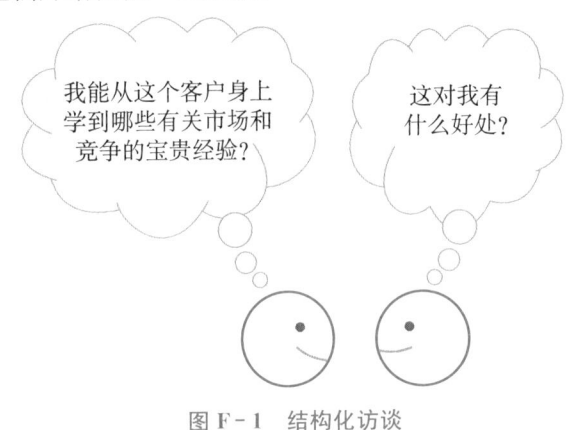

图 F-1 结构化访谈

1. 受访者

受访者应该代表你业务的广泛领域，包括：

- 每个主要业务细分的客户。
- 按收入计算，你的前六大客户。
- 长期客户以及最近的购买者。
- 同时使用或曾经使用过你竞争对手的产品的客户，他们就可以根据直接经验而不是推测来比较你的表现。
- 对你的企业有过质疑的客户。
- 当前正使用竞争对手的产品，但在你的目标名单上的"未来客户"。
- 转而投向竞争对手的前客户，这些客户可能会带来最有价值的见解。

听起来很多，但你会有所选择。对于每个主要细分，有3~6个客户就足够了。

2. 故事

这是一个给你的业务带来积极影响的机会。比较这两个故事：

(1) "很抱歉浪费您的时间，能否请您帮忙以弄清楚我们企业的表现。"

(2) "您知道，我们企业这几年一直很忙。但我们认为，我们应该花些时间询问一些最重要的客户，他们的需求会随着时间的推移发生怎样的变化，以及我们能在多大程度上更好地满足这些需求。"

猜猜哪个故事能得到更好的回应，从而使你的业务处于有利的位置？第一个故事情节传达了负面的印象，它完全是关于你的企业及其需求的；第二个会给人留下积极的印象，它完全是关于客户的需求的。坚持第二个！

3. 调查问卷

问卷是指导方针，而不是框选练习，必须谨慎对待。它会一直留在你身边，不会交给或通过电子邮件发送给受访者，它只是讨论的提示器，需要简明扼要。

它应该包括四个部分：

（1）故事。

（2）客户采购标准——有哪些？重要性如何？包括现在的和将来的。

（3）表现——在这些需求标准上，你的企业和竞争对手的得分如何。

（4）未来——你如何能更好地满足客户的需求。

把故事写在调查问卷的顶部并牢记。它必须是自然的，而且看起来是自发的。时不时地停顿一下，"嗯"或"呃"，让访谈看起来是没有事先排练过的。

关于客户采购标准，以下是你要在问卷上提出的主要问题：

- 您购买这项服务的主要标准是什么？您对供应商有什么期望？
- 每个标准的重要性如何？哪个更重要？您如何对它们进行排名？
- 随着时间的推移，这些标准会变得越来越重要还是越来越不重要？
- 未来还有其他的标准可能变得重要吗？

你应该允许客户制定自己的一套标准，但最好准备好自己的清单以作为提示，以防你的客户想不出什么标准或者漏掉明显的标准。

以下是一些与表现相关的问题：

- 您认为我们企业符合这些标准吗？我们的表现如何？
- 其他供应商的表现如何？它们是否更符合这些标准？
- 在这些最重要的标准上，谁的表现最好？

同样，你应该允许客户选择他认为谁是他的备选供应商，但是你应该有主要竞争对手的提示列表，当然可以选择使用也可以选择不使用。没有必要提醒客户注意一个他还没有完全意识到的你的竞争对手！

不要忘记询问对方："未来我们应该怎么做才能更好地满足您和其他客户的标准？"

4. 访谈

访谈最好面对面进行，这样你就会发现这些回答背后的细微差别，包括变化的眼神、不安的表情、强调的手势。但访谈是最耗费时间的，除非你碰巧把看望客户作为服务交付的一部分。

如果访谈是通过电话完成的，最好提前安排好时间。你可以发送电子邮件或事先打个电话。在你完成故事之后，再加上："不知您能否抽出五到十分钟和我讨论一下这个问题。我知道您很忙，但也许我们可以在这周晚些时候约个时间，我给您打电话。"

必须谨慎管理电话本身。不要在没有"热身"的情况下就开始问卷调查。问问对方过得怎么样，工作怎么样，家庭怎么样，随便什么都可以。然后慢慢转向故事："好吧，就像我前几天说的那样……"

在你完成结构化访谈之后，收尾时不要忘记缓和一下。回到你们开始讨论的某个话题，轻松地结束讨论，不要忘记真诚地感谢对方如此慷慨地抽出宝贵的时间。

5. 感谢和反馈

几小时、一天、几天或一周后，只要你觉得合适，就再次正式地感谢你的客户。写信是最好的，但在这个电子世界里，写信可能会让你感觉过于正式。发电子邮件可能更合适，但要有自己的判断。

邮件应该是令人愉快的，并应满怀感激之情。如果可能的话，它应该包含客户感兴趣或可以用到的信息。一两句话就足够了。可以从讨论的一个方面入手，比较其他客户对同一件事的看法。你可以告诉客户你的调查结果——"有趣的是，大多数客户似乎认为业绩记录是他们最重要的需求"，或者"令人鼓舞的是，大多数客户似乎认为我们是最具创新精神的服务提供商"。

这就是结构化访谈。现在，你所要做的就是整理结果，无论是在一张纸上、一个 Excel 工作表上，还是在你的头脑中。然后把结果输入到你对你的企业和竞争对手在每个关键成功因素的评分中。

把这些来自客户的评分与你自己最初的评分进行比较，你可能会大吃一惊！

对供应商的结构化访谈遵循相同的过程，选择一系列受访者，准备故事和问卷，进行访谈和反馈。

这里有一些提示：

- 供应商访谈是了解竞争对手信息的重要来源；你没有要求它们向你

提供有关客户的机密信息，但它们很可能知道属于公共领域但你不知道的信息。例如，一个竞争对手把一个产品线的生产从 A 工厂转移到 B 工厂，或者另一个竞争对手的某零件的供应商全部来自远东地区，不再使用本国供应商。

- 在确定访谈的供应商名单时，不一定要基于对你企业的供应规模，而是要基于它们对行业情况的了解程度，特别是对你的竞争对手的了解程度。

何时使用

在战略制定中，几乎总是使用。但如果最近进行了定期的或者一次性的客户满意度调查，就不一定要进行结构化访谈了。你不应让客户负担过重。

何时应该谨慎

注意不要浪费客户的时间。尽量确保他们也能从访谈中得到一些有用的东西。

附录 G 头脑风暴

工具介绍

埃莉诺·罗斯福（Eleanor Roosevelt）断言："伟大的头脑讨论思想；普通的头脑讨论事件；渺小的头脑讨论人。"要想伟大，那就进行头脑风暴！

头脑风暴是一个产生想法的结构化过程，可以由个人完成，也可以由小组完成。

如何使用

个人头脑风暴对不同的人来说是不同的。我喜欢一边散步一边进行头脑风暴，最好是在海边，一边是参差不齐的岩石和俯冲的鸬鹚，另一边是郁郁葱葱的牧场和咩咩叫的绵羊。其他人则在练瑜伽或者漂流中寻找灵感。

对公司而言，能脱离营业场所，效果最好。例如，在乡村酒店，上午进行头脑风暴，下午先进行射箭或即兴戏剧表演等集体活动，接下来进行更多的头脑风暴，晚些时候进行总结，这很有效。

这个想法试图让人们"跳出框框"来思考，利用想象力，刺激右脑。鼓励大量使用视觉效果，无论是通过投影仪、活动挂图还是便利贴（见图 G-1）。

亚历克斯·F. 奥斯本（Alex F. Osborn）在 20 世纪 50 年代推广了这个概念，并为头脑风暴制定了四条主要规则：

- 注重数量——把尽可能多的想法投入熔炉。
- 推迟判断——在产生想法的过程中，对想法的任何批评都应暂停。所有的想法都可以稍后处理，但是目前，必须把重点放在产生尽可能多的想法上。
- 欢迎不同寻常的想法——不要抑制人们的创造力，鼓励发散的、非主流的思维。

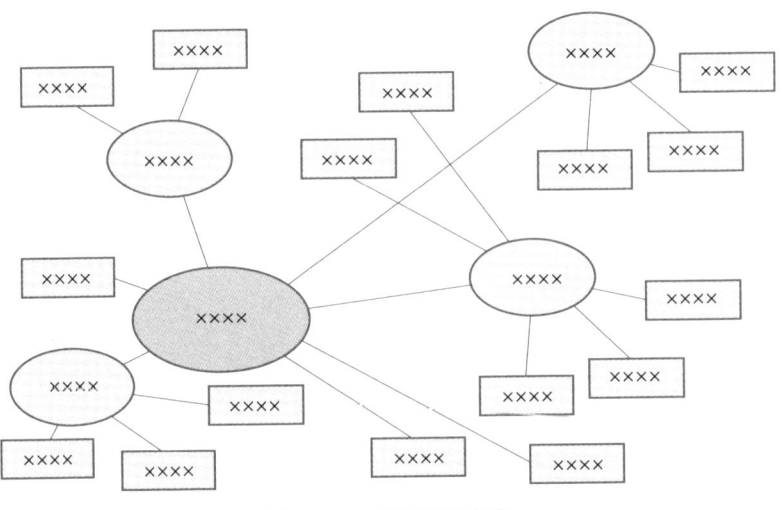

图 G-1　头脑风暴产出

- 以想法为基础——在想法出现时，结合或改进它们。

无论是群体还是个人，最后才能对这些想法进行分组、评价，对于那些最有希望的想法，还要进行评估。

何时使用

当你为理想玩家画像时，使用它生成情景（见工具 33）。未来 5 年，这个市场将如何发展？随着时间的推移，关键成功因素会如何变化？竞争的激烈程度如何？竞争对手能做什么，你担心它们会做什么？你对此有何回应？

使用它生成利润增长选项（见工具 41）。通过让高级和初级管理人员参与这一过程，由此产生的战略可能会获得比其他战略更大的认同，这对战略的成功执行至关重要。

何时应该谨慎

头脑风暴不是灵丹妙药。它可以搭配其他工具。对其功效的研究还没有定论。在战略开发过程中，它不能代替安静、孤独、独立、深入的思考和分析，但可以是一个补充。

附录 H　情景规划

工具介绍

对你来说最好的情景是什么？最坏的情景又是什么？

情景规划是一个结构化的过程，用于展望一个行业的未来及其参与者、技术、市场、客户需求、关键成功因素等，以及这种演变对企业竞争环境及其竞争优势的影响。

情景规划是一些公司战略规划过程中不可或缺的一部分，其中最著名的是 20 世纪 60 年代后的荷兰皇家壳牌公司。

情景规划不仅仅是对未来的一系列预测，它的效用在于将相互关联的事件聚集在一起。如果这个事件发生了，那么那个事件很可能发生，其他事件也可能发生，甚至另一个事件也可能发生。

它可以定量或定性地进行。如果是定量的，它可以与期望值和敏感性分析工具（见第 9 章）相结合，主要区别在于情景规划考虑了多个相互关联的变量，结合了不确定性，而敏感性分析通常一次只关注一个变量。

如果定性地做，你的输出将有效地讲述一个故事。这将是一个经过研究和深思熟虑的故事，但充其量只是一种。你的故事将是，对你的业务至关重要的事情可能会如何发展。

如何使用

以下是情景规划的四阶段框架（见图 H-1）：

● 选择并预测关键价值驱动因素。确定最有可能和最具影响力的未来价值驱动因素，无论是与客户行为和市场需求有关，还是与行业竞争强度或关键参与者的竞争力相关，并预测（可以通过头脑风暴，见附录 G）这些因素在未来五年（或更长的时期，如在石油和天然气等行业）中可能发生的变化。

- 绘制链接和集群。检查这些未来价值驱动因素中的哪些将与其他因素相关联。例如，市场需求下降和竞争加剧。这一阶段通常使用会议室活动挂图上的便利贴进行。

- 开发小情景，将其组合并命名。分组去开发小情景，充实它们，使它们更加连贯；然后将这十几种小情景组合成两种、三种、四种主要情景，并为每种情景指定一个名称。

- 评估战略启示。仔细思考在每种情况下，你的企业需要做什么来维持竞争优势；哪些问题，特别是哪些潜在的关键问题，需要特别加以解决，以使你的战略更加强健。

图 H-1 情景规划

何时使用

在为理想玩家画像时能发挥关键作用，见工具 33。

何时应该谨慎

情景规划受到了一些学者的批评，因为缺乏学术理论或研究的支撑。但本书中的许多工具也是如此，这绝不会使它们失效。它们还在发挥作用。

更严重的批评是，典型的情景规划，或者至少是在这一过程中产生的计划和预算，未能预测和缓解 1973 年的石油危机、"9·11"事件，或者 2008 年的信贷紧缩等事件。工具 87 有进一步研究。

Authorized translation from the English language edition, entitled Key Strategy Tools: The 88 Tools for Every Manager to Build a Winning Strategy, 2e, 9781292328331 by Vaughan Evans, Copyright © VEP (UK) 2013, 2020 (print and electronic). This Licensed Edition of Key Strategy Tools is published by arrangement with Pearson Education Limited.

All rights reserved. No part of this book may be reproduced or transmitted in any form or by any means, electronic or mechanical, including photocopying, recording or byany information storage retrieval system, without permission from Pearson Education.

CHINESE SIMPLIFIED language edition published by CHINA RENMIN UNIVERSITY PRESS CO., LTD., Copyright © 2023.

本书中文简体字版由培生教育出版公司授权中国人民大学出版社在中华人民共和国境内（不包括中国香港、澳门特别行政区和中国台湾地区）独家出版发行。未经出版者书面许可，不得以任何形式复制或抄袭本书的任何部分。

本书封面贴有 Pearson Education（培生教育出版集团）激光防伪标签。无标签者不得销售。

图书在版编目（CIP）数据

88个必备战略工具：原书第二版／（英）沃恩·埃文斯著；李玉刚译．－－北京：中国人民大学出版社，2023.5

ISBN 978-7-300-31233-0

Ⅰ.①8… Ⅱ.①沃… ②李… Ⅲ.①企业管理-战略管理 Ⅳ.①F272.1

中国版本图书馆CIP数据核字（2022）第221309号

88个必备战略工具
（原书第二版）

［英］沃恩·埃文斯　著

李玉刚　译

88 Ge Bibei Zhanlüe Gongju

出版发行	中国人民大学出版社		
社　　址	北京中关村大街31号	邮政编码	100080
电　　话	010－62511242（总编室）	010－62511770（质管部）	
	010－82501766（邮购部）	010－62514148（门市部）	
	010－62515195（发行公司）	010－62515275（盗版举报）	
网　　址	http://www.crup.com.cn		
经　　销	新华书店		
印　　刷	北京宏伟双华印刷有限公司		
开　　本	720 mm×1000 mm　1/16	版　　次	2023年5月第1版
印　　张	25 插页1	印　　次	2024年7月第2次印刷
字　　数	349 000	定　　价	89.00元

版权所有　侵权必究　印装差错　负责调换